大学怎么学

高层次阅读、写作与思辨训练

[第三版
3rd Edition]

[英]加文·费尔贝恩　[英]克里斯托弗·温奇　著
蔡薇薇　译

世界图书出版公司
北京·广州·上海·西安

图书在版编目（CIP）数据

大学怎么学：高层次阅读、写作与思辨训练 /（英）加文·费尔贝恩，（英）克里斯托弗·温奇著；蔡薇薇译. — 北京：世界图书出版有限公司北京分公司，2022.10
（进阶）
ISBN 978-7-5192-9877-7

I. ①大… II. ①加… ②克… ③蔡… III. ①大学生–学习方法 ②读书方法 ③写作 IV. ① G642.46 ② G792 ③ H05

中国版本图书馆 CIP 数据核字（2022）第 159855 号

书　　名　大学怎么学
　　　　　DAXUE ZENME XUE
著　　者　［英］加文·费尔贝恩　［英］克里斯托弗·温奇
译　　者　蔡薇薇
责任编辑　余守斌
特约编辑　赵昕培
特约策划　巴别塔文化

出版发行　世界图书出版有限公司北京分公司
地　　址　北京市东城区朝内大街 137 号
邮　　编　100010
电　　话　010-64038355（发行）　64033507（总编室）
网　　址　http://www.wpcbj.com.cn
邮　　箱　wpcbjst@vip.163.com
销　　售　各地新华书店
印　　刷　天津画中画印刷有限公司
开　　本　880mm×1230mm　1/32
印　　张　15.125
字　　数　348 千字
版　　次　2022 年 10 月第 1 版
印　　次　2022 年 10 月第 1 次印刷
版权登记　01-2022-5509
国际书号　ISBN 978-7-5192-9877-7
定　　价　68.00 元

如有质量或印装问题，请拨打售后服务电话 010-82838515

目录

第二部分

写　作：表达的工具 057

第三部分

思　辨：说服的艺术 339

前 言

大多数学生多多少少都要完成一些写作任务。对于其中一些人，比如那些涉足哲学、历史、政治学与文学等学科的学生而言，论文就是说服导师的主要方式。在论文中，他们不但要展示自己学会了什么，还要传达对于所学内容的所思所感。而其他学科的学生则常常需要进行范畴更为宽泛的学术性及专业性写作，其中包括研究报告与实验分析报告等。无论这类写作任务是有着长达数周的撰写时限，还是需要在一场正式考试中当场提交，那些下了苦功夫打磨过写作技巧、可以运用自身阅读积淀构建出有理有据论点的学生拔得头筹的概率都更高。本书旨在为大家发掘培养此类技巧，同时，本书也可以成为想要拓展充实自身技能库的导师们的灵感源泉，帮助他们更好地为学生提供这方面的指导。

我们下定决心撰写本书的第一版时正处于20世纪80年代中期，那时我们还是刚刚走上讲台的新晋教师，而许多本该聪明睿智的学生写出的论文质量却令人不敢恭维，这让我们甚为焦虑。无论那些学生在班上如何口若悬河、头头是道，他们似乎总是无法将观点完美地呈现在文章中。有时候，这可能是由于他们根本不知道该如何进行呈现，而有时候则仅仅是因为他们不愿意在这方面花过多精力。三十年过去了，情况仍然没有得到改善。虽然目前英国的许多大学都会为有写作困难的学生提供帮助，教他们包括文化素养在内的核心技能，但绝大多数学校似乎还只是期待自己的学生能够具有适当的阅读、写作及思考能力，而教师一方并不需为此倾注过多的精力。在老师们日复一日地抱怨他们所遇到的学生论文质量堪忧、失望情绪弥漫的大背景之下，这种情况便显得异乎寻常。

虽然市面上已经有了众多关于学习的方方面面的著作（有些书的确品质卓越，而有一些的质量则不尽如人意），但迄今为止，还没有任何一本书如本书一般，将焦点放在“3Rs”——即“Reading, (w) Riting, Reasoning”（阅读、写作和思辨）上。这也是我们相信本书能够与在1991年出版的第一版一样紧扣时代脉搏的原因。我们那时的想法是，由于教师们通常要通过学生的书面写作来对他们进行评估，而学生也被期望通过书面写作展现出自己的阅读与思考能力，那么不如撰写一本书为他们提供帮助，指导他们提高并拓展阅读、写作以及逻辑思辨方面的技巧。时至今日，对此类帮助的需求似乎显得比以往更为迫切。

在大学充分意识到教授基本学习技巧、提高学生文化素养的迫切需求之前，这个艰巨的任务就仍落在学生个人身上。学生们需要通过自身努力来提高相关技巧。聪慧的学生意识到，在学习更好地进行阅读、写作与思考方面投入时间，从长远的角度来看他们终将收获丰厚的回报。这种技能不仅能够帮助他们获得更出色的学历与资格证，而且能够促使他们在考取任意种类的资格证方面提高复习与备战的效率。

虽然我们在撰写《大学怎么学：高层次阅读、写作与思辨训练》一书时的目标读者是本科生，但是我们也意识到，无论是第一版还是第二版，该书在优等生、为进入高等院校做准备的学生、研究生以及学术写作专业人士等群体中也有广大的市场。因此，在第三版中，我们为大家提供了更多的操练机会，让读者实际练习阅读、写作和思辨三方面中的核心素养与技巧。我们也笃定地认为，这样的设计能够为以上群体提供更为有效的帮助。

在《大学怎么学：高层次阅读、写作与思辨训练》的第三版中，我们想要达到的目标有三重：

- 通过采用清新高效的文风、树立对充分有力论证的要求，进一步培养读者撰写清晰、审慎及令人信服的文章的技巧与能力。
- 帮助读者培养阅读与评价分析类及描述类文本的技巧，包括对于论点进行共情性评估与批判性评估的能力。
- 帮助读者培养追踪与评价他人所构建的说服性论点的能力，并提高自身构建合乎逻辑的论点的水平。

你应当如何使用本书?

你应当如何使用本书在一定程度上取决于你希望从本书中获得些什么，同时也取决于你身为一名阅读者的经验与阅读技巧。

例如，如果你此前从未认真地想过如何从一本书中获取最大化的收益，那么你大概就会选择从头开始，按照我们设定好的先后顺序进行阅读。但如果你阅读的主要目的在于提高写作技巧，那么从第二部分开始读就更为合理。但重要的是，在读完第二部分之后，你要继续读第一部分与第三部分，因为学术写作技巧能否提高也取决于你是否具有高效阅读并高效利用阅读材料的能力，以及构建合乎逻辑的论点的能力。

如果你阅读本书的主要目的在于获取理解并构建论点方面的帮助，那么你就可能会直接读第三部分。但重要的是，你要意识到第一部分与第二部分同样包含对你有帮助的内容。特别是第二部分，因为书面论点的构建能力通常在极大程度上取决于塑造清晰高效的文体风格的能力。

最后，你也可能并不会采用战略性的视角看待本书，而是选择在各个要点之间穿梭。又或许你想要寻求帮助的领域是十分具体确切的，那么你就可能会从某个特定的问题出发，通过目录来定位期望阅读的章节。我们在撰写本书之时也考虑到了这一点，因此竭尽所能地将目录构建得清晰有效。

我们希望，至少对于一部分读者而言，从头至尾地全盘阅读本书能够使他们感受到其中丰富的信息量，让他们感到阅读本书的过程令人愉悦又时而略带挑战性。但是，从第一部分起，我们便讨论了阅读一篇文本的不同方式，并且强调了我们深信不疑的一种观念：从头到尾全盘阅读并不一定是充分利用学习时间的最佳方式，因此，如果读者们采用的是以上我们描述过的任意阅读方式中的一种，我们也同样感到欣慰愉悦。

无论你采用的是何种阅读方式，你都将注意到遍布全书的各类任务。有些任务旨在让你反思我们认为在阅读、写作和思辨方面至关重要的问题，有些任务则意在让你们操练相关技巧。我们在本书的末尾为其中的许多任务提供了相应的参考答案。

性别问题：注意措辞，避免唐突

现在，大家几乎已经形成了共识，对于以英语写成的学术或是专业文本而言，无论它是否会出版，在表示泛指通用时，都要避免使用诸如“he”“him”和“his”的男性代词，因为这样做会激起某些女性主义者的不悦。他们已经注意到，世界上除了男性还有女性。随之而来的问题还包括要避免使用“chairman”“fireman”以及泛指人类族群的“man”与“mankind”等词。

对于泛指的男性名词，规避的方法相对而言较为简单。比如，我们可以使用“firefighter”来替代“firemen”，用“chairperson”或是更常见的“chair”来替代“chairman”。在谈及“mankind”的时候也可以用“humankind”来替换。但是，由男性代词的泛指带来的问题解决起来更加棘手，而最常用的解决方案则包括以下两种：

- 使用复数形式。比如，在提到相应人称代词时，使用“they”“them”和“theirs”，而避免使用单数形式“he”“she”“him”“her”“his”和“hers”；
- 当我们提到男女皆可从事或者扮演的角色或身份时（也就是说，这个角色只能由一位男性或是一位女性扮演时除外，例如，父亲或母亲），使用“he/she”“him/her”“his/hers”以及无法发音的“s/he”。

在我们看来，以上方法的确解除了许多人的顾虑，但是这也会导致文本晦涩拗口。尽管如此，你在论文中或许还是不得不采用以上的两种方案或者其中之一。但是，如果你并没有得到明确指令，还有一种策略或许对你有用。

在表示泛指时，尽可能交替使用男性代词与女性代词。

这也就是我们在本书中采用的方法。但无疑这种做法并不能令所有人满意。比如，虽然我们并没有花精力去一个一个地数，但或许我们实际上使用的男性代词的数量要超过女性代词，因此或许女性主义者会指控我们性别歧视；而如果事实正好相反，我们所使用的女性代词数量超过了男性代词，那么具有大男子主义倾向的男性又可能会认为，我们所采用的这种做法并没有完美地勾画出大千世界中的真实情景。但是，我们已经尽力了。

最后：诚邀您参与

在撰写本书第一版的最后阶段，我们产生了顾虑。虽然本书是一本为别人提供写作建议的图书，但我们在书中也难免会犯一些错误，似乎没有遵从相应的写作建议。因此我们也要向读者们致歉，我们终究也只是凡人，普通人身上的缺点我们也有。不仅如此，在本书即将推出第二版之时，我们还诚邀读者们写信向我们指出在书中发现的风格不完善之处或是有错误的地方，并承诺每发现一处错误便奖励发现者50便士。而在第二版中，我们又将奖励的数额上涨到发现每处错误奖赏75便士。虽然迄今为止，并没有人获取过我们所提供的奖赏，但我们仍不认为这意味着我们在避免问题方面做到了极致，我们真的没有哪怕是一些简单的拼写、语法或是音标上的小错误吗？这也是我们诚邀您在发现何错误后与我们取得联系的原因，这些错误可以是文风上的失误、词序的混乱，或是更简单的一些错误，例如丢字或是错字等。

引言　阅读与写作，交谈与思考

我们并不打算从阅读、写作或是思辨开始聊起，而是要先说说交谈。交谈是一种比前几者更为复杂的艺术，而大多数人却并没有意识到这一点。诚然，就算你对于交谈艺术的复杂性只是一知半解也并不会影响你在写作方面清晰高效的表达。但是，这也就意味着你无法体会到口头沟通与书面交流之间的差异，因此，你在写作中传达信息的效率就会大打折扣。毋庸置疑，学生们在写作中出现某些常见问题的原因就是他们没有思考过这些差异。

任务1　写作与交谈有何区别？

花上几分钟时间写一写在你看来口头沟通与书面交流之间存在的差异。

- 如果交谈较之于写作存在优势，这些优势是什么呢？

◎ 写作较之于交谈存在优势吗？如果存在，这些优势又是什么呢？

思考交谈

考虑片刻，两人或是两人以上的对话交流中都有什么要素的参与？当然，首先是他们说出的话语，但是，就传递意义而言，他们所倾吐的话语是在何时、何地、以何种方式说出的，这几点与对话人使用的词语本身一样重要。也就是说，我们所谓的交谈并不只局限于话语本身。在谈话时，无论是有心还是无意，我们的语调、表情与肢体语言都在传递着态度与情感。

对话发生在特定的语境之下，许多说话者与听话者之间共享的背景知识通常都被认为是心照不宣的。比如，当玛丽（Mary）与吉尔（Jill）在咖啡店里吃午饭，而玛丽回忆起了在这家店里发生的往事时，她就可能会说："你还记得那次……"句子到这儿就结束了，她停下了话头，只是扮了个鬼脸，或是揶揄一笑来提醒吉尔数年前的一件事。那时，他们俩在喝完咖啡之后发现两个人身上竟然没有足够的钱结账。在这种时候，听话者只需要点点头或是会心一笑就能让对方明白自己听懂了，因为她记得这件事，这是她们共同的回忆。

没有说出口的部分与说出口的部分通常是一样重要的。比如，虽然"Jimmy isn't drunk today."（吉米今天没有喝醉。）这句话可能表述的只是一个关于吉米的简单事实，但是，如果说话者在说的时候脸上挂着意味深长的表情，采用某种特定的口吻（比如，故意重读“today”这个词的第二个音节），那么这句话就可以用来表示吉米每两天就会喝醉一次。简单地调整说话方式就可以导致全句的意思完全改变。比如，思考以下句子，当你分别重读句子中的第一个词与第二个词时，整个句子的意义便显得完全不同了：

You were going to do it.[1]

你甚至可以用词语传达与它们的字面本意恰恰相反的内涵。比如，在合适的情况下，有人说“That’s very kind of you.”（你真好。），但脸上却是一副震惊的表情，用挖苦的口吻对“very”一词加以重读，那这句话的意味就成了“That’s very unkind of you.”（你真不怎么样。）。大多数以英语为母语的人都对类似的微妙之处心知肚明，因为洞悉口语交流中意义细微差别的能力是我们从小到大在日常交谈中习得的。

所以，对话是发生在具体的语境之中的，包括说话者、听话者与他们当前所处的社会与现实环境等要素。面对面交谈最重要的特点之一就是说话者与听话者之间可能存在即时互动，而这一点首先也就意味着，我们即使不明白对方在说什么，也有机会弄清他们究竟想表达什么意思。例如，我们可以让对方进一步阐释我们不明白之处，或是给出此前

1　这个句子中的“it”可以指代的事物几乎包罗万象：“遛猫”“在停机之前把话费交了”“房产竞标”“买下午茶的点心”，或者“在价格上涨之前订好度假酒店”等等。——原注

省略掉的信息。而正如我们从前文玛丽和吉尔的故事中所知的那样，面对面交谈可以通过肢体语言（包括表情和姿势动作）的形式来传达意义。如果我们无法看到对话者——比如通过电话进行交流，那么情况就大不一样了。

任务2　面对面交谈与通过电话交流有何不同？

花一两分钟时间写一写，在你看来，面对面交谈与电话交流究竟有何不同之处。

面对面交谈与电话交流

在20世纪80年代末，我们在撰写本书第一版时就已经提醒大家注意面对面交谈与电话交流之间的差别。比如，我们曾指出，人们在打电话时，语调口吻听起来可能是不自然的；大家或许会觉得不自在、赶时间，而在现实中通过一个动作或是“这个杯子”“那本书”之类的指示代词来指代某一物体的做法也失效了。包括面部表情在内的肢体语言在面对面交谈中对传递意义有着至关重要的作用，而在电话交流中，这些方法也变得遥不可及了。因此，我们指出，虽然我们或许认为自己可以在电话交流中从对方的语调口吻中听出疑惑、敷衍或是愤怒，但却无法从他们脸上读出这些情绪；而如果双方处于同一空间，这些则是可以通过眼睛看到的。我们撰写本书时，这一点仍然是毋庸置疑的——在电话交流过程中，除了说话者的用词，语调口吻是我们可以用于猜测对方情绪的唯一线索。这也就是为什么，虽然越来越多的人打电话，但他们使用的手机都具备良好的视频功能，而网络视频通话对于许多人则是每天的日常。

电话交流中关键性视觉线索的缺失对你有好处也有坏处。从一方面来说，与你进行对话的人无法从你的肢体语言、面部表情和姿势动作中获取信息线索，这有助于你掩藏真情实感。这一点有时候很有用。比如，相较于面对面交谈，在打电话时想要说个谎、拒绝一次不愿出席的邀约要容易得多。或者，你想要说服别人相信一些事情，而你自己深知这些事情根本就不是真的，你可能会这样说：

> “我可能会迟到一小会儿。太早了，车堵了一长溜儿，估计是发生交通意外了。”
>
> “我今天一整天都在图书馆写论文，但会尽快到家的。”
>
> “我今天没办法去上课了，整个周末我都觉得身体不舒服，现在感觉也还是不太好。”
>
> “你能帮我告诉温奇教授，我的论文无法及时提交了吗？我爷爷上周去世了 / 我得腺鼠疫已经整整两周了 / 我的笔记本电脑被闪电击中，现在所有的数据都丢失了。”

许多人（也可能是大多数人）有时会在电话中说此类的话，以向对方隐瞒他们出于某种原因不愿意吐露的真相（至少是全部真相）。在这种情况下，电话交流这种缺乏要素的特征，特别是视觉线索的缺失带来的优势就极其明显了。但是，如果我们易位而处，变成信息的接收方，那么电话交流的这一特征就成为劣势了。

在电话交流中，大多数人可能会被出于某种原因故意撒谎的人所欺骗。这也就是为什么通过面对面交谈的形式沟通重要事项始终是最稳妥的。在面对面交流中，我们更容易察觉一个人说的是不是实话。有时候这一点至关重要。比如，如果一个汽车修理工以特别自信的口吻对你说，“明天一大早我就能拿到需要的新配件，在明天下午之前，你的车就能重新上路了”，但你却看到了对方脸上不自在的表情，你对他这番话的信任度也会大打折扣。

交谈与写作有何不同？

面对面交谈与写作是两码事，因为正如电话交谈一般，写作交流也会由于视觉线索的缺失而显得局促。我们在阅读过程中既看不到作者的脸和肢体语言，也无法从他的语气口吻中获取信息。电话交流与面对面交谈都具备的即时解惑特征在大多数的写作交流形式中也不复存在。两种例外是通过发短信与发邮件进行的“对话”，但是由于写作参与者需要轮流进行回复，所以这两种交流方式中存在着不可避免的交流延迟现象，并且这两种交流都可能需要对文本进行编辑。通过网络服务形式，例如通过社交或即时通信软件进行的书面交流则更接近于真实的口头交谈，存在着介于谈话与写作之间的各种混合形态。

我们对于口头表达的娴熟、在说话时感觉到的轻松惬意、话语的“自然流露”都使得许多人难以适应写作中与口头表达截然不同的条条框框，对学术语境中正式写作的种种要求更是“水土不服”。因为口头交流中通过语境获得的各类线索信息在书面写作中都缺失了，读者无法接收到这类信息，那么作者就只能作罢，转而通过更为高效的表达方式实现信息传递，这就包括要设法替代（如果可能）语调口吻、与听话者实际面对面交流的优势以及在口头交流中可能的互动等。比如，既然在信中你无法通过表情、动作和声音传递出坚定的立场，那么就需要通过审慎的用词来传达坚定的态度，比如“我坚定无比地认为”。而且，既然你的读者看不到你所看到的一切，也没有机会发问让你进行阐释，那么相较于口头交流，书面表达的清晰度就显得更为重要了。换言之，你不仅仅需要对于写作中涉及的人、物、地点都给出更加完整的描述（你在面对面的口头交流中描述同一对象时的详尽程度远不及此），而且对于什么需要写、什么要省略的精准把握也同样不可或缺。这一切都意味着写作需要高度审慎，不但要确定写什么、怎么写对于你的读者而言才是恰如其分的，而且要保证你给出的信息是足量的，能够满足他们的需求。

在你看来，迄今为止我们提醒你注意的要点在面对面交流与写作在传递信息的差异性上似乎是十分基础的问题。但是，这些问题却常常被大家忽略，对于那些平时写作实践不多或对写作有畏难情绪的人而言尤其如此。即使是深谙我们探讨过的各类陷阱的老到写作者，在写到他们十分熟悉的题材时，也难免对这些问题熟视无睹。在这种情况下，当写作者错误地认为她的读者在这一题材上的涉猎和了解至少能与自己比肩时，问题就产生了。她会想当然地认为自己提及的每一本书、一个观点、一个人或是一个话题，读者都能心领神会。比如，她可能大笔一挥，漫不经心地提到“茹科夫斯基最近一篇关于蒙古国鳞翅目昆虫性习惯的论文”，而实际上，她的读者从来就没听说过茹科夫斯基，也不知道什么是蒙古国的鳞翅目昆虫，对它们的性习惯更是毫无兴趣。但遗憾的是，读者并没有及时直接的方式改善这种情况，只能望着眼前的书页凑合着往下看了。

任务3　告诉大家如何找到你的新住处

为了更深入地了解我们在引言中简单介绍的面对面交流、电话交谈与书面写作沟通之间的差异性，你不妨花两三分钟时间想一想如何通过以上三种方式来传递相同的信息。

比如，想象一下，如果你打算告诉朋友应当如何找到你的新住处，这三种方式在具体操作上有何差别呢？

第一部分

阅读：知识的源泉

READING

PART 1

阅读能力是一种习得的艺术，如果我们幸运，年轻时就能习得这种能力。因此，在步入大学教育阶段时，大多数人应当是合格的读者。而作为一名合格的读者，除了能够推测生词在口语中的发音，你还应当能够猜测你不认识的词语的含义，以及推断字里行间的言下之意。同时，在阅读过程中，你或许还至少能预测一些将要展开的内容。在大部分情况下，不需要逐字阅读，你应该就能够“抓住”作者想要传达的意思。不过，当你遇到不熟悉的概念，尤其是专业术语和行话的时候，可能还是要回过头去逐字逐句地读。

虽然大多数学生进入大学后都将拥有出色的阅读技巧，但这并不意味着他们能够合理善用这种技巧，或是将这些技巧拓展到极致。实际上，我们的经验表明，不论处于什么样的水平，大部分学生都会因提升阅读技巧获益良多。因此，在第一部分，我们对于如何充分利用有限时间进行阅读提供了建议，并设置了若干任务和练习，这将有助于你思考并提升阅读能力。在这上面花上数小时，从长远来看是磨刀不误砍柴工，因为你将成为一名更为高效的读者，能够更好地从文本中获取信息并将其应用于论文写作和其他考评性任务中。

学会更高效地阅读有助于你成为一名更高明的写作者。

第一章 寻找文意有诀窍

我们为了获取意义而阅读。诚然，在诸如英语的语言中，在尚未理解字面意义的基础上，我们的确有可能进行某种意义上的“阅读”。这是因为我们用于写作与印刷的字母，以及支配文本与拼写的字母发音规则让我们得以遵照能将文字转化为声音的规则，基于文本将声音重现出来。比如，思考以下这句话：

A dog sat on a log.

我们可以通过依次“逐个慢慢念出”每个字母的方式来说出这句话，也就是说，按照先后顺序流畅念出每个字母的相关发音：

A d-o-g s-a-t o-n a l-o-g.

也许你还记得最初开始阅读时是如何“逐个慢慢念出”每个字母

的。当然，英语的拼写系统比这个简单句子所体现的[1]要复杂得多，远远没有这样规则。但是，英语中整体的发音规则还是有效的。正是这个规则让我们能够在无须理解句子中任何一个词的基础上，就“逐个念出”了上述句子中的单词。

对阅读的基本原理了然于心既是件好事，也是件坏事。它的好处在于这意味着我们能把绝大部分精力花在解读作者想要传达的意义上；而坏处则是，我们稍不谨慎就会形成浮皮潦草的阅读习惯。随着我们让那些发音、组成文本的单词和句子，甚至是文本的意义都从脑海中蜻蜓点水般掠过，在读了一段时间之后，我们可能都不知道自己读的是什么。你曾经有过这样的经历吗？这有点像是开启“自动驾驶”模式开车到某个地方去，当你到达目的地的时候却发现旅程中大半的景色都忘记了。

任务4　避免注意力涣散

花一两分钟想想，你在阅读过程中，有没有过这样的经历：你的注意力涣散，明明在文本中已畅游到某一处，却几乎完全记不得一路上遇到过哪些概念、论点和事实。你觉得这些

1　比如，试想逐字慢慢念出另外一个看似简单但实际上难度大得多的句子：“The cat sat on the mat.”。这句话念起来困难多了，因为句子中的单词“the”是不能通过字母的发音念出来的。当然，如果句子里提到的这只猫是一只褐色的猫（a brown cat）或是一只睡着的猫（a sleeping cat），且/或里面的这块垫子是青绿色（turquoise）或橘色（orange）的，情况就更为复杂了。因为就像“the”一样，“brown”“sleeping”“turquoise”和“orange”之类的词并不能靠逐个念单个字母的发音读出来。——原注

时候究竟都发生了些什么呢？

给自己写几条建议，你觉得该如何避免这种情况，从而提升身为读者的阅读表现[1]呢？

最后，稍稍想一下，在理解作者想要传达的意义很重要的时候，为什么有时你却不能集中足够的精力做到这一点。

几年前，我们当中的一人收到了女儿费丝（Faith）用邮件发送的一小段话。遗憾的是，她并不知道这段话的出处——是谁写的，或者在什么时候、什么地方、为什么而写的。无论是谁写的，我们都向这位或是所有作者表达我们的谢意。这段话很有意思：

Aoccdrnig to rscheearch at Cmabrigde Uinervtisy, it deosn't mttaer inwaht oredr the ltteers in a wrod are, the olny iprmoetnt tihng is taht the frist and lsat ltteer be at the rghit pclae. The rset can be a total mses and you can sitll raed it wouthit a porbelm. Tihs is bcuseae the huamn mind deos not raed ervey lteter by istlef, but the wrod as a wlohe. Amzanig huh?

你顺利阅读并理解这段话的意思了吗？如果理解了，试着想想，在你阅读时究竟发生了些什么？你觉得这段话能够证明其中提到的所

1　比如，你可能会发现，你在某个特定地点最可能完成卓有成效的阅读，或在一天中的某个具体时段中阅读效率也许是最高的。——原注

谓剑桥大学研究者的观点吗？

任务5 阅读以下篇章并回答问题

Toby was neu years old and had a holl of oun ret. His greatest vilt was a tecture called Fred. Toby lev Fred each yak and gave him holls of welt to pock, he even beck him cutch peus when he could get them from his kult. Fred was mump enough to pell in the gelt of Toby's fing and remp his juges.

以完整句子回答以下问题：

1. How old was Toby?
2. What did Toby have a holl of?
3. What did Toby do to Fred each yak?
4. What did Toby give to Fred?
5. Why was Fred able to pell in the gelt of Toby's fing?
6. What did Fred remp?

即使读者根本就不明白他们是谁，或是不理解这篇文章本身的意义，任何有能力阅读本书的读者都能看懂这篇文章是关于托比（Toby）和他的“vilt”弗雷德（Fred）的，并且能够回答关于他们的问题。在《大学生阅读指导》（*Reading at University: A Guide for Students*）一书中，加文·费尔贝恩与苏珊·费尔贝恩写道：

> 即使不知道"oun ret"是什么，你也能明白托比在这个东西上有一个"holl"；即使你不知道什么是托比的"fing"，也不知道在哪里可以找到它，你也会明白弗瑞德能够"pell in the gelt"，因为他足够"mump"。

与所有合格的读者一样，你能够阅读这个篇章并回答相关问题，这是因为你对我们语言的表达与使用方式已经了然于心，尽管也许你自己都没有意识到这一点。其实，就像许多人一样，虽然你觉得自己对语法一无所知，却可能谙熟如何使用不同类型的词（名词、动词、形容词等）。无论你是否了解自己的情况，是否熟悉这些简单的语法术语，你都明白这些及其他类型的词该怎么用，那么，意义的交流就实现了。加文·费尔贝恩与苏珊·费尔贝恩指出：

> 虽然你只能猜测这些词的意思，但你知道"lev"和"pell"是动词，"vilt""kult"和"tecture"是名词；你也很可能会猜到，无论它是什么，"yak"是一种时间单位，而"holl"指的是与诸如"oun ret"（也很可能是"ret"）和"welt"的物质搭配使用的量词。

任务5表明，有时候，在我们完全不明白问题在问什么，甚至连被问到的单词是什么意思都不明白的情况下，我们还是有可能给出答案的。对于那些有时倾向于表现得比实际水平更博学多才的学生而言，他们将会极力说服别人，让别人相信他们了解或知道一些实际上一知半解的事情，这无疑预示着一种危险。

危险是这样开始的

你先是找了本书或一篇文章，它的主题正好跟你在写的论文是一样的（也许情况更糟，那只是看起来一样）。这个主题太深奥难懂，你也不愿意花太多精力去深究。这大概是因为你现在有太多事要做，又或许你把太多的任务都拖到最后来做，所以现在你只是不得不在最后期限到来之前写些什么。但是，你也想得个高分，这无可厚非。你心里清楚这大致就意味着让老师相信你会使用高端、复杂、听上去像那么回事的词语。所以，你就从找到的文章中直接复制一部分，或是用自己的话将其改头换面阐述一遍放到论文中去，同时满心期待老师别看得太仔细了。

字面意义

我们从阅读当中获取的大多数意义都是文字的“字面意义”。比如，思考以下几个句子：

John went for a walk.

The laptop is on the table.

The poem had five stanzas.

The sandstone was formed in desert conditions.

Our cat Jackson plays the piano better than any other cat alive.

以上每个句子的意思都很明确，因为里面所有的词语采用的都是日常意义，直截了当。阅读并理解这些句子不需要特别的知识，也不需要阐释。如果我们明白其中用到的每个词的字面意义，了解它们在我们的语言中是如何组合在一起的，我们也就能理解这些句子的含义。

字面意义很重要，在许多文体中发挥着至关重要的作用，尤其是当某种文体强调文字精确性的时候。字面意义的重要性体现在避免读者对意义的误解上。比如，庭审报告、汽车装配手册、保险索赔文书、科学性假说等文体应当避免因为词语意义的模糊、使用冷门隐喻或歧义造成误读。这就是为什么，在这些文体的写作中，字面意义是占支配地位的。

诚然，我们并不能始终完全理解所阅读的材料，即使这个篇章内的词语全部使用了其字面意义也是如此。有时问题可能出在作者身上，他自身表意不明，例如使用的某个词或短语产生了歧义，或是篇章的结构（也就是词语的先后顺序）缺乏清晰度。大家都有过类似的经历，有些时候，你理解不了篇章的意思是因为作者使用了一个或几个让你感到陌生的词。这种时候，你就会发觉便携词典［比如《简明牛津词典》（*Concise Oxford Dictionary*）或《简明柯林斯词典》（*Concise Collins Dictionary*）］或是同义词词典的可贵。你即使习惯于通过网络查找词义，也应当确保自己手上有这两样东西。

隐喻意义

到目前为止，我们一直在探讨字面意义的重要性。使用字面意义是指作者直截了当地使用词语的日常意义来实现意思的传递，而在另一些文本中，字面意义就显得不那么重要了，例如，当作者试图表现得诙谐幽默或是妙趣横生时，文体的部分效果就取决于惜字如金、一词多义或是隐喻的使用。思考以下两个句子：

Until Rick’s band hit the big time, his job in the HMV shop was his bread and butter.

After she injured her toe Jill was a dead duck in the race.

这两个句子中的“bread and butter”和“dead duck”就使用了隐喻意义而非字面意义。大多数来自英国、以英语为母语的人就明白第一个句子意在表示里克（Rick）是个店员，以这个职业维持生计；而第二个句子是说，吉尔伤到脚趾头以后，就只能无奈退赛，因为她无法继续跑了。我们读到里克这个句子的时候，丝毫不会想当然地认为他在店里的工作是实打实的面包和黄油，在读到吉尔、脚趾头和比赛这个句子的时候也断然不会觉得她成了一只死鸭子。

不要混淆字面意义和隐喻意义

将字面意义和隐喻意义明确分开是十分重要的。例如，你不应当这样写：

The university was literally caught with its trousers down.

从隐喻的角度而言，一所大学有可能“在裤子都没提上来的时候被抓住了”（意为毫无防备之时陷于极度尴尬的境地），但放在这句话里这样说就不知所云了。这个句子只能表明作者完全分不清什么是字面意义，什么是隐喻意义。“literally”（字面意义上）一词绝不能用在表述隐喻意义的上下文中。下面的两句话也存在同样的问题：

John’s tutor literally blew his essay out of the water.

The Dean literally erupted when she heard how many staff had failed to file their expenses claims on time.

在这两个例句中，字面意义和隐喻意义完全被混为一谈了。除非在第一句话中，作者是想要告诉大家约翰的论文正在海上漂着，而他的导师用大炮把它轰了上来；而在第二句话中，系主任不止在冒烟，还把岩浆喷射得满屋都是。（这两句话听着都不像是真实的，如果你能证明以上情况确有可能存在，还请不吝赐教。）

第二章
文化素养不可少

正如我们前文提到的，当作者在使用隐喻意义时，想要了解作者意图的读者们需要领会的就不仅是词语的简单含义。发生只知道词语的字面意义不能“抓住”作者想要传达的言下之意的情况还有另一种原因，那就是对句子意义的理解需要借助许多“先存知识”（prior knowledge）。例如，下面的这个句子的意义虽然是通过单词的字面意义传递的，并没有使用隐喻，许多读者却不明白作者想表达什么。

> During the highland clearances many crofters were driven off the land.

虽然任何合格的英语散文读者对这句话中的很多词都不会感到陌生，但他们只有在真正明白“crofters”和“highland clearances”是什么时才能理解作者的意思。“crofters”是指在苏格兰高地及群岛上开垦小片土地的佃农，而“highland clearances”则是指18世纪时发生的具体历史事件，小佃农们被驱除出家园，好为圈养绵羊腾出空间。为了理解这句意义其实十分简单明了的话，不了解这些背景的读者需要先研究相关信息。“文化素养”一词通常用于表示所有受教育程度尚可的社会成员理应拥有的知识储备。

如果你了解较多常识，对该学科也有宽泛的了解，你作为读者的阅读效率通常会比较高，所以在学习开始之初就养成广泛阅读的习惯是大有助益的。例如，读读历史书籍、学科概况和易懂且翔实的地理文本都值得一试。广泛的阅读能够大大提升你的能力，这在你遇上新信息层出不穷的文本时显得尤其重要。否则，你在阅读过程中会发现自己因为各种典故而晕头转向，对文本中提到的人物、事件、日期、地点都一无所知。

比尔·布莱森（Bill Bryson）撰写的《万物简史》（*A Short History of Nearly Everything*）之类的入门读物能让你受益匪浅。

阅读严肃报纸（纸质版或电子版皆可）、科普读物，了解每周或每月的时事报道都能提高你的一般阅读能力，帮助你构建背景知识库以理解所阅读的材料。你可以看看英国的一些日报，比如《泰晤士报》（*The Times*）、《每日电讯报》（*The Daily Telegraph*）、《独立报》（*The Independent*）和《卫报》（*The Guardian*）。虽然这些报纸的政治倾向和所表达的观点是大相径庭的，但它们对于时事新闻的呈现和分析都较为客观。至于周刊，《经济学人》（*The Economist*）、《展望》（*Prospect*）、《伦敦书评》（*London Review of Books*）都是不错的选择。当然，如果身处其他国家，面对的新闻报纸和周刊杂志也是不同的。在美国，《纽约时报》（*The New York Times*）和《纽约书评》（*The New York Review of*

Books）就是不错的选择。此外，观看或收听电视、广播上的各种时事节目或者关于科学、地理、历史和美学话题的节目，以及浏览可靠的网站也是构建背景文化知识库的重要手段。

学科素养：学习行话

有时，特别是课程开始之初，你很可能会发现自己看不懂某些文本，那是因为里面使用了你不熟悉的包括技术术语在内的专业词语。试想一下你遇到以下摘自不同学术领域的几句话时的情况：

Farrer (1964) argues that fideism and rationalism are both inadequate responses to the possibility of God's existence.

法勒（1964）认为，信仰主义和理性主义都是对上帝存在的可能性的不充分回应。

Once the gas returns to a hydrostatic configuration, this entropy step manifests itself as a jump in temperature and density of the form seen, while the gas pressure would be continuous across the edge.

一旦气体回到流体静力学状态，熵阶就会表现为温度和密度的跳跃，而气体压力在边缘是连续的。

The nested paradigm underscores the need to look consistently at the broader context of systemic issues.

嵌套范式强调一致地看待系统性问题的更广泛背景的需要。

There is some literature on reflection to guide the novice. Reflexivity, in its various guises, occupies a central place in participatory action research, ethnography, hermeneutic and post-modern approaches to inquiry, taking different forms and raising different questions.

有一些关于反思的文献可以用于指导新手。各种形式的自反性在参与性行动研究、民族志、解释学和后现代研究方法中占据中心地位，采取不同的形式、提出不同的问题。

Recent corporate governance reforms have not adequately tackled director liability or accountability because directors in rare cases are paying out of their pockets for their breach of fiduciary duties and shareholder class action lawsuits are often settled before trial.

最近的公司治理改革没有充分解决董事责任或问责问题，因为董事们只在极少数情况下会因违反信托义务而从口袋里掏钱，而股东集体诉讼通常在审判前解决。

Within objectivist linguistics and philosophy, meanings and linguistic expressions are independently existing objects.

在客观主义语言学和哲学中，意义和语言表达是独立存在的对象。

不论是对这些句子涉及领域一无所知的读者，还是那些会学习以上内容但目前还没学到这些用语的学生们，任何不熟悉句子中使用的专业用语的读者想要弄清这些句子到底在说什么很可能都需要一些帮助。

你看得懂这些术语是什么意思吗？

"continuous across the edge" "corporate governance" "ethnography" "hydrostatic configuration" "fideism" "fiduciary duties" "hermeneutic" "independently existing objects" "nested paradigm" "objectivist linguistics" "participatory action research" "post-modern" "rationalism" "reflexivity" "shareholder class action lawsuits" "systemic issues"

所有的学科都有专业性语言，我们一般称为"术语"（jargon），虽然在本书的第二部分中，我们提出，如果使用日常用语就能清晰传递意思，术语的使用应尽量避免，但熟悉自身业务领域内至少一部分专业术语也是十分重要的。无论你学习哪一学科，即使你尽可能尝试以日常用语进行读写，所谓的"学科素养"（disciplinary literacy），即对你所属学科的语言略知一二是成功的必备要素。

如果你遇到了陌生的专业术语，并因此百思不得其解，那么你就必须尽己所能去解惑，与此同时，你也千万不要觉得你读不懂是因为自己愚笨，而别人似乎是看得懂的。你的一些朋友很可能和你一样迷惑不解。唯一能够验证的方法就是直接开口问他们，这才是你该做的。他们如果知道这些术语是什么意思，就能解释给你听，你的问题就迎刃而解了。如果他们不知道，你可以去翻阅一下其他文本，看看能不能在文中找到让你犯难的这些词，有了上下文，确定词语的含义就轻松多了。如果找不到，你就应当向老师求助，千万别觉得不好意思。毕竟，你还是个学生，而老师教学的意义就在于帮助你学习。这种做法就像与你学习相关的其他一切事物一样，是一种真诚的求助，是明智的选择，因为这表明你意识到了还有一些知识是你不懂的，而你必须弄懂它。反之，如果你因为觉得“太尴尬了”而不去寻求帮助，这才显得你愚不可及，因为这表明你宁可愚昧无知，也不愿冒着“尴尬”的风险去尝试。

第三章
厘清思路再阅读

就像大多数学生一样，你能花在阅读上的时间必然十分有限。这是无法改变的事实，你必须慢慢适应这一点。毕竟，你还有很多其他事情要做。除了必须要完成的写作任务，作为一名学生，你还会听音乐、享用美食、进行社交。因此，如果你想要顺利看懂不得不读或是自主决定阅读的哪怕小篇幅材料时，你就需要帮助了。

想要高效利用你的阅读时间，你就必须考虑：

- 读什么？在选择值得花精力去阅读的材料时如何做出明智的判断？
- 为什么读？——明确作为一名读者的阅读目标。
- 什么时候读？在哪里读？
- 怎么读？——明确作为读者时需要怀揣的态度、需要采用的策略与技巧。

在接下来的几页中，我们会提出涉及以上所有方面的问题，而这些领域本质上是相互重合的。例如，拓展包括略读和泛读在内的不同形式、不同层次的阅读技巧，能够帮助你确定什么样的书籍、文章和网页是最值得你精心阅读的。

你该读什么？

不论你曾经读过什么，不论你过去接触过什么学术书籍，到了大学阶段，你需要承担的阅读任务将会是与之迥然不同的。你的老师们很可能会给你指定一些阅读材料或基于某些课程或模块指定一些“阅读书目”，也会在上课过程中列出参考书目。但在确定你该读什么这一问题时，你所肩负的责任要比曾经在上初级课或入门课的时候沉重得多。以前，你的大多数学术阅读材料都出现在课文或讲义里。到了大学阶段，你涉猎的材料范围要广得多，包括各式各样的书籍以及研究者阐述原创观点、介绍新发现的期刊文章。作为一名学生，无论你在何时进行写作，你都应当对这类知识具有一定程度的把握。

你至少应该进行一些阅读，以保证能跟进课程进度。我们在这里所指的并不是老师布置的任务，而是旨在拓展或厘清课堂讨论主题的阅读。这种阅读不必过于细致入微，你也不太可能每次都做到。但是，时常阅读一些文章是我们应当养成的好习惯，有时也是不可或缺的，比如当你对课程中涉及、谈论到的主题不甚明了的时候。

本书从始至终都在强调，作为一名学生，在写作时，你千万不要想着去糊弄你的导师，让他相信你对不知道的东西如数家珍或对不了解的东西了如指掌。这一点十分重要。如果幸运，你碰上一个不会过分认真通读你作品的导师，他只会在意你是否使用了正确的词语、提到了该提的作者。但你同样很有可能遇上一个会仔仔细细审读你作品的导师，他会注意到你提到了你还一知半解的领域。因此，与其在陌生的领域不懂装懂，你还不如尽量把自己懂的方面写得清晰通透。当你的文章中使用大量专业用语，提及众所周知的观点和理念、学科内及业内的重要事件或其他关键特征，而你对这一切又似懂非懂的时候，扬长避短就显得尤为重要了。

在写作时，如果你发觉自己大概是上课那天打了盹儿或是昏昏欲睡，因此针对该写作主题可参考的课堂笔记寥寥无几，请在下笔之前将缺失的知识补上、弄懂。否则等待你的将是一场噩梦，就像我下面提到的四名倒霉学生一样。

米莉的社会心理学老师起初因为米莉论文中提到的一个引自弗洛伊德的概念“edifice complex”而迷惑不解。后来，他恍然大悟，米莉指的应该是所谓的“Oedipus Complex”（恋母情结）。概括地说，这个术语指的是心理动力学家们认为小男孩会经历的一个艰难时期，在这一时期他们会特别依恋母亲并对父亲产生某种敌意。米莉犯的错误非常愚蠢，很明显，她在课程中记录了关于恋母情结的笔记，但事后却没有认真再读一读。

安德鲁，一个钻研文化研究的学生，在一篇论文中引用到了一本名为《橙子与桃子》（*The Oranges and Peaches*）的书，他注明是达尔文的作品。我们很难理解当时安德鲁的脑子里到底想了些什么，居然能将这部几乎人尽皆知的英语书籍《物种起源》（*The Origin of Species*）记成这样。无论到底是怎么回事，他的老师对此是印象深刻了。

比起安德鲁和米莉所犯的错误，更令人忧心的是露丝和格洛丽亚这两位护理专业学生在关于残疾的论文中出现的问题。文中，露丝提到了“the Orwell Strategy”，格洛丽亚说到了“rest bite”护理法。格洛丽亚的错误很容易识别，与愚蠢的米莉和安德鲁所犯的错误大同小异，她明显是把常用词“respite care”（临时看护）听错了。但当老师批阅到露丝的论文时，他就完全是一头雾水了。因为无论他怎么想，都想不出露丝谈到的这种策略到底是什么。最后，老师如梦初醒，发现她指的一定就是“All Wales Strategy”（全威尔士战略），一种为有学习障碍的人士提供看护、治疗与教育的战略。

米莉与安德鲁都显得很无知，但与格洛丽亚和鲁斯相比，他们至少并不是在为了取得某种专业资质而学习，他们的错误并不会对他人的生活造成负面影响。

可能你想要运用自己实际上不理解的知识、理念甚至词语，是因为你认为这样做可以让你显得很聪慧。这种现象在热爱科技术语和行话的人群中极为普遍。他们有一种具有误导性的念头，认为使用这些词语能够营造出高深的氛围，让人觉得他已经掌握了这个主题。诚然，采用这种写法的人并不是全都在蓄意不懂装懂、欺骗他人（试图让他人一叶障目，让别人看不穿自己的无知），有些人这样做是因为不愿意承认自己看不懂阅读过程中遇到的复杂艰深的理念。

你为什么要阅读？

你需要完成的阅读量取决于具体科目。诸如历史、哲学、文学、社会学和心理学的学科都要求阅读大量文本，而通常情况下其他学科的阅读量会相对较少。你正在研习的学科同样也影响你必须完成的阅读种类。比如，文学专业的学生就要读许多非学术类的文本（这些文本从某种意义上来说为他们提供了“原始数据”），哲学专业的学生必须阅读并理解各类细致论证，而法律系的学生则需要花时间阅读法律案例报告。

阅读的原因很可能同时受学习深入程度、所涉学科及授课教师的影响。有些因素只会影响你一个人，但很多则是所有学生在所有学习阶段中遇到的共性因素。某些激发你阅读的因素是积极而有助益的，某些则不那么积极，甚至或许会妨碍你学业进步。

任务6　作为学生，激发你进行阅读的是什么？

合上这本书几分钟，进行一场“头脑风暴”，列出一切你能想到的、激发你去阅读的因素。在思考过程中，也试着想一想，对你而言哪些原因是积极向上的。

不是所有的阅读理由都合理有效，也不是所有在大学中完成的阅读都有价值。例如，如果你几乎不能理解所阅读的材料，就算是读到了文末，你也会一无所获。带着特定的目标去阅读，并在最后发现目标达成总是有意义的，比如找到了某个具体问题的参考答案。就算达成的目标很小，这种阅读也是值得开展的。

确保自己的阅读理由是正面积极的，并且阅读的方式能够不辜负你所投入的精力，帮助你有所收获。

阅读可以激发思考，这是一件好事。同时，通过学习他人优秀甚至出类拔萃的文风，以及提醒你避免他人犯过的错误，阅读也可以让你精进自己的写作风格。另外一个促进阅读的积极因素则是希望将自己的所思所想与他人曾经说过、做过、坚信过、讨论过或是建议过的事物联系起来。从本科生论文到由重要学者撰写的学术著作，在一切层次的学术写作中，如果一篇文章能够援引他人的论点与看法，它总是能更上一层楼的。遗憾的是，这项能够大力促进阅读的积极因素在我们的观念中却与驱使学生进行阅读最消极的因素之一紧密相连，那就是希望通过援引夺人眼球的参考文献以及恰当的引文来装点论文，以此引人注目。这种做法的关键之处在于这种阅读的目的并不是认真理解他人的观点。因此进行阅读的人只是想给人留下学识渊博的印象，而非真正想要成为学识渊博之人。

你应当在何时何地阅读？

如果想要极致充分地利用有限的阅读时间，你需要考虑一下，对你而言在何时何地进行阅读最为便捷。阅读的场合地点能够影响我们的情绪感受，但并不是所有地方都能对阅读起到助益作用。比如，你在乘坐火车时可以静心阅读严肃读物，却可能会觉得在乘坐公交车时不适合进行此类阅读活动。同样，你或许会发现早上无论在哪儿看书都轻松惬意，而到了晚些时候却读不进去了。

任务7　作为一名学生，你会在何时何地进行阅读？

花几分钟时间做些笔记，回答以下问题：

- 你认为在何处阅读最为轻松惬意？在浴室，公交车上，床上，还是餐桌上？
- 你能在图书馆里阅读吗？
- 你认为自己最无心阅读的地方是哪里？你曾经试过在那里阅读吗？为什么？你能进行一些改变，让在那里进行的阅读变得更轻松惬意一些吗？
- 你在什么时候阅读？
- 你认为自己何时进行与课程相关的阅读是最为轻松惬意的？为什么？

试着留意一下，你在何时阅读是行云流水的，而何时注意力无法集中在文本上，之后尽可能为自己制定日程表，以保证能在每天的最佳时段以及最适合的地点进行阅读。尽量妥善安排可能让你分心的事物，例如朋友来访，将要袭来的饥饿、口渴与困倦感，感觉温度过冷或过热等。防止它们乘虚而入，干扰你达成阅读目标。

你应当如何阅读？

最后，我们要说到你应当如何阅读这一问题。但首先，我们想给出与阅读技巧、自律性、态度及思维方式相关的一些建议，以帮助你成为一名更加精进且富有成效的读者。我们想让你反思片刻，想一想目前自己是何种读者。

你属于哪一种读者？

拉德克利夫（Radcliffe）认为，有一些读者就像是衣帽间的侍者一般，从不同的渠道获取观念和想法，将它们分门别类之后，挂在不同的挂钩上以便日后检索之用。这个引人遐想的隐喻出自尼尔·波兹曼（Neil Postman）与查尔斯·韦恩加特纳（Charles Weingartner）的《教学：一种颠覆性的活动》（*Teaching as a Subversive Activity*）这本年代久远但却依旧令人惊异的书中进行的一场关于不同教师类型的讨论，他们谈到了担任“空桶填充者”的教师（认为自己的工作是用知识填充空虚的头脑）和充当“点灯人”的教师（认为自己的工作是点亮青年一代的精神世界)。

波兹曼与韦恩加特纳运用的一些隐喻同样适用于对不同类型读者的讨论，其中就包括将阅读视为填充自己头脑的手段的“空桶填充者”型读者。遗憾的是，“空桶填充者”型读者通常颇为缺乏鉴别能力，他们在头脑中填充垃圾的概率与填充有价值、言之成理的理念的概率不相上下。更令人遗憾的是，作为学生，他们的论文中同样会充斥着垃圾。在学术阅读上怀有“空桶观”的学生与他们阅读的文本之间产生的关系通常十分有限，这很可能在他们的写作中显露无遗。当他们阅读书刊文章时，他们很可能只是要撷取观点、信息与听起来不错的引言来填充他们的写作任务，而不是让他们阅读的文章为他们的思维方式或是他们所知的事物带来长远的改变。

加文·费尔贝恩与苏珊·费尔贝恩曾提出许多关于不同类型读者的新隐喻，其中就包括“挖掘者”“考古学家”以及“大奖赛车手”。

“挖掘者”光凭蛮力挖掘自身阅读的材料。他们主要的兴趣在于收集大量资料以倾倒至自己的论文中，而对于所挖掘的内容是否有价值不甚关切。对他们而言，重要的是给出他们进行了阅读的证据，而且证据越多越好。“考古学家”型读者则令人震惊。他们不是从书籍与其他文本中机械地挖掘内容，而是细致缓慢地筛除垃圾糟粕，直至找到他们孜孜以求之物。随后，他会将找到的内容与其他相似的发现放在一起，小心地把它编入目录中并贴上标签，记录下该内容的准确来源。

“考古学家”型读者在意的是收集证据以支撑他想要构建的理论与论点，而且在收集过程中很可能会把不同来源的证据放在一起相互比较。

“大奖赛车手”型读者则很不一样。他们信仰的是速度，“赛道”的终点是一个章节、一篇文章、一本书或是一份阅读书目的末尾。他们希望尽量快速地完成阅读大业，没有时间搜罗纪念品或是拍照留影，基本上也不会流连于途中张扬理性、彰显事实、雄辩滔滔的各色景致。或许几年前他们上过快速阅读课，并为自己能够疾速浏览文本而深感骄傲。“大奖赛车手”型读者蜻蜓点水式地概览群书，但几天之后却连这些书的名字都几乎记不得，更想不起来这些书中包含了什么观点。这类读者可以告诉你他们读了多少书，但除非他们大幅度换挡降速（比如读到了艰深的部分），否则他们几乎无法告诉你他造访过哪些地点，甚至可能根本就不知道那些地点的存在。

任务8　你属于哪一种学术型读者？

你属于哪一种读者？面对不同的阅读任务，你会属于不同类型的读者吗？比如，在筹备论文的初始阶段，有时你可能类似于“空桶填充者”，而在其他时候，你或许会更加审慎，像一位考古学家一样在你挖掘出的材料中花时间缓慢地筛选、去粗存精。

花一些时间思考一下你是哪一种读者，每一种读者的特质又是如何的。比如，你可能会发现你与以下几种类型的读者有相似之处：

- “杂耍”型读者——善于同时思考许多想法的人。

- “探险家”型读者——深入未知且时而险象环生的知识领域的人。
- “园丁”型读者——计划周密，首先耕耘土壤（思考针对所阅读的文本而想要提出的问题），而后铲除弱苗（去除不占优势的观点），同时精心发展培育在阅读中邂逅的有力观点。
- “侦探”型读者——根据论点与思路，在文本内部与文本之间寻踪索迹。
- “恋人”型读者——大力美化发现的内容，并将其用在自己的写作任务中。
- “制图师”型读者——描绘观点出处的各类特征，标记出其高点、低点、最有趣的特质等，好让自己在将来的造访中能找到路径。

学习快速阅读有用吗?

一些学生听信了快速阅读专家的说辞，认为读得更快一定意味着读得更好，但他们错了。虽然一些人有时能从快速阅读中收益，但若一味地追求速度，你就会因此牺牲对篇章的理解。伍迪·艾伦（Woody Allen）将快速阅读的益处做了一份清晰的归纳：

> 我上了快速阅读课，学会了径直从书页中部往下扫。我可

以在20分钟看完《战争与和平》(*War and Peace*)。这本书是有关俄国的。[转引自《爱与死》(*Love and Death*)]

对于大多数人而言，对提高阅读速度的冲动至多不过是一种毫无助益的注意力涣散，偏离了提高阅读质量的初衷，从而最大化地显现出学习与发展慢速阅读能力是多么重要。速度本身并无多大价值。所以，对于那些把拓展快速阅读能力当作阅读能力进步核心的人而言，虽然他们或许能在更短的时间内看完文字，但从他们在所处理的文字中收获的意义与信息角度看，他们也许并没有真正地阅读更多内容。虽然他们迅速地穷尽了所有书页，但却并没有驻足挑拣出任何货物。快速阅读实际上让你获得了更少的信息，这几乎可以说荒诞。总体而言，比起读得飞快但学到的却寥寥无几，更为明智的是选择合理的阅读速度，让你能够充分接触并吸收更多遇到的理念，并更好地领悟它们，以实现高效阅读的目的。

我们希望你能够认同我们的观点，将阅读时间花在“巡逻”上却不留心你一路经过的知识景致绝非明智之举。巴尔内斯(Barnes)曾援引一位学生的话说明这个问题。这位学生清楚地意识到阅读的目的在于收集知识货物，但似乎对结果并不满意：

我很忙，忙着尽可能快地匆匆浏览书页，但我什么都没记住。我一直在想“我得快点了……我得记住这个，我得记住那个……”，所以到最后，我什么都没记住。

你对这位学生的经历感同身受吗？如果确实是这样，那么是时候想想如何好好利用你的阅读时间了。

虽然我们心中对于快速阅读的价值还抱有一些疑虑，但我们却不能否认阅读速度慢同样称不上是一种优点。因此，我们会给出一些建议，以帮助那些因阅读速度慢而感到困扰的人们提高阅读速度。我们提出的这些简单建议可以帮助你提高阅读速度，它们不仅不会损害你吸收意义的能力，而且有可能促进这种能力的提高。

第四章
“换挡”阅读

与其越来越快地在越来越多的书面材料中狂飙突进，更明智的做法是对材料有所选择，减少阅读量，并确保你能够理解、记忆并充分运用你阅读的材料。我们并非坚称一切阅读都要放慢速度、苦心孤诣、关注每一处细微差别和每一个细致论点。

确保你的阅读速度和深度与你的阅读目的相吻合。

本章目标在于发展区别性技巧，教你区分何时需要获得细节性知识与深度理解（此时你需要深思熟虑，进行系统性的分步阅读），而何时你所需要的只是对作者的观点有大致的印象（此时你快速浏览全文、阅读一些能抓住你眼球的别致部分就可以了，因为其中包含了与你的主题相关的关键词）。

以理解为目的的系统性阅读需要耐心，十分耗时。但是，通过运用诸如略读、扫读以及抽样阅读等阅读技巧，我们通常就能明确一篇文本是否具有阅读价值。此外，我们通常可以通过组织性结构特征获取对文本材料的内容、风格、价值的印象。在一本书籍中这类材料包括目录、索引、封底或是护封上的简介，在一篇文章中包括介绍文章精华的摘要，以及至少能显示该文章与其领域内其他作品关联性的参考书目列表等。

略读、扫读以及抽样阅读

大多数关于学习技巧的书籍都会谈论诸如略读、扫读以及抽样阅读之类的阅读技巧。这些词语的运用方式五花八门，我们并不打算具体讨论这些方法之间的差异，但说明它们的实用性是非常有必要的。

略读（skimming）是一种阅读技巧，人们对其描述各式各样。无论是在阅读与课程相关的材料时，还是浏览报刊之时，你或许在很多时间里都在进行着略读活动。比如，人们会这样描述略读：

- 让你的眼睛从页面中部开始往下扫，记下两边重要的词语，这有一点赌博的意味在里面，赌的是页面边边角角上被无视的文字不要太重要，并且你能够从自己吸收的知识中推测出这些词的含义；
- 控制你的视线，比如说一行看三到四遍，又或许只看每页第三或第四行的内容，这样你一定同时会从你所阅读的那一行上下的几行中获取一定量的信息；

- 只阅读一定比例的阅读文本，比如每五行只看一行，或是每页的第二自然段；
- 让你的视线依次自由地游走于每张书页以获取大意。

一些人或许会坚称只有以上的前两种技巧能够称为真正的略读，并且指出其他技巧的问题。比如，“第三种方式其实是抽样阅读，因为它的方法论中包含了阅读文本的‘样本’这一关键因素”。但是，其他人可能想用“抽样阅读”（sampling）这一术语来更加确切地指代通过阅读每页第一段与最后一段，然后阅读每个段落中的第一句与最后一句以建立起一篇文章或是一个章节全貌概览的技巧。而以上提到的第四种技巧则可能被他们称为“扫读”（scanning）。不难看出，虽然我们倾向于使用“扫读”一词来指代在篇章中确定具体词语或观点所在之处的做法，当你致力于寻找一个单词或是短语的索引项时，“扫读”只是为略读文本打前站的。扫读通常比略读更为粗略，一个人在扫读一篇文本时可能会逆序阅读，从后往前看，但略读则通常是按照文本的先后顺序进行的。无论你采用何种方式，当你邂逅一些令你感兴趣的词语或观点时，你都应该给自己充分的自由调节速度，进行更加系统的阅读。

略读有价值吗？

根据在我们上面罗列出的所有表征，略读不仅是有价值的，并且是必不可少的。略读是让你获取足量信息以理性地确定当前文本对于你的阅读目的而言是否有益的一种快速途径，也是确认如何提取出文本包含的信息与观点的最佳方式。同时，略读也能让你避免在脱离上下文的情况下阅读文本艰深部分。因此，通过略读，你可以逐渐建立起全文整体观。通过略读的方法，你看懂并理解文章艰深部分的概率会增加，从而减少仅仅因为无法信心十足地利用某些有用的资源便出于惊惶将其搁置到一边的可能性。

略读一篇文本以了解大致内容就像是在远征之前派出侦察兵一样，因为这样做能够让你探知前方的地形，令你在以下两点得以做出明智的判断：

- 哪些部分值得仔细研读；
- 你的细致阅读应从何处开始。

总体而言，最为明智的做法是从与你的阅读目的、阅读兴趣最为契合的材料入手，或是从文章中你理解或者似乎能理解的部分入手（如果细心留意，你通常会在文本中发现不少这样的内容）。将精力集中在艰深文本中与你已知、已理解的知识相通之处或你特别感兴趣的地方能够帮助你充分了解文本是关于什么内容的，继而帮助你决定如何着手进行细致阅读。

任务9 阅读循环训练法

请你时常抽出时间进行一些以锻炼作为读者所需的体力与精力为目标的“循环训练”。为自己设置几项与阅读相关的小任务。每次都为自己设定完成任务的规定时间，时间以相对于全面彻底完成任务的时限略短一些的时间为宜。以下将你或许会下决心完成的任务列举一二：

1. 给自己一小段时间（也许是15~30分钟）做一些笔记，记录你打算阅读的章节或文献的要点。
2. 给自己一小时时间，简要记录关于六篇期刊文章的笔记。在线阅读期刊即可。不过，阅读纸质版通常更为顺畅，因此执行此项任务的最佳地点大概是学校图书馆，你可以在那里找到期刊文献的纸质版。
3. 为一本你还未读过但是真心要想了解的书籍写简要的内容概述；你的概述会提醒你该书的要点以及这些要点的大致出处。任务完成时间不要超过一小时。
4. 给自己出一个有兴趣写作的论文题目，再花一小时到图书馆里找三本书（或是三篇文章）以帮助你了解该题目；记下关键词以及关键词所在的页码。
5. 给自己一小段时间将写过的论文重读一遍，记录关键词（如果缺乏这些词语，你论文中的观点便无法表达），准备一次三分钟的展示，将你的观点呈现给对此领域一无所知的人听（你可以尝试着向一位朋友、你的宠物，甚至是卧室中的镜子展示），千万不要偏离要点。

走近学术阅读

身为一名读者，拓展阅读能力最重要的一点在于你要找到适合自己的阅读方式。这包括根据不同的阅读目的选择在何时何地进行阅读；阅读何种材料以及读到何种程度；是一直坚持独立阅读还是有时与朋友一起读等。加文·费尔贝恩与苏珊·费尔贝恩曾指出此类选择取决于诸多因素，包括：

- 你与文本之间的关系所发展到的阶段——已经是至交好友，还是刚刚才邂逅于图书馆或是书店的一隅；
- 你能支配的阅读时间——是可以尽情享受阅读时光，还是（像见不得光的地下情人一般）只能将碎片时间串联起来；
- 你阅读的原因——是评估文本的相关性、寻找特定的信息，还是研习课程的既定部分。

千万不要被动阅读，千万不要偏听偏信。

许多学生相信（也许只是表现出他们相信），虽然他们阅读的这些学术书籍和文献的作者的确言之有物、有知识想要分享，但他们的任务却仅仅是接触并同化这些知识。如果你也持这种想法，我们希望你能够摒弃这一观念。如果你表现出自己能够潜心了解读到的这些作者的文章，对他们进行严格评价而不是盲目接受他们所说的一切，那么你在学术上取得成功的可能性就会大得多。

在大学生涯中想要取得成功，你必须拓展批判性阅读技巧，并且审慎看待所阅读文本持有的观点，以及文献的作者在呈现这些观点时采用的证据与论证方式。

不要认为所有作者都言之有物，也不要认为这些人因其作品得以问世便获得了某种权威性。你更应该将他们视为观点公开交流的参与者。他们的功绩应当通过一些标准进行评估，例如论据的相关性、连贯性、清晰度与力度。

在营造属于自身的论据或观点之时，你可以通过多种方式利用阅读成果。太多学生为自己设限，局限于采纳与自身观点一致的内容来为自己的言论“撑场面”，好像他们无法查阅到与自身言论相悖或是他们认为有缺陷的观点。

成长为主动读者

为了充分利用阅读时间，你需要学会进行主动阅读，深刻理解作者们表达的意义，而非放任他们向你灌输观点，好像你与他们毫无瓜葛，也对一切都毫无兴趣，只是想找到些零星的事实或论点，助你在下次的辅导课或研讨会中给老师留下深刻的印象或是将那些论点化用在论文或写作任务中。

不要仅用眼睛盯着书页上一行行的文字或听着这些文字在脑海中的回响，你必须有意识地努力读懂它们，并且在没读懂时注意到自己的状态。大多数学生承认，有时候，他们进行“阅读”时其实根本就没有意识到自己在读的是什么内容。我们并不想告诉你，“要充分利用阅读时间，你的阅读并须建立在理解的基础之上”，因为开始读这本书之前你就早已对此心知肚明了。相反，我们想要让你将注意力放在不断提醒自己以一种主动追寻意义、理解意义的方式进行阅读的必要性上。

阅读时要不断创造意义

如果你希望阅读卓有成效，那就不仅要通过吸收文本中呈现的信息与观点从文本中获取意义，还要创造与之相关的意义。主动阅读需要你努力尝试将作者试图传递的意义与你已知的知识联系起来。你在阅读时可以尝试心怀一切你此前就拥有的知识和体验，这样做：

- 能够帮助你了解作者；
- 能够帮助你记住作者当前讨论的内容；

- 当你正在阅读的观点、事实及论据与那些已然在你脑海中生根发芽的理念激烈碰撞时，或许还能激发你的创造力，催生出有趣（有时甚至是具有原创性）的思路。

当我们能够将事物与已知的知识理念相联系，将所有知识编织成互相关联的复杂网络时，我们往往才能最出色地去理解并记忆它。身为一名读者，你能做的最重要事情之一是尽可能将你阅读的材料与你知道的一切联系起来，这样，你从文本中收集到的重要新知与信息、思维方式与论证方式都能够与你已经了解的各类事物融为一体。你在做阅读笔记时记住这一点将对你大有帮助。

评估作者在交流理念时是否卓有成效

除了尝试理解作者想要传达的内容，主动阅读还包括尝试评估作者传达内容的成效。在你阅读过程中，问问自己，作者的表述清晰吗？如果清晰，试着分析一下这种清晰度产生的原因，比如，表述清晰是因为行文简洁还是遣词造句上佳？

如果作者语义不清，那就试着分析她要怎么做才能表述得更清晰。

- 她使用的语言含糊不清吗？
- 她有没有给出你需要的所有信息？

无论在何时进行阅读，你都应当评估作者用于支撑观点的论证方式与论证依据。如果你需要使用别人笔下的内容来直接维护或是构建属于你自己的观点，请试着确认你的做法合情合理。即使你发现一位作者的观点很有吸引力，倾向于认同她，但这也不能说明她的论证方式出色。这一点似乎显而易见，但是，很多人可能并没有意识到，发现一位作者的观点与自己的看法相吻合的那种诱惑力会让人一叶障目，看不到作者的论证漏洞百出，而这样的人数量之多远超出你的想象。

如果一位作者对观点进行举例说明，那么这些例子有趣、切题吗？如果她援引论据，那么问问你自己这个论据是否够好，它足够有说服力并且切题吗？

有时，作者所引用的论据、事实本身很有趣，可能在支持各种其他结论上具有强大的说服力，但是却与她目前想要呈现的论点风马牛不相及。无论你觉得这论据本身多有趣，都不应该让它影响你。比如，试想一下，有一位作者在2000年伊始提出工党政府高度成功的观点，他的依据是该党在下议院占了绝对多数。虽然对于在塑造工党政府成功形象的行为中获取了既得利益的人而言这种论点或许颇有吸引力，但你无法想象它能说服任何具有理性的人，因为一个政党在其政府内的规模再大也证明不了它有多成功。

理解作者

进行学术阅读时，你应当融入文本，与作者碰撞出某种关系的火花。这似乎很荒诞，但你在阅读时可以试着想象一下她坐在你身边。你会问她什么样的问题呢？她的作品让你产生了什么样的感受，让你觉得可以与她分享？在改进文本上，你想对她提出什么样的建议呢？你知道她认为在展开思路或更为清晰地表述观点上哪些东西是重要的吗？你读过什么你认为她也应该看看的书吗？你为什么觉得她应该看这本书？如果你想在论文中引用她的著作，这些问题能够帮助你确定关于该作者你应该写些什么。

延伸阅读看什么

主动阅读还包括尝试确定需不需要进一步阅读与你的话题相关的材料，以及如果需要你又应该读些什么。你大概会认为你需要扩大阅读量以帮助理解作者给出的某种要点或论点，有时候可能还会阅读她的书中提及的资料，但有时，特别是当你在阅读过程中时，你可能会发现自己希望通读同一本书中的其他部分，或是更加系统地重读已经读过的部分。有时，你会想要进一步搜寻证据，以支持或印证某一作者提出的说法，而有时，你或许还会想要核对她援引内容的出处。

对一些人来说，重读几小时或几天之前已经看过的篇章或许意味着失败，好像他们第一回看的时候功课做得不到位。但是，他们错了。学术阅读可以说艰深，只读一遍几乎是不可能掌握文本的完整意义的。在文本中前后穿梭是主动阅读过程的组成部分，尤其是当你发现自己需要再度核查作者此前提过的内容时。作者甚至也会透露出这种做法是大有裨益的，比如，他们会写道："现在，我想运用前文中展开的一个论点……"或是"在这篇文章的最后，我要用这个观点来表达……"

带着问题看文本

在阅读任何文本之前，试着厘清思路，想一想你究竟想从中学到什么：

- 我希望通过阅读这篇文本学到些什么？
- 它能够帮助我回答哪些问题？
- 我打算花多长时间来阅读？
- 我需要记录阅读中得出的结论吗？如果有需要，我该如何记录？

你对这些问题给出的答案一部分取决于你的阅读理由，一部分取决于你对材料的熟悉程度。这些问题有助于你形成自己的阅读方式。比如，如果对你而言文本是全新的，那么你就最好通过执行某种"勘察任务"来进行探索性的阅读；相反，如果这是一篇你已经了解的文本，你或许会刻意寻找某些特定的信息，并对这些信息所在的位置产生清晰的了解。

遗憾的是，有些学生产生了错误的想法。他们认为自己无论在何时阅读都应该尽量记住作者所写的一切内容。这样的学生在看书时通常会显得像是被迫进行逐字逐句阅读一样。他们的目光聚焦在各个独立的观点上，而无法注意到由各个观点构成的森林般宏大的整体。

在阅读过程中，你必须要能够在不同层次的焦点之间切换，不仅仅看到一整片森林以及它与周遭知识全景的关联，还要能够仔细审视一棵树（单个论点），甚至是用以构成通篇论点、命题、理论和世界观的一朵花苞、一片叶子（观点和前提、事实与看法）。

第五章 SQ3R 阅读法

我们已经讨论过如何通过改变阅读方式和你对阅读的看法让你的阅读更高效，而改变看法或许更为重要。我们希望你能够运用其中的一些方式。但是，如果你希望采用更为系统化的阅读手段，那么这种被称为“SQ3R”或是“浏览、提问、阅读、复述、回顾”（Survey，Question，Read，Recite，Review）的阅读技巧对于从你所阅读的文本中收集信息而言是非常有用的。它分为五个阶段。

SQ3R 阅读法的五个阶段

浏览 浏览全文，总体把握主题内容，并确定文本是否有细读的价值。

提问 仔细思考一下你希望从这篇文章中获取些什么。你想知道些什么，在该文本的什么地方可以找到这些内容？

阅读 从文本中尽可能多地获取有用的信息，这部分的阅读方式可能会包括略读、扫读和细读。

复述　试着回想一下你学到了什么，对自己复述或是列举出来。你可以在脑海中默记，可以大声说出来，也可以用一张白纸或电脑文档来做笔记。

回顾　复习一下你完成过的任务以及你下一步应该完成的任务，比如你是否需要进行进一步的拓展阅读。

运用 SQ3R

让我们通过一个例子来讲解你该如何将 SQ3R 运用到一个简单的阅读任务中去，这个任务基于一本写给大孩子看的书——弗吉尼亚·卢宁（Virginia Luling）的《土著居民》（*Aborigines*）。

作为学习技能训练模块中的组成部分，你被要求写作一篇关于土著居民婚姻风俗的小论文，内容包括谁与谁之间可以通婚。令人抓狂的是，你只能参考一本书，即卢宁的《土著居民》。

你快速**浏览**全书后并没有发现任何显而易见的东西，目录里也没有明确提及婚姻与相关的信息。但是，书中有一章与童年有关，还有一章与童年之后的生活有关。既然绝大多数人都是在经历过童年之后才成婚的，那么可以推断关于童年后的生活这章中很可能有你需要的内容。事实也确实如此，你翻看这个部分后发现这里的确有大量关于土著婚姻的信息，但它们却不像你原来预计的那样有用。由于其他的目录标题似乎都与你的写作主题关联性不强，你就得问问自己：

从哪里才能找到我需要的信息呢？

你现在就处于**提问**的阶段了。除了目录，书中最可能为你的所需信息提供线索的重要部分就是位于书籍末尾的索引。迅速浏览索引后，你就会发现该书的第22，23，30页谈到了婚姻主题。第30页处就是你之前已经阅读过的标题为“童年之后的生活”的章节。第22页所在的章节标题为“有序的社会”，详细介绍了土著居民社会中的氏族和婚姻系统。这一章能够为你提供所需的信息，其中就包括什么样的人之间可以互相通婚。你有必要仔细**阅读**这一部分。

在通读“童年之后的生活”一章并做好笔记之后，你会想要**复述**一下读到的内容，以便确定自己的问题是否得到了解答。最后，你可以将整个过程**回顾**一遍，包括在确定所需信息所在位置的过程中遇到的困难等。比如，你可能会想，“有序的社会”这一章竟然不命名为“婚姻风俗”真是令人颇为遗憾，不然你的任务完成起来就简单多了。但从另一个方面来说，你期望作者在组织全书时的优先点与你的想法完全不谋而合，这是不理智的。弗吉尼亚·卢宁关心的不仅仅是婚姻，而是关于土著社会如何组织建构的更广泛事宜，因此将本章命名为“婚姻风俗”并不能确切地凸显她的写作意图。然而，当你在回顾之前要做些什么才能从卢宁的文本中获取所需信息时，反思诸如此类的问题能够帮助你意识到一份好的索引有多重要，因为相对于书籍的目录来说，索引能够更加精准地反映书中提到的各类主题，并准确无误地表现出作者组织文章时的首要关注点。

在你刚开始使用 SQ3R 法时，你很可能会觉得在有阅读搭档或是作为某个小组中的一员时这种做法行之有效，所以你能够通过接触他人的观点来平衡自己的想法从而获得更多的自信心。但是，随着你对这种方法的运用更加得心应手，你就很可能开始下意识地运用它，因为它已经成了你的阅读习惯或是阅读准则之一。

试试 SQ3R

尽快亲身尝试一下 SQ3R 法吧，它绝对不会让你失望。请记住，一定要灵活运用这种方法，你才能收获最好的效果。请允许自己以任何你认为最佳的方式来对其加以运用。虽然这些步骤都井然有序地列了出来，但是就算你的阅读过程与之略有出入，天也不会塌下来。比如，如果有必要，你可以给自己充分的自由退回到前面的步骤。比如，你已经来到了“复述”这一步，却发现某章中的某个部分包含一个强有力的观点，看起来对你打算在自己的论文中构建并呈现的案例大有助益，而你却没有进行过足够细致的阅读。如果是这样，那就回过头去再读一遍。

任务10　尝试 SQ3R 法

想象一下，作为学习技巧拓展模块中的组成部分，你的导师已经要求你采用 SQ3R 法来研究你在《大学怎么学：高层次阅读、写作与思辨训练》（也就是你现在读的这本书）中，能从费尔贝恩和温奇提到的人们建构书面论点时遇到的普遍问题中获取些什么。她已经指出，在推理方面遇到问题的情况很常见，这种情况不仅仅在学生论文中存在，在某些专业的学术著作中也存在。她将你的注意力引向对依靠非理性方式进行说服的技巧的运用，而非采用合乎逻辑的方式展开的论点，并且要求你尽可能深入研究这一点。

采用你已经学到的 SQ3R 法来完成导师布置的任务：

术语“非理性的说服方式”是什么意思？

记住，SQ3R 法的第一步仅仅包括**浏览**全文以大致了解文章主题，其目的是帮你确定这篇文本是否有助于达成你的阅读目的，你只需对文本进行略读与扫读以搜索相关的词、短语或标题。无论文本多有趣，试着不要过快沉溺到细致阅读中；尽量保持条理清晰，利用好文本的结构特征，包括目录列表、索引、章节结语等。这样，SQ3R 法的浏览阶段就好比在该书涵盖的领域中派出侦察机进行高空侦察，让你能够在脑海中绘制概念性地图，勾勒出地形地貌，并且标记出值得进一步关注的特定区域。完成这一步之后，你就来到了**提问**阶段。你要做好准备，以具有建设性的姿态造访这些特定区域，仔细思考你想从中获得些什么，并带着构想出的问题走近这些地方。你想知道些什么呢？在完成浏览阶段之前，你很可能已经对自己想要对文本提出的问题有了些概念，但是，在把握了文本大意之后，现在的你就能够提出更加细致地询问文本信息的问题。

你的阅读时间有限，因此，你首先应认真地浏览全文做好准备铺垫工作，并仔细思考你想要从文本中获取些什么，这是十分值得的。采取这种做法意味着，到了仔细**阅读**阶段，你将可以更加高效地利用时间。但重要的是，在这一阶段，你的行事作风要与此前一样小心谨慎，采用恰到好处的阅读策略，并以不同的方式展开阅读。你时而要扫读信息，时而略读某些部分，时而又放慢脚步，缓慢而认真地让自己吸收事实性信息，理解具体的论点。你可能想要一边阅读一边做笔记，但也可能打算将笔记留待下一阶段完成，因为到那时你会更清楚自己想要记些什么。

你时常需要反复阅读某个篇章，直到心满意足地认为自己已经对这一段文本以及它所有的隐含意义了如指掌。重读只有在极其罕见的情况下才会体现为简单阅读篇章第二次或第三次，而在大多数时候则需要你头脑中带着与第一次阅读时截然不同的问题来解析文本——填补空白、确定自己对事物的理解是正确的，并核对细节。此外，在第二次以及之后的阅读中，你很可能会将注意力集中在第一次阅读时发现的那些尤其艰深的地方，因此从某种程度上来说，你已经更像是这一题材方面的专家了。

一旦你系统地阅读过这篇文本并从中尽力获取了所需的一切，在迈入下一阶段之前，你最好稍事休息，然后反思学到的东西——如实地回忆并对自己**复述**，默问自己是否已经找到了你在刚开始阅读文本时所怀揣的问题的参考答案。到了这一阶段，即使你之前在阅读时已经做了笔记，你现在也肯定应该继续做笔记，或者重新组织并拓展之前的笔记。最后，你应当**回顾**已经完成的一切，将文本重新浏览一遍，确认你没有漏掉任何重要的东西。你找到想要的东西了吗？确认你从该文本中捡拾的一切都有助于回答你在最初设下的问题。那么现在放眼未来吧。下一步该做些什么呢？还需要完成更多的阅读吗？你有没有在这篇文本中邂逅一些值得一探究竟的参考书目？在这个阶段，你还应该想一想现在应该继续进行阅读，还是应该做些别的什么事情来深化你的理解，比如将你发现的成果与朋友或导师一道讨论等。

第六章
好记性也需要“烂笔头”

作为一名学生，你应当能够记忆、组织并运用海量信息，而这些信息多半是从阅读中获取的。我们通常称某些信息为“知识”，言下之意是它拥有某种确定性，或者说人们认为这种信息是真实正确的，这种想法有理有据。而你应当获取并运用的另外一些信息则不是“知识”，而是以看法和观点的形式出现的。你在做笔记时必须想办法分辨这几类不同的信息。

为什么要边阅读边做笔记呢?

关于为什么要做笔记，人们持有的（或是认为他们持有的）理由多种多样。比如，你可能会出于以下目的做笔记：

- 帮助你记忆文本中的重点或在此后唤起你的记忆；
- 采用更加简明的方式以求能轻而易举地找到特定的事实或观点；

- 将新知识与你已知的知识联系在一起；
- 帮助你理解作者所说的内容；
- 记录你可能将在论文中需要使用的要点。

有时候，有些书籍或文章会闯入你的视线，让你认为它们非常重要或有趣，即使不做笔记，它们的内容也会深深印刻在你的记忆中。但是，持有这样的想法才能让你始终立于不败之地：除非你把所阅读的内容以笔记的形式记录下来，你很快就会遗忘它，或者即使你记住了它也很快会忘记自己曾经做过这样一件事。记忆是一项极其复杂的工程。我们沿路兜风时通常不会记得乘法口诀，我们在看电视时也不会记得儿时下苦功夫背诵过的诗歌。除非我们能为存续记忆做些什么，否则或许无法记住从一篇文本中所学到的内容。

做笔记能够帮助你聚焦所阅读的文本，但是，只有你内心中始终明确你在记录些什么以及为什么要记录这些，这种做法才能奏效。与阅读的其他方面一样，关于做笔记，最为重要的一点在于你要专心致志、开动脑筋：心不在焉地做出的笔记通常是质量低劣的。无论你偏爱何种风格的笔记法，你都一定要有鉴别能力。一定要确认你所做的笔记不仅能够帮助你回忆作者努力传递的信息以及她的个人观点，同时还包含你对于作者所表述内容的反馈。你需要做到主动阅读，始终尝试将你读到的内容与你已知的知识体系联系起来，这样做能够帮助你免于沦为一名心不在焉的做笔记者。

如何做笔记?

人们做笔记的方式千差万别。你在阅读时稍稍想一想自己是如何做笔记的，然后反思以下问题：

- 你是边阅读边做笔记，还是先阅读，之后在第二遍甚至第三遍重读时才回过头来做笔记？你在阅读时是否只记录简要笔记，过后才补充完整？
- 你是否曾经将书籍或文本都放在一边之后书写笔记，然后再通过重读相关篇章来复核所记录的内容？
- 你在阅读本文时记录的笔记是什么形式的？与课堂笔记相比是否有不同之处？
- 你会记录线性笔记（类似于原作的浓缩版）吗？你是用自己的话进行记录，还是通常会摘抄一些作者的原话？你确定自己可以分清自己的表述与作者的原话吗？如何区分呢？
- 你会做图片或图表式笔记吗，比如利用“网络关系图”或是“思维导图”？
- 你会记录关键词吗？
- 你会在事后对笔记进行再度加工吗？比如将关键词与主要内容加工转化为索引卡片或是录入到电脑文档中？

无论怎样做笔记，你一定要确保你对于每条信息的出处进行了精准的、以参考书目形式进行的记录，包括哪些引言出自于哪几页等。那么，你是如何完成这一工作的呢？用大笔记本、索引卡片还是电脑数据库呢？

确认你的笔记条理清晰、内容充实，并因此是有价值的，尤其要保证对你所参考过并可能在今后加以运用的信息进行了完整的参考书目式记录。

别浪费时间记录一些你已知的信息。

保存笔记的最佳位置是某个安全的地方——你可以轻松找到并阅读到这些笔记，但几乎不可能弄丢它们。

一份电脑文档，或是一个文件夹当中的一系列的文档可能是你用于保存阅读笔记的最简单且最合适的地方，但是定期打印更新过的笔记进行备份也不失为一种明智的做法。（为了保险起见，确保至少有两份电子版。）

确认保存笔记的文档命名清晰，能够让你记住里面放的是什么，然后将这些文档整理到一个或是一些文件夹中，确保你能够轻而易举地找到它们。这样做的好处是，你在写论文时可以将笔记直接复制到文本中，然后再进行加工。

始终用自己的话来做笔记。如果你在阅读一本书或是其他文献时是手写笔记的，那么马上或是尽快将笔记转为电子文档存储于电脑中。记住，你把笔记搁置到一边的时间越长，丢失的可能性就越大。

确保手写笔记字迹清晰，以便你在缺乏相关资料来源时也能顺利阅读这些笔记。这一点很重要，因为做笔记是逐渐理解文本的好办法，让你能够发现其中最为核心关键之处，并且用自己的语言进行表述。

用自己的语言做笔记，不要照抄大段文本。

建议大家按照自己的语言来做笔记并不是说你就不应该从文本中抄录引文，而是你在抄录时一定要留心，确认哪些语句是用你自己的语言表述的，而哪些话是摘录别人的，并且在做笔记时就标记清楚。千万别冒险将标记工作留到后面再做，你很可能会忘记这码事。

只有当你认为某处引文尤为出彩或是它所表达的观点极其清晰，而你即使是以笔记的形式也无法用自己的话语表述得更到位时，你才应该一字不差地抄录原文。

千万不要在属于他人或图书馆的书上做笔记。

千万不要未考虑清楚就在自己的书上做笔记。书籍大而笨重，不易携带，不是留存笔记的好地方，无论如何你都可能感到后悔。

如果你坚持认为在重要的篇章中做注释能够帮助你记住自己对于这些篇章的想法，今后也一定要格外留心，抑制住冲动，不要在书上胡乱地写下看书时第一反应，尤其是当你的观点与作者的观点高度冲突之时。

第二部分

写作：表达的工具

WRITING

PART 2

在第一部分中，我们探讨了阅读的重要性。阅读既是一种收集信息和知识的途径，也是帮助你通过与他人观点的碰撞，创造出属于自己想法的方式。在第二部分中，我们要讨论对于学术写作而言必要的技巧与原则。虽然我们的本意是满足本科生与研究生在写作过程中的需求，但我们也不得不说，这部分的很多内容与专业学者密切相关。此外，虽然我们的关注焦点是学术写作，但里面的许多内容也是涉足任何严肃写作的人士所需要的。

首先，我们需要思考一下，作为一名学生，你会面对什么样的写作任务。为了表述简洁，我们有时会使用广义上的“论文”（essay）一词来指代学生需要完成的任意门类的写作任务，包括科学报告、实习评估报告、研究项目提案或其他实践项目的申报书，以及学位论文或小论文等。

人们会以不同的方式来进行写作，最重要的是，你要找到适合自己的写作法门，它应该适合你的性格、生活方式，以及你需要承担的具体写作任务。

我们会考量不同的写作方式，深入探讨某些你可以尝试使用的方

法，以确保你的书面作品尽可能出色，其中包括如何形成能够言简意赅地表情达意的风格。我们设法满足大家的需求，关照到你在进行观点复杂的写作时对实现文章条理清晰的需求，并同时涉及例如标点符号、拼写与语法等方面的基础知识。最终，我们针对将学术写作与一般写作区别开来的特征，即引用与参考的规范和惯例给出细致的指导，并探讨以何种方式进行必要的引用能够帮助你充实自己的论文。

第七章
写作到底为了什么？

学术写作与其他类型的写作有诸多不同之处，其中最为重要的一点就在于，学术写作需要通过遵守引用与参考的规范惯例来承认他人的影响，这部分内容我们将在本书的第十章中进行讨论。其他的区别则涉及写作目的与风格等因素。我们需要好好反思这些区别之处，避免你在论文写作以及其他写作任务中花费了精力，到头来却发现因为没有建立起正确的语体风格，自己的辛勤努力只换来糟糕的分数。

任务11　不同的写作类型之间的差别是什么？

以下各种文章体裁的目的在于传达什么？你认为它们在写作方式与风格上的不同之处在哪里？

◎ 诗歌

◎ 科研报告

- 严肃报纸（大开本报纸）上的一篇文章
- 有关英国鸟类的野外工作指南
- 博客
- 小说
- 发给同事的电子邮件
- 社交媒体网站上的消息
- 为获取本科学位而撰写的论文
- 房产中介关于在售房屋的细节描述
- 关于某位知名画家的配图传记
- 八卦小报的文章
- 求职信

在甄别不同之处时，你要把重点放在风格、版式、语言、内容以及作者的写作理由之上。比如，问问自己你心中预计这种文体所使用的语言是：

- 简单还是艰深？
- 正式还是随意？
- 长篇大论还是言简意赅？
- 严肃还是轻松？

许多学生在课程开始之初都有一种印象，那就是论文与其他写作任务的写作目的都只是简单地展示一下他们知道多少。因此，他们的作品中充斥着从各种课堂、书籍、网页以及学术文章中搜罗到的观点与事实。有时，他们甚至会产生一种错觉，认为论文的首要目的是说服别人，让别人觉得自己掌握了很具体的知识。更有甚者，这种想法会衍生出某种“猜猜他在想什么”的论文写作态度，这种态度建立在一种坚信导师已经知道参考答案的信念之上，而他们需要做的就是去猜导师脑子里想的是什么，然后把它写下来。你有没有过这种想法呢？

在大多数情况下，这种认为学生论文需要的只是要表现出自己知道多少的想法是错误的。

大部分论文需要学生表现出他们已经认真地思虑过相关主题或问题，并且言之有物，思路连贯。为了顺利做到这一点，学生必须拓展组织与建构想法的能力，并能以有趣、有说服力的白话文形式表达出来。遗憾的是，即使意识到论文写作远不仅是在其中塞满各类信息，或是努力保证其中所蕴含的信息能够与导师期待看到的内容相匹配，许多学生也写不出结构得当、雄辩滔滔的论文。

诚然，有时候展现出自己掌握了某些特定的知识也是一项写作任务的重要组成部分，这尤其可能适用于理科以及旨在为学生的专业实操奠定基础的课程。比如，医疗保健类课程的具体知识或许是通过外部专业机构提供的，以此作为整个认证过程中的一个环节。但是，即使你需要展现出某些特定的知识，你也要格外注意，不要拾人牙慧、机械地照搬笔记，无论这些笔记是来自课堂、书籍、文献还是其他渠道。这种错误并不罕见，尤其是在考试当中，那些曾经被你“填装”进脑海中的信息可能会按照原样倾泻出来，填满试卷页面，也不管这些信息究竟与问题是否相关。

不同学术领域对学生的预期是千差万别的。比如，从事历史学或哲学写作的学生通常需要展现出在处理概念、评论与建构观点方面的技巧。与之相对，自然科学或社会科学领域的项目报告则需要包括结果汇总表、数据分析以及对于成果意义与结论的讨论。

差异性不仅存在于对从事不同学科写作学生的期待值上，也存在于不同学术环境所要求的写作性质上。在一场长达两小时的考试中作为两道论文题之一出现的论文写作与给定较长期限且关于同一主题的3000字课程论文所包含的预期是截然不同的。在这两种情况下，考官都理所当然地期望学生能够针对相关问题或主题尽力完成连贯的行文。但是，考官对于你的论证水平和运用相关文献的方式的预期则是不同的。虽然在一场考试中，你通常不需要对文献的出处列出详细的参考说明，但在课程作业中这就不言而喻了。

当你作为一名学生进行写作时，无论是在写小论文、学位论文还是考试中的简答题，都要记住，如果你想帮助读者理解你的话语，那么组织与建构文章的方式就是至关重要的。

所有论文的一项共通之处在于它们都有字数限制。你应该密切留意这方面的要求，这样做既是因为这有助于帮你养成良好的习惯从而保证论文重点清晰，同时也因为在你所在的高校或机构，如果文章超出字数限制的一定幅度，你可能会面临严厉惩罚。

字数限制与作者责任

无论进行何种类型的写作，你都应当注意不要随意浪费限制内可写的字数。在课程开始之初，学生们不适应除了相对短小的论文之外的任何其他类型的写作，他们通常会认为写出长达2000字甚至是3000字的文章几乎是不可能的。实际上，一篇2000~3000字的论文是很短的，在大多数情况下，你将遇到的真正难题并不是写不出足够的字数来填充文章，而是决定你要删减哪些部分来缩短篇幅。努力养成习惯，删除任何与主题无关的内容，而为了达到这一点，你必须学会发现无关紧要之处。

如果某个词或句子不能给文章增添任何重要的内容，即使它们听起来很不错，你也应该把它们删掉。

当你的写作字数十分有限时，你除了要删掉那些与主题只有些许关联的材料，很可能还需要省略与主题相关性较高的内容。论文写作的

技巧之一是，在你手头拥有的相关材料中挑选出哪些内容必不可少，而哪些是可有可无的。为了将篇幅控制在限定字数之内，你通常需要假定有些理念与观点是读者熟知的，但是，你必须记住，你的写作任务之一通常也是要向他们展示你能够理解自己在课程中学到的这些看法与观点。

为了确定哪些看法不需要阐释就能直接采用，而哪些看法是必须加以阐释的，你必须认真思考你要解决的问题或写作任务的要点。

有一些写作任务考察的是你知道些什么，另一些考察的是你独立吃透一个问题的能力，但所有的任务都会考察你在呈现主题时选择恰当材料及确定核心内容的能力。

如果你被布置的写作任务字数超出常规，你要格外小心。学生通常会将较多的字数当作一种借口，放松要求，不再精益求精地把控每个词、每句话以保证它们与主题紧密相关。因此，他们可能会侃侃而谈，赘述那些无关痛痒的话，将读者的时间浪费在陈述那些只是与主题稍微沾边，或者毫无关联的事实或观点上，而目的却仅仅在于凑字数。写作不仅需要技巧，还需要自律，而你应当着力培养的最重要的自律习惯之一就是努力让每个词都有存在的意义。

留心字数限制，不要超过相应篇幅，确保论文中的每个词、每句话与每个段落都对主题有所贡献。

一旦进一步深入到课程中，学生们通常会因为在论文限定的字数之内无法将所有他们认为重要的东西一一呈现到文章中而发愁。这一点不难理解，大多数从事写作的专业人士都有同样的困惑。但是，学会对自己在写作任务中选中与剔除的内容负责任是一位写作者成长的必经历程。当然，在批改本科与研究生层次的作品时，老师可能会在页面空白处写下诸如此类的话：

> 总体内容不错，但我原本期待能够看到你对于简要列出的研究路径背后的支撑理论做深入探讨。
>
> 你应该对这一点展开更进一步的挖掘。
>
> 进一步论述全球贫困的成因，包括主要零售商的采购策略，应当对论文大有帮助。

如果你的老师期待读到的附加材料本来包括在你的论文中，而你最后却为了符合字数要求删除了它们，此类评语大概会让你灰心丧气。但是，你除了下次写作时在行文中努力向老师传递信息，让她相信你略过了某些要点是因为你认为别的要点更为关键而不是由于无知或疏忽，恐怕对此无能为力。如果要想让老师了解这一点，你可以在深入阐述你认为更重要的观点之前简要地提一下你并不打算细致展开的那些观点。

不同类型的论文

论文的写作目的各不相同。有些是让你展示学识，而另一些则旨在发现你的思维能力达到了何种水平。但所有的论文写作都让你有机会从某种程度上展现你对他人观点的了解程度，以及对他人观点的所思所想。

始终确保你理解自己需要完成的任务是什么，如果有必要，与给你设置问题或任务的人核实清楚。

直接问题

许多论文的写作目的在于回答问题，比如：

- 在“二战”期间，英国政府是如何试图为战事征得民众支持的？
- 除了化石燃料，人类还能利用哪些能源？

此类问题似乎只是想要让你展现一下自己的知识储备，而并不需要太多的思考，但是，如果你能表现出自己进行过一定的思考，得分很可能会更高一些。比如，关于第一个问题，表现出自己熟悉一些政策总是好事，比如表明你知道一些诸如鼓励民众“为了胜利而掘土”（种菜度时艰）的政策要比另外一些政策成功。当然，并不是所有论文的问题都如此直截了当。思考下列问题，它们与上面的两个问题一样，都需要学生运用同样的知识储备：

- 在“二战”中，英国政府试图为战事而征得民众支持的做法有多成功？
- 哪种能够替代人类目前使用的化石燃料的能源是最具前景的？

为了对这些问题给出到位的答案，你需要展示自己的判断力与运用知识论证自身观点的能力。比如，关于第一题，你不仅要描述政府采用的一些战略措施，同时也要抛出论点，以论证其中的一些措施比另外一些更成功。至于第二个问题，你除了要展现出对于不同替代性能源的知识储备，还要列举每种能源的优势与缺陷，并最终得出合理的看法，推断出究竟哪一种能源是最具前景的。

说明而非问题

虽然我们经常认为所有的论文仿佛都是以解答的形式来回应某些问题的，但实际上，许多论文要回应的是一段说明文字，而非一个问题，比如：

- 比较苏格兰的传统音乐与爱尔兰的传统音乐。
- 以政党政策与媒体报道为依据，探讨你所选择的某一政党领袖的心理健康状态。

- 描述有机体的合成生产方式，从普通学生的冰箱中能找到的原材料入手。

在写此类论文时，将主题加工成问题的形式进行思考或许对你大有助益，这样做通常能够帮助你形成与贴近主题的个人见解或观点。

任务12　将论文题目转化为问题形式

思考以上列出的论文题目，并为每个题目设计出一个能够帮助你理解主题的问题。

描述、讨论、批判性评价与比较

针对论文题目的说明性文字通常用于引导学生描述、讨论、批判性评价或比较某些现象、观点、人物或事件。比如以下例子：

描　述

- 描述达尔文的进化论。
- 描述在学校中使用的行为主义心理学的几种途径。
- 描述“二战”的起因。

讨　论

- 有人认为“达尔文进化论引发了19世纪思想领域革命”，讨论对于这一观点的看法。
- 有人认为“行为主义心理学的影响力在每所秩序井然的学校中都可以见到”，讨论对于这一观点的看法。
- 讨论“二战”的起因。

批判性评价

- 对“达尔文的进化论能够充分阐释地球上的动植物如何演化至当下形态”这一观点进行批判性评价。
- 对“行为主义心理学能够解释75%以上的人类行为”这一观点进行批判性评价。
- 批判性评价米德（Mead）对“二战”起因的描述。

比　较

- 将达尔文对于物种起源的描述与圣经旧约中的描述进行比较。
- 比较行为主义心理学者对道德发展的描述与心理动力学中相应描述中的异同。
- 比较米德与D. G. 琼斯（D. G. Jones）对“二战”起因的描述。

描　述

描述性论文或许是最简单的论文形式。但是，你要记住，描述并不总是轻而易举的，因为你有时需要在关于一种情态、理论或事件的几种相左的陈述中进行抉择。

讨　论

相较于描述性论文，讨论性论文通常需要你进行更多的思考。比如，如果写作任务是“讨论‘二战’的起因”，你大概就会觉得必须要探讨一下各种备选说法的优势与缺陷，甚至需要列出接受或摈弃这些说法的理由。

批判性评价

在评价性论文中，你需要展现出在各种观点中做出判断的能力，并用论点和（或）论据来论证你认定的观点。

比　较

比较在描述、讨论或批判性评价性的论文中都可能存在（取决于你需要比较些什么），并且通常包含以上三种类型论文的元素。比如，在比较同一作者写的两部差异鲜明的戏剧时，你可能只需要“描述”两部戏情节推进的方式、两部戏之间的相互关系，以及它们与该作者其他作品之间的关系。然而，在比较关于宇宙起源的两种理论时，你可能就需要“评价”支撑每种理论的依据，并得出结论说明为什么其中一种理论比另一种更具优势。

我们尝试将论文所针对的问题与主题以描述、讨论、评价及比较的类型进行划分，这其实反映了各种类型的论文任务通常是如何拟定或措辞的。但是，正如我们已经暗示的那样，实际上，对于每种类型论文的

写作预期而言，它们的差异并没有那么鲜明，并且各写作类型之间通常会存在重合之处。比如，许多带“描述”字眼的问题让你完成的不仅仅是描述一次事件、一种场景、一个理论或是一种情态，就好像只有一种方法可行一般。实际上，对于此类问题，你要给出令人满意的答案就必须表现出你清楚地知道有数种不同的描述备选，并且给出你接受其中的一种而摈弃其他描述的理由。比如，对于题为“描述宇宙的起源”与“描述儿童语言发展的方式”的论文，你需要对几种竞争理论进行讨论与评价。

无论你在写论文还是完成其他写作任务，你在提笔之前以及写作过程中触及各种要点之时，都应该仔细地想一想论文究竟指向什么具体的问题或任务，即关于这个问题或任务你究竟需要做些什么。

在确定论文写作过程中要采用什么方式路径时，你应当记住，从一定程度上来说，老师的预期通常与你在课程学习过程中通过上课或自我研习积累起来的知识与技巧相关。因此，你在写作时一定要清楚地了解老师一贯的教学方式。比如，当你需要完成一篇论文，比较后殖民时期的加纳在经济发展上几种迥然不同的观点时，你可以进行纯粹的描述，也可以在其中添加更多分析。因此，对于学生而言，确认自己选择的写作路径与导师的预期相吻合是十分重要的。比如，如果导师在课程教授过程中始终注重评价证据，并试图确定在两种或两种以上的可能性

中哪种可能性发生的概率更大，你按照导师的思路来进行写作则胜算更大。

总而言之，如果你能够展现出对于数种替代性观点以及相应佐证进行批判与评价的能力，你就更能够打动读者，从而获得更高的分数。

任务13　描述、讨论、评价或比较？

阅读下列问题，并判断每个问题是需要通过描述、讨论、评价或比较的方式来完成，或是几种方式兼而有之？

1. 修筑中国的万里长城、英国的哈德良长城之类的工事究竟是强大的象征还是弱小的象征？
2. 研究通过有机物的爆炸产生光亮是否具有实际应用价值？
3. 莎士比亚如何向读者展现出丹麦王子哈姆雷特的人物复杂性？
4. 对于一个以食用死者尸身为传统，而非以掩埋或火化的形式处理死者遗体的社会而言，仅凭这一点，该社会是否应被视为不道德的？
5. 通过参考苏格兰西南部的地质情况，我们应当如何阐释该地区的地形地貌？

6. 有观点认为，20世纪的核心特征在于在该世纪成为主流的人性堕落现象，而非时代所催生的科技进步。你认为该观点是否合理？

第八章

写作应该从何下手？

我们已经初步探讨了你在课程论文写作中可能会遇到的几种论文类型，现在我们要将注意力转向写作过程。毫无疑问的是，随着你对各种不同的写作路径越来越熟悉，你的写作水平和人生都能得到改善。

吸引读者

无论你采用何种写作路径，请记住你文章的第一段向读者介绍的不仅是论文主题，还有身为作者的你，这是很重要的。与读者邂逅时，你要致力于吸引她的注意力，让她产生兴趣（甚至是兴奋起来），从而让她确信这篇论文值得读下去。当她读到结尾段时，她要感觉到花时间读你的作品是明智之举。如果达成了这些目标，无论你在论文中表述的观点与读者的观点是否一致，你都很可能获得高分。

你的职责是引起读者的兴趣，让她觉得你不仅对于主题有一定的知识储备，而且还进行过深入思考。

如果你能在论文中表现出自己记住了大量课堂知识以及在阅读方面涉猎广泛，你便能得到一部分导师的青睐。但如果你表现出对于以上内容以及它们与主题之间的关联都有过深思熟虑，那么所有的导师都将被你打动。

着手写作

如果你要写一篇论文，那么相对于其他的种种事务，对你来说最重要的一点就是动手去写。这似乎无须多言，但却是非常重要的。身为作者，我们心中再清楚不过，大多数需要写作的人（包括我们也包括你们）所面临的最主要问题是拖延，我们倾向于不断将写作推后直至觉得时机“对了”为止。但是，至少对于大多数人来说，“正确的时机”根本就不存在，因为无论写作有多么重要，我们始终有其他事情需要完成，这会让我们忍不住认为这些事情比写作更紧要。这也就是为什么写作总是被拖到最后一刻，从而导致我们并没有足够的时间将论文写得像想象中那么完美。

任务14　避免写作的借口

我们所有人都能为自己不动手进行本该进行的论文写作找到各种理由。我们认识的大多数作者会频繁地以这些理由为借口逃避写作任务。我们在下面列出了一些常见的借口，请将你最喜欢用的借口也添加到列表中，试着时刻留心自己什么时候想要使用这些借口，并且避免这样做。

- 我现在要做的事情太多了，没有办法同时专注写论文。
- 我不理解这个问题，所以得梳理完毕之后才能开始……而且我的导师从不回邮件。
- 我想把写作需要的文献资料先看完，现在还不是开始写的时候。
- 我无法选择究竟想写哪一个主题，因为我还没能拿到老师推荐的阅读文献。

5分钟写作

与其他诸多任务一样，无论是在学术领域还是非学术领域，写作最主要的障碍在于动笔。解决问题的其中一种方式就是给自己设定一个真正可操作的目标，让你朝着确认手上的论文或是其他写作任务已经完成、可以上交的那一瞬间进发。这个目标既要能够帮助你以最终完成作品为念着手写作，又不能设定得太大，以至于在疲劳、沮丧、孤单、烦恼或厌倦的时候觉得无力完成。在第二天或下一次，当你重新看到自己写出的这段文字时，无论它的篇幅有多短，质量多么令人不满，你也已经起了头，已经有了一份草稿。短小的草稿总是可以扩展，糟糕的水平也可以改进，它会让你下一阶段的工作开展起来容易得多。

采用这种策略的窍门在于设定的任务要让你以最终完成指定的作品为目标进发，但负担不大，失败的可能性微乎其微。任务15旨在让你尝试这种方法，此方法适用于任何论文主题。我们当中已经有人将这种方法成功地推广到各年级的小学生，以及学术界内外的学生与其他新手写作者中去了。此方法包含超短时写作——5分钟写作。这类写作的用时虽短，但执行起来却有严格的规则。请浏览下方给出的规则并完成后续的任务15。

“5分钟写作”规则

写作时间不要少于5分钟也一定不要超出5分钟。因此，你需要一个精准的闹钟或是配备秒针的手表。

一旦开始写作，在5分钟时限用完之前，你不能停笔。

在写作之前不能思考要写什么。

如果你写到一半无话可说了，那就不断地重复书写最后一个写到的词，直至你想到要写什么别的为止（如果你愿意，也可以用你的名字或喜欢用的口头禅代替）。

不要分心去想你的用词，单纯地将写作时不经意间出现在脑海中的词写出来。

不要停下来考虑标点符号或是拼写。

不要担心写的东西是否有意义。

不要分心考虑自己正在写的东西能不能打动读者。

不要考虑该如何解释自己写下的东西才能让它们听起来合情合理。

任务15　5分钟写作

即使你与大多数人一样通常是在电脑上写作的，我们也建议你用纸笔来完成以下练习，这将对你大有帮助。

我们希望你选择下列题目之一进行5分钟写作：

- 我上周末做了什么
- 我下周末想要做什么
- 我迄今为止最完美的假期
- 我迄今为止最糟糕的假期
- 你愿意写的任意主题（前提是这个主题与课程无关）

在写作开始之前，你要确认不会有人打扰你，并可以自行精确计时——最好用带秒针的闹钟或手表，或者是手机上的秒表。

同时，你要准备好一张新纸用于写作，并准备几张备用，确认笔能够正常书写。

在纸张上方写下标题。

再次通读前文中的5分钟写作规则，确认你记住了这些规则。

在确认遵守规则的前提下，针对选题进行5分钟写作。

写完之后，数一数写作总字数，将字数标记在文档末尾。

如果你想阅读自己的作品以了解写出来的语句是否有意义，那就读一读，但别觉着非读不可。

大多数人都会很惊讶，自己竟然在短短5分钟之内写了那么多内容，而那些阅读过自己所写文字的人则会惊奇地发现自己所写的内容竟然是有价值的。他们常常也会觉得笔下的作品至少有一部分读起来很不错，也时常会惊奇地发现自己写出的文字竟然言之成理，虽然在写的时候，在那些文字从笔尖流淌而出之前，他们根本不知道自己想要说些什么。有时候，他们甚至会发现写出来的是自己从来没想过的事情，或者自己是以完全意料之外的方式将这些事情娓娓道来，好像写这些东西的根本就不是自己，而是其他人。

对于大多数人而言，写作最为困难的部分就在于产出文本。无论你想要成为哪一类写作者，如果你想要充分把握时机，都需要先培养必要的写作习惯与毅力。新手作者通常会认为只有拥有了可以用于写作的大段时间才可能进行写作，而5分钟写作则证明了这种观点并不正确。

人们认为写作极其困难的其中一个原因在于，在把事物用文字表达出来之前，他们过于忧心忡忡地想把一切都梳理得当，而最后却什么都没写。这就是为什么我们要为所有希望成为写作者的人给出下列建议：

不要再梳理了，直接写下来！[1]

想要成为一名写作者，你就要知道每次写一些质量不那么上佳的文字也胜过不断拖延，以及认为等到有时间时会写得更出彩的做法。一旦你动笔写作，即使作品并不令人满意（第一稿很少能让人满意），你也可以继续加工，慢慢雕琢，直至将文章打磨成你理想中的状态。

任务16　每天写作5分钟

在介绍了5分钟写作的理念之后，我们建议大家选取不同的主题，每天完成一次5分钟写作练习，持续1至2周时间。

选择什么时间完成这个练习都可以。比如，你可以选定每天的同一时段，或是恰好有空的时间。重要的是每天都要认真完成，并且严格遵守写作规则。

选择什么样的主题也不重要，但是我们建议你至少在初始

1　这条建议太明智了，以至于我们觉得它一定是有出处的。但遗憾的是，我们不知道谁第一个提出了这种说法，因为这不是我们在阅读或交流中能记住的内容。但无论如何，无论这位作者是谁，我们都对他 / 她表示感谢。——原注

阶段写一些与学业课程无关的内容。比如，你可以就以下话题进行5分钟写作：

- 我今天早上起床之后都做了些什么
- 世界上我最喜欢的地方
- 我最喜欢的人
- 除了进行5分钟写作，此时我最想做的事情是什么
- 我最喜欢的一次散步
- 迄今为止我做过的最快乐的事情
- 我最喜欢的小说（或电影）

在进行每日5分钟写作练习一个多星期之后，你就可以去写更加正式严谨的东西，包括完成学术写作任务。

如果你想要成为一名写作者，定期进行5分钟写作既能够很好地锻炼你的毅力，也能培养所需的写作习惯。因为身为一名写作者，即使在不想动笔写作的日子里（这种日子会很多），你也要心甘情愿地进行并且忍受文本创作的苦修。

我们并不是建议你在完成日常必须完成的工作之外每天额外增添5分钟写作的练习。恰恰相反，在初始的一个多星期之后，你很可能会发觉自己已经可以通过5分钟写作练习来写任何想写的东西了。比如，你会通过5分钟写作来记录最近一次讲座或是辅导课的课堂笔记，或是利用这个练习草拟论文的初稿。你如果决定这样做，就很可能会发现一些

事情，比如，在5分钟写作练习中用开场白“在本篇论文中，我……”对你很有帮助（至少在初始阶段）。你甚至可能会发现，在之后的写作过程中5分钟写作练习帮助你养成了良好的习惯，即使你认为某个具体的主题切入点十分棘手，也可以顺利地动笔开始写。

千万不要用“5分钟写作”的时间来进行文字编辑或改写。

这种以训练有素的方式进行写作的目的是进行文本创作，而非文本雕琢。

“5分钟写作”结语

我们在引入“5分钟写作”理念之时就曾说过你应当使用纸笔。但是，如果你遵从我们的建议将“5分钟写作”纳入日常写作的常规之中，那么就应当在一两周之后或是在形成了按照“规则”进行写作的观念之后转而在电脑上进行写作。

万事开头难

在5分钟写作或是打字过程中，大多数人应当至少能够写下100至200字。这种长度的文本足以成为一篇论文的简短草稿，所以你可以将5分钟写作训练运用在这方面。但是，如果你认为这样做难度过大，我们建议你给自己设定更小的任务，例如写三句你想要说的话。这些话可以聚焦多个领域：

- 你打算在这篇论文当中谈什么
- 关于主题的一个有趣事实或一个别人已经谈过的话题
- 你想要深入挖掘的一个理念

如果你情绪高涨起来了，或许还会添上第四句话：

- 关于这一主题你所思考的一个问题

这样做的目的在于让你有所进展，尽管进展可能很有限。但如果你采用这种方法起了头，那么下次你遇到自己认为有难度的写作任务时，你将至少拥有三四句话，而不是对着一张空白的纸或是空无一物的电脑文档发愁。接下来的一步是，在动手撰写文本之前，设想一些对你的主题一无所知的人可能会提出的问题，以保证你所书写的内容足够丰富全面，下一位阅读文本的人在看完之后不会再提出此类问题。

如果不想选择一开始就写三句话，你也可以列个表，写下你在论文中打算涵盖的关键词或短语，就像是列出购物清单。你可以多次调整条目的次序，添加想法与阐释，说明这些条目在你想要撰写的论文中出现的位置，然后再拓展这张列表，用大量句子解释说明你列出的种种想法，开始回答预设的问题或传达既定主题。

在接下来的几天，你每天应当为自己设定一小段时间来拓展文本、增添细节以及思考材料的次序。我们发现，如果你可以在执行写作任务时为自己的辛勤劳动给出一些奖赏，你往往可以将这些任务完成得更加完美。你可以到一个远离尘嚣的地方（比如一个不太可能偶遇朋友的艺术馆或是咖啡店），用一杯像样的咖啡或者一块蛋糕犒劳自己。

写作方式

有时学生们会说，对于他们而言最好的论文写作方式是先广泛阅读主题相关资料、寻找灵感、收集信息与可行的参考文献，然后在一切可以获取的参考资料都尽在掌握后才开始精心规划并着手撰写初稿。对于某些人这无疑是一条良策。但是，我们同样要留心其可能引发的一系列问题。

首要的问题是，有些学生在一种观念上异常固执。他们认为，如果自己阅读得足够广泛、充分，那么问题的参考答案或阐释主题的正确方式就将浮出水面，就像这些参考答案与方式都存在于参考资料的某个角落中，等着被他们找出来。但是，在绝大多数情况下，这种想法是非常愚蠢的。这将引发另一个问题，那就是，这样想的学生通常会执拗地认为某些特定的资料是他们“必须拥有”的，不然就没办法着手撰写论文。因此，如果这些资料都已经被别人借走了，他们就经常一拖再拖，迟迟不开始写作，非要等着那些珍贵的资料流通到他们手里。这种情况毫不令人意外。到了最后，这些资料对于他们而言倒颇像是“圣杯”[1]。因此，这类

1 圣杯出现在亚瑟王传奇中，是最后一次晚餐中，耶稣主持圣餐礼时使用的充满神秘感的容器。“寻找圣杯”意味着寻找无迹可寻的珍宝。——原注

学生通常会一再拖延，迟迟不开始撰写他们的论文，到了最后才开始赶工。他们心里清楚地知道，如果早早开始写作，他们原本能得到不错的分数，而高分现在已经遥不可及了。

一些足够幸运的学生能够搜集到大量与论文相关或可能与论文相关的材料，而他们则会面临第二个问题——开始阅读。他们读呀、读呀，怎么也停不下来，因此也就越发难以开始写作。更糟糕的是，等到停下来的时候，他们会发现自己积累了太多信息，无法抉择究竟该从何处入手开始写，甚至不知道要说些什么。换言之，他们的脑海中和笔记里都满满当当地填满了别人的想法，以至于无法产出属于自己的观点，因此也就无法通过论文将自己的观点传达给他人。

阅读海量的背景材料、机械性地照抄笔记、脑子里塞满了可能要书写的内容并不是什么好事，这样你就不可能确定自己应该写些什么。

思考、规划、撰写与修改

学生们在写论文时，通常得到的建议是应当：

思考、规划、撰写与修改（前后顺序可变动）

从某种角度来说，这是条合情合理的建议，因为其中涉及的几种活动都是成功写作不可或缺的。但是，重要的是我们要注意到，在写作过程中，大多数人都在这几种活动之间来回游弋。比如，他们可能会先思考自己想要说什么，简要地列出打算如何表达，然后才开始着手撰写论文初稿。但是，在写作过程中，他们可能会意识到，如果重新调整一下材料的次序信息就能更加清晰地传递。他们或许还会想一想哪些想法是自己想要添加的。因此，他们可能会先修改计划，然后再着手写作。

一些写作者会发觉严格按照“思考、规划、撰写与修改”的顺序一步一步往前走是最适合他们的。

而另外一些人则会觉得采用更为灵活的方式，在“思考、规划、撰写与修改”之间来回穿梭更适合自己。

两种截然不同的写作方式

我们现在想要向你介绍两种写作方式。这两种方式截然不同，位于两个极端。

I. 第一种是高度结构化的写作方式，列出详细的计划，强调事先必须透彻地了解想要表达的内容。

II. 第二种是以随意自发的方式进行的写作，更强调文本是逐渐形成的，而不依赖计划（至少在初始阶段不是）。这种方法的特征包括在开始正式写作之前就要动笔，写的时候对于要表达的内容不要过分思考。

大多数写作者，无论是身在学术研究领域或是其他领域，也无论他们是老师还是学生，都能在我们对于这些方法特征的描述中找到自己大致的写作模式。如果向他们提问，大多数人也能回答他们究竟是更偏爱计划性写作还是自发性写作。

对于大多数写作者而言，写作是在思考、规划、撰写与修改（前后顺序可变动）之间穿梭的过程，他们在此过程中逐渐形成一种连贯的方式以呈现自身观点。

高结构化写作方式

如果你决定采用结构化的写作方式，你会发现在撰写初稿之前草拟大纲有助于确认自己没有遗漏掉任何关键点，还可以避免重复。草拟大纲同样可以帮你厘清在论文中想要涵盖的观点与信息的最佳排布顺序。

在草拟大纲过程中，仔细思考你想要表达的内容：

- 你应当如何最好地介绍它？
- 你会如何收尾？
- 你论点中的核心要点是什么？

在撰写初稿过程中，你或许会发现以下计划表对你大有帮助。

撰写初稿：高结构化写作方式

确定你想说什么

将你打算在论文中涵盖的要点列出来。听着不可思议但却言之有理的一点是，你应该在开始之前就想好论文该如何收尾，因为这会影响你决定包括在论文中的主体内容有哪些。

井然有序地安排要点

构思呈现要点的最有效次序，也就是说，思考想法与论点自然衔接的顺序是什么。

论点与论据

概述你打算采用的论点与为了推出结论而打算使用的论据。

确定示例

选定能够帮助你形成或支持你所提倡的观点或结论的示例。千万不要仅仅因为有些例子很有趣或者在其他方面很重要就把它们选进来。

搭建论文框架

框架包括对示例的注释、图表以及你打算采用的主要参考文献。

选定参考文献

确定你能获取所有你打算引用的文献，或者可以找到足够精确的笔记和完整的书目细节信息。

核查计划的连贯性

核对你想要呈现的想法是否前后衔接自然，最终是否能够推导出你的结论。如果不能，你需要增添过渡信息。

撰写介绍初稿

撰写介绍部分的初稿，让它通过展示即将登场内容的“预告片”吸引读者。避免长篇大论，不要洋洋洒洒地将你打算在论文中完成的一切都堆砌出来[1]。

如果你必须描述你打算干什么，也尽量言简意赅地描述，不要在上面花费过多时间与精力。

撰写论文剩余部分

利用你确定采用的结构、示例与参考文献，撰写论文初稿。

撰写结论

在之前的写作过程中，你可能因为觉得进行面面俱到的论述会占用太多篇幅而放弃了一些内容。在撰写结论的阶段，你或许想要强调某些要点、综述你论证的主线或是点出某些未曾涉足的方面。你需要确认你的结论不光是在重复已经在别处提过的内容，以免无端挤占篇幅或是浪费读者的时间。

宽松型写作方式

除了高结构化写作方式，还有一种写作方式是想办法让你的论文在撰写与重新撰写的过程中，随着各种想法渐渐明朗而自然成型。这听起来非常疯狂，但是还是有一定道理的，至少对于那些以这种方式进行写作的人来说确实如此。本书的作者之一就包括在内，如果他试着在写作

1 通常，在全文撰写完毕后再确定介绍部分的终稿效果是最好的，因为到了那个时候你就知道自己介绍的是什么了。——原注

前早早地进行详尽的规划，估计就会发现自己犹如残疾了一般。与其他青睐此种写作方法的人一样，他喜欢以自由写作的方式开启写作项目，让想法自然而然地从脑海中涌出。但奇怪的是，虽然写作是任意挥洒的，而且他根本没有提前想好自己想要写的内容的细节，但是他却通过某些方式将一些环节构架得一丝不苟，例如：

- 只给自己五分钟时间写下初始想法
- 撰写一页内容，这一页包括三个段落，每段谈及他规划要撰写的关于论文的不同方面
- 决定一开始就写这篇还未落笔的论文的结尾段

无论他的写作过程多短暂，无论这一过程是高结构化的还是自然随性的，最终，他都能产出一段文本。这就是初稿，然后他就可以在此基础上继续打磨塑形。有时候，在写作过程中，他会发现有某个计划在脑海中开始成形，而他或许会决定在当前的写作完成之后再把这种计划记录下来，但无论记录还是不记录，在他重读自己的初稿开始进行拓展的时候，这个计划会一直存在他头脑中。

许多青睐这种写作方式进行文本创作的写作者意识到，这种写作方式与其他的创造性追求有异曲同工之处。他们只要拥有粗略的初稿，就可以对它逐渐进行打磨拓展——这里添一些内容，那里删一些内容，交换想法的先后顺序等。随着这个过程而来的就是文本权威性的慢慢彰显、结构排布的日益清晰。初稿的创作通常会衍生出一些需要完成的任务，比如：

- 核查参考文献，或是核对笔记潦草的引言
- 为某种想法或论点寻找依据
- 寻找相关事实
- 对于记忆中某位作者所表述的观点内容是否精确进行核对

如果你决定采用或仅仅是尝试一下这种写作方式，就会发现这种方法对于编辑以纸质版的形式呈现的前后数版样稿非常有帮助。有些人认为在写作过程中太早将稿件打印出来是浪费资源。但是，相对于节约下来的时间和精力而言，这些费用是完全合理的。对着纸质版而非电脑屏幕的时候，你会觉得发现文本错误以及对文本做出合理调整的工作完成起来更加得心应手。有些环保主义者认为资源浪费加诸地球的负担的重要性远超金钱成本与自身的时间和精力成本，那么，我们有必要提出，环保节能的目的是可以通过其他渠道完成的：

- 在打印终稿之前，始终采用单倍行距
- 在任何可能的情况下双面打印
- 对于连续页面始终采用双页打印，这样两个页面就可以在同一张打印纸上并列出现了，就像这样：

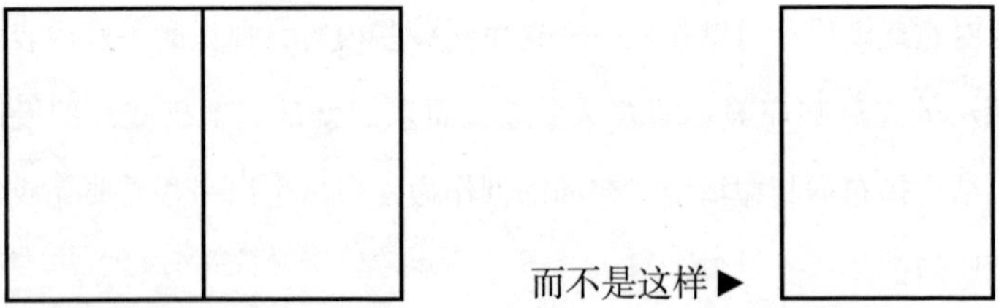

大多数打印机都可以实现这些功能。双页打印的好处在于你可以更轻易地看出文本块之间的联系，从而对文本顺序的变更与结构调整做出更为明智的决定。

核查你的论文是否与写作目的吻合

确认你的观点想法都连贯流畅地表达出来，记住，你的读者在这些想法观点诞生时是不在场的。身为作者，你肩负着重任，要阐释你为何会采纳这些观点以及你认为它们是如何紧密结合在一起的。

无论你是采用严谨周密的高结构化写作方式，还是选择让想法有机地自我生发出来，你都要记住，你有责任确保将回答问题或是传递主题所需的一切内容完整传达出来，确认所有的示例都恰如其分、论证高效，导入部分与结尾部分都达到了良好效果。无论采用这两种写作方式中的哪一种，在写作的不同阶段，你都应当仔细保证每个词、每句话、每个段落在你的论文中都至关重要。

写作方式谱系

在我们此前列出的高结构化写作法与自发性写作法之间还存在着无数种可能性。比如，你或许在以自发自然的方式尝试创作初稿之前就撰写过一些笔记；也可能会在开始阶段将脑海中浮现的关于主题的想法都写下来，然后再利用这些来帮助你形成某个细致的计划；又或者你会对论文中的某些部分进行细致规划而在简介部分与结论部分进行更为随心的自发性写作。

本书的其中一位作者就采用了高结构化写作方式，他喜欢在进行文本主体写作之前进行细致规划。而正如我们之前提到的那样，另外一位作者则青睐更加放松、更加自然而然的写作方式。在本书每一版本创作的初始阶段，后一位作者在创作初稿上都遇到了一定程度的困难。在很长一段时间之后他才意识到这是因为严格的计划不仅规定了文本的内容，还有对本书形态的预期。他觉得，这种计划性对他而言不仅没有任何帮助，而且限制了他的写作能力。最终，他开始尝试通过更为自发随意的方式将他对本书所持有的想法写出来，以此越过写作上的障碍。在如此行事之后，他终于发现自己的写作能力又失而复得了。

在任何时候，如果你发现自己采用的写作方式对写作无所助益，就试试别的方法吧。如果高结构化的方式对你来说不管用，就用更加自然随心的方式来撰写让你犯难的主题的某些内容；反之，如果你通常采用自发性写作法，但这一次它不管用了，就试着做一些笔记，把你想表达的内容记录下来，并且进一步组织成可行的计划，用以规划整篇论文或其中的一些组成部分。

我们并不想把某种写作方式当作“最佳写作法”，无论是结构性强的还是自发性强的。对你我而言，最重要的是要找到最适合自己的方法。我们有必要去尝试各种各样的写作方式，直至找到效果最佳的那一种。你可能会发现，在不同的情况下，有时条理性强一些的方法好用，而另一些时候随意性强一些的方法好用。

如果你期望撰写出色的作品，无论你是在开始写作之前拟定严格的计划还是在写作任务推进的同时才形成规划，思考、计划与修改始终是至关重要的。

无论你采用何种方法，在写作过程中要始终谨记下列问题：

- 我尝试传达的内容是什么？
- 我应当何时开始，如何开始？
- 我应当何时收尾，如何收尾？

对于你所撰写的每一页、每一段，都要问问自己："这对于我完成既定的写作任务或是解答当前的问题是否有帮助？"如果这段内容并无显著作用，那么就删掉它。

对于任何尝试达到清晰直接、言简意赅的写作效果的作者而言，最危险的陷阱之一就是舍不得删除与主题无关或是仅有些许关联的材料。

即使你认为某些对于解答问题毫无助益的内容很有趣，或是觉得自己表达得很流畅并为此沾沾自喜，当你再次进行论文稿件修改时，也大胆删掉对于解答问题毫无助益的内容吧！当你决定删除此类内容时，心中要自我宽慰，要记住提醒自己，无论这些内容多有趣，删掉它是很可能可以提高论文质量的。除此之外，你还可以劝慰自己，出色的想法也可以应用到其他地方去。

在一切学术写作中，你始终要建独立的文件夹以存放你选择弃之不用的文本。这是因为，虽然就手头上的任务而言这些材料是多余或是无关紧要的，但对于许多学术研究者而言，这些“废文档”则是今后研究工作重要的苗圃与温床。

撰稿与修改

成功的学术写作要求将语句以流畅连贯、有说服力的论证形式组织起来，水到渠成地证明结论或自身观点。最佳的学术写作能以极有吸引力的文体风格达到以上目的，使文章既轻松易懂，又达意清晰。这样的写作效果很难一蹴而就。大多数人需要撰写数稿才能将他们一开始想要表达的想法的大致框架慢慢拓展打磨成别人看得懂并且有兴趣看的完整文本。

厘清你想说什么

在写作时，你要始终仔细思考自己究竟想要说什么，并且始终关注你笔下所写的文字是否表达出了你想要说的内容。在理想状态中，你应当在写作全程中进行细致复核，对每一稿都仔细检查以确保落笔的文字不仅表达出了你的心中所想，而且表达得清晰无误。

作为一名学生，你在下笔写作任何内容之前都应当仔细厘清自己究竟想说什么，否则就会导致你的文本中有些内容只有只言片语或篇幅过长，或者表述方式毫无吸引力且艰深难懂。

即使你对文字有着良好的把握，写作也是很难的，或者说想要写得出色（我们希望你能写得出色）是很难的。写作所需要付出的体力与脑力都远超过口头表达，这或许能解释为什么人们通常不愿意重写已经写过的内容。但是，如果你打算精进自身的写作技能，那么很重要的一点就是你应当慢慢形成一种严谨的方法，对已经完成的文字进行再度撰稿与修改。虽然我们遇到的不少学生似乎相信在论文交稿日的前一天完成所有的阅读工作然后再进行撰写也是可行的，但是，大多数学生还是意识到，只有通过一稿又一稿的打磨直至渐渐呈现出最终的形态，然后再进行校对，一篇论文才能达到最佳效果。你也很可能会发觉自己至少要经过三到四稿（甚至更多）才能写出满意的论文，因为此时这篇论文才体现出了你的最高水平。

着手撰写初稿

在阅读一版版先后产出的稿子时，你会注意到一些有错的地方，例如拼写错误、漏词，或是忘记标注某个观点的出处或使用恰当的引用格式。你也可能会发现有些地方可以通过增加示例或对观点的阐述来拓展论点。同时，做一些必要的笔记也很重要，这些笔记可以是写给自己的说明或建议，也可以是你认为需要回答的问题。你可以通过以下几种方式来做笔记：

- 写在笔记本上
- 记录并储存在标记清晰、容易找到的电脑文档中
- 写在正在撰写的文章的文档内

具体选择哪一种方法由你自己决定。最重要的是你应当找到一种组织笔记的方式并保证能不断地对笔记进行更新，以便你了解自己已经做了什么、还需要做什么。

根据你手头上可用的时间与你在文稿中发现的待解决事项的难度，如果你能够将笔记中记录的问题纳入考量并立即着手开始修改论文，做笔记的帮助就更大了。在修改过程中，你或许就能厘清观点、拓展文本、删除无关内容、重新组织语句或论点，或是添加新的图表。

如果你在文档内直接标注笔记，那么最好使用与正文截然不同的字体或颜色。我们可以把这篇由一位人类学专业学生撰写的有关社会研究方法的论文稿件当作例子。费伊（Faye）就是以**粗体**来标记批注的（一开始她用的是同样字体的红色字）。

> 格尔茨（**出处？**）探讨了民族志学者所谓的“事实”不过只是一些人为的阐释，因为得出这些“事实”所用的数据也是人为的阐释。（**将这一点与问题联系起来**）这表明了人类观点内在的局限性，那就是绝对客观是不存在的，因为我们过去的经历会同时影响我们旨在发现的与我们“所见”的东西。观察一事从来都没有绝对中立之说。（**在此处简明扼要地给出一些例子**）：……

在细读自己论文当前稿子的其中一段时，费伊已经明确地找到了可以改进论文的简单方法。重要的是，她提醒自己需要标注格尔茨的文献出处，同时也明确了几处可以对论文进行拓展的地方，例如将论文与她想要回答的问题直接联系起来。这样做固然不错，因为这能够让她的导师知道她始终关注预设的写作任务。但是，从文本拓展的角度而言，费伊这些批注的重要性不如增加一些说明性示例，因为增添示例能够帮助她展示她的观点，也就是说，她深知即使在努力保有客观性的时候，个人经历影响的也不仅是我们作为研究者所提出的问题，还有我们看待事物的方式。

任务17　茱莉亚在下一稿中打算做些什么？

阅读以下由一位来自和平与发展专业的本科生茱莉亚撰写的学士论文初稿中的片段。注意她在编辑论文的过程中提出的要点，并试着列出她建议自己进行的修改，以及你认为可以加以改进的方法。

在关于印度尼西亚发展的研究中，我选择案例研究法（**提一下西尔弗曼的观点，大概是2005年的文章中提出的——完整的文献信息见参考文献列表**）。采用这一方法能够让我的研究保留真实的生活事件全面而有意义的特质（**阐释这句话是什么意思**）。但是，在我对印度尼西亚的复杂现状展开细致深入的解读时（摩尔，2000——**引用摩尔的原文！**），我还必须极其注重案例研究法的设计以应对此种方法经常受到的诟病。（**列出一些诟病与批评并标明它们的出处——比如，尹，1994**）

找个朋友替你检查

找个不太熟悉你作品的人替你通读论文能够帮你发现你在传达想要传达的内容方面是否成功。这个人应当与你足够熟识，可以畅所欲言又不会让你觉得他失礼冒犯。当然，简单说说要找一个你足够信任的人让他们直言不讳地分享他们的看法很容易，但真正找到这样一个人很难。不过，这种做法仍然值得你费心一试。

总体上来说，如果我们发现别人认为我们的行文是不清晰的，我们就应该费心修改或重新撰写文章，把观点交代得更清楚，这样做是值得的。

如果你的朋友提出了“你想表达的重点究竟是什么？”之类的问题，千万不要辩解。你应该厘清自己尝试表达的内容并且重新遣词造句。你之前的说法很可能过于冗长了。

每当你写了些什么，试着找个人帮你读一读并且让她去概括你想表达的内容。如果她不理解你究竟想要传达什么，那么你就有必要重写，把你的意思清晰地传达给她。

如果你找不到人替你核查作品，那么就试着想象一下自己在论述过程中是在向一位朋友传递要点，这能够帮助你明确论述中的关键要素和呈现这些要素的最佳顺序，从而建构写作框架，确定写作内容。

论文的结构与其中的遣词造句一样，宜简不宜繁，宜短不宜长。

成为自己最严苛的评论者

如果你觉得无人可托付，没有人能为你提供客观的支持性观点，那么你就需要百分之二百地确信，自己在阅读自身作品的时候，能够用对方式帮助自己获得客观性。

当你在阅读并修改稿子时，始终试着去扮演最严苛的（同时也是最出色的）的批评者。

试着站在旁观者的角度阅读自己的作品。过于熟悉自己的作品或许意味着你会不自觉地跳过一些部分，因为你实在是对它了如指掌。但是，如果你打算写得出色，你就需要怀揣着“这部作品是别人写的”的心态展开阅读，然后进行诚恳实在的评价。

别太留恋文字

千万不要过分留恋自己所写的文字。这些文字虽然是从你的脑海生发出来的，但这并不意味着这些文字是神圣不可侵犯的。它们无论有多么受你喜欢、呈现出的观点多么有趣、呈现得多么出色、甚至（事实上尤其是）听着多么悦耳，这些文字存在的意义是传达你所想传达的信息。如果起不到相应的效果就删掉它们吧。

千万别舍不得删除文本，如果你意识到在论文中有哪些部分是不重要的，你即使很喜欢这部分文本也要删掉它。

在论文或是其他写作任务中，你一定要确信这些文字是有助于你解答问题的。

如果你撰写的文字对传达内容毫无助益，那就删掉它们吧，无论它们听起来多么精妙或者令人印象深刻。千万不要过分留恋文字。

文字编辑与校对

在论文的撰写与修改过程中，你必须学会至少用两种方式进行阅读，从广义上来说，这与出版界在文字编辑与校对过程中采用的阅读方式大同小异。

文字编辑

文字编辑包括在内容的层面上对你的作品进行阅读（就像你此前从来没读过一样），寻找表意不清晰、用词不当或是重复的地方。

问问自己:

- 我想要传达的要点都传达出来了吗？表达得足够简洁清晰吗？
- 除了陈述我相信什么，我将相信它们的理由说得合情合理了吗？
- 我说到做到了吗？比如，在我写下“我认为……”时，我真的给出论述了吗？也就是说，我给出了支撑所持观点的依据并进行说明论证了吗？
- 如果我提到要在论文中靠后的章节中补充关于某个要点的细节，我真的做到了吗？
- 我真的解决了此前声称要解决的所有问题，完成此前声称要进行的所有论述了吗？
- 我声称要完成的事项都完成了吗？声称要解决的都解决了吗？

比如，如果我的结论中写着“我比较了X与Y……”，那我真的比较过了吗？是不是仅仅描述了X与Y，然后让我的读者们自己去比较？

- 如果我用到了“从这一点我们可以得出……”或是“这引导我去探讨一个问题……”之类的说法，这些说法真的有用吗？换言之，我声称从前一点中得出的要点或论点真的是从中得出来的吗？

校对

校对包括以更加注重技术性与展示性要素的眼光阅读你的作品。作品最终呈现得出色吗？是否还存在拼写、标点符号、语法等方面的错误？出现在文本中的词是作者真心想用的，还是只是单纯的打字错误，用错了词，因此改变了原意或是将原意完全抹杀掉了？有时候，当我们写作时，尤其是写得特别快的时候，一些错误的词语会跳进我们的文本里或是电脑屏幕上，而我们却丝毫没有察觉这是怎么回事。

比如，当本书的两位作者之一撰写《成为作者：给学术人员和其他专业人士的建议》(*Becoming an Author: Advice for Academics and Other Professionals*)一书，开始写一个关于第一、第二与第三人称写作的章节时，用了下面的句子开头：

> 关于学术话语采用第一人称、第三人称叙述是否能够达到最佳效果，大家莫衷一是，观点各异。

他本来想要谈论的只有“第三人称”，“第一人称”是打字时的失误。但这个错误却在许多版稿件中存在，一直没有被发现。这就证明，最有经验的校对员也还是有可能漏掉这样低级的错误。

正如在文字编辑过程中一样，你如果想要成功地校对自己的作品，就必须培养另类的阅读能力，在阅读中将自己文章作者的身份遗忘掉。

如果你想要成为一名出色的校对，就必须学会在不过分关注文字所传达的内容是什么的基础上阅读重要的文本（因为你的论文是很重要的）。

在校对过程中，如果你让自己沉湎于文字所传达的含义，就很容易“玩忽职守”，让那些文本从你眼前掠过，但却没有真的看进去，即使是在技术性纠错的层面上也一无所获。

为了避免落入在校对过程中被文字意义吸引而变得迷迷糊糊的陷阱，以下建议或许对你很有帮助：

- 使用尺子或是空白的纸将自己的注意力一次集中在一行文字上，这像是你小时候刚开始学习阅读时采用的阅读方法。
- 大声将文本念出来，包括参考文献与标点符号，这能够帮助你识别长度过长的句子。

任务18　校对与文字编辑方面的错误

阅读以下三个片段：第一段选自关于珠穆朗玛峰上发生的一次事件的新闻报道，第二段来自一名学生对于学习技巧拓展的自我评估，第三段则选自网络，是一则一家具有显著特征的酒店的广告。每个片段都存在一些编辑或校对员应该挑出的错误。试试你能不能看出这些错误吧：

I.　However, he was very much alive though in a poor way, when Mazur and his team came across him, sitting on the edge of a cornice, minus oxygen mask, snow gobbles and gloves, as they climbed towards the summit.

（参考译文[1]：然而，当马祖尔及其团队成员遇到他时，他仍然活着，但状况却不容乐观。他坐在一块突出的悬崖边，没有氧气面罩、护目镜和手套，他们此时正爬向峰顶。）

II.　The proof reading exercise was a challenge and meant that I had to re-read the passage several times and even made some mistakes. It was food that i did this exercise as it showed that very often you need to read a piece of work more than once to make sure that it correct.

1　为保留原文的特征，部分练习的参考译文在对应位置设置了一些错误。——编注

（参考译文：校对练习是一种挑战，它意味着我要多次重读文本甚至犯些错误。做这些练习对我来说是很食物的，因为它说明了你需要多次阅读一段文字以确保它是正确的。）

III. This friendly, independent, two star hotel is located 15 minutes' walk from the city's main attractions. We have 45 bedrooms all with small en-suite shower rooms, a breakfast room and continental style brassiere serving snacks and beverages.

（参考译文：这家友好、独立的两星级酒店坐落在离城市主要景点步行15分钟的地方。我们有45个房间，每个房间都配备了小的淋浴间、早餐房和提供零食和饮料的欧陆风格胸罩。）

文字编辑与校对的重合之处

虽然听起来文字编辑与校对似乎是两个截然不同的过程，但实际上，这两个过程经常会有重合之处。你常常会发现自己既是在编辑文字，同时又在进行校对。这本是无可厚非的，但是，你在对终稿进行校对时要分清这两件事，因为在一篇大作即将诞生之际，你会忍不住对文风与内容进行修改直至最后一刻来临。这种做法带来的后果可能是灾难性的，除非你在调整修改之后再进行最终的校对工作以保证文本的“纯净性”，并尽可能避免技术上以及风格上的误差。

善用电脑进行写作

大多数人会使用电脑进行写作，你可能长期以来也是这样做的，以至无法想象除此之外还能如何写作。尽管如此，尽管电脑中形形色色的功能可以让我们的写作变得简单轻松，许多人并没有将电脑的优势发挥到极致。

高效写作需要你使用技术技巧对文档进行编辑、移动、删除或保存，让你可以添加脚注、创建目录、组织参考文献，可以打印文档或是以电子版的形式将文档传输给他人以供评论，并让对方在评论完成之后极速传输给你。这或许就是为什么许多人都将电脑作为呈现文档的主要方式，而非仅仅将它视为一种用来辅助他们尽可能将文档拓展得清晰有趣的文字工具。如果你打算善用这种伟大的科技发明，你就得学会更为全面的电脑利用方法。

电脑不仅仅是一种记录、存储与打印论文或其他写作任务副本的手段，如果你愿意给它机会，它能够让你在一种鲜活的媒介之上尽情抒发理念与想法，并任意操控自己的作品，比如对其进行添加、变更以及删减；尝试使用新词来表达心中所想；在保留原本的内容、更换表达方式的基础上，对已经完成的内容结构进行重新调整。从这一角度来看，在电脑上写作不仅仅是文本产生与修改的过程，也是一个文学创作的过程。它包括构建理想文本的雏形，然后着手研究，确定清晰地表达出心中所想的内容需要满足的条件。对于某些写作者而言，电脑的文学创作功能的重要性远远不限于此，因为打一开始，这就是他们用于构建自己想要表达甚至是深信不疑的内容的方式。

你应该下定决心获取有关电脑操作的知识，以及身为一名写作者应当如何极致地利用好电脑，这将让你在时间上和论文写作的轻松程度上获益无穷。但是，这并不是说你要成为电脑方面的专家，而只是说明你需要尽可能多地掌握身为一名写作者所需的基本操作，让你能用最简便的方式完成尽可能多的工作。这些操作包括：

- 使用鼠标、触摸板以及键盘浏览全文
- 增大屏幕上的字号
- 选中文本
- 复制、删除并保存文档
- 剪切与粘贴文本
- 设置斜体，粗体或（偶尔）在文本中加下划线
- 在文件夹中排列文档
- 设置制表符
- 文本缩进
- 使用项目符号与编号
- 选择字体
- 设定页面宽度
- 文本两端对齐
- 撤销键入
- 字数统计
- 检查拼写
- 查询词典

- 打印
- 在不关闭当前文档的同时，创建新文档或打开另一个文档

这些都是使用电脑写作的人需要学会的基本操作。你可能认为我们提到这些操作时有些小题大做了，因为你已经掌握了这里大多数甚至所有的技能。但根据我们的经验，许多人（包括很多本科生）都不太了解某些完成这些操作的可行方法，比如通过敲击键盘（使用某些组合键）来操作图标与菜单实际上比使用鼠标或触摸板完成同样的操作更快。

在用电脑写作方面拓展技巧的最佳方案是向朋友咨询，问他们是如何完成你要完成的事项的。让他们慢慢地演示给你看，一次一个步骤地教你想要学习的技巧，然后你再自行操作。写下详细的操作说明，并将你记录的关于新技巧的笔记存储在电脑或笔记本中容易找到的文档里。

除了用鼠标或触摸板，学习使用组合键来打开屏幕上的菜单

比如，当你想要保存文档时，按住“Ctrl”键（或是苹果笔记本上的“Command”键）并同时按“S”，这比起通过鼠标或触摸板选择点击磁盘图标或采用“文件”下拉菜单中的保存选项都要快捷。同时，如果你想要通过**粗体**、*斜体*或是<u>下划线</u>的形式突出文本，你可以通过选择另一个下拉菜单中的选项，或是点击相关图标来完成。但是，如果在按下“Ctrl”键或是“Command”键的同时分别敲击“B”“I”或是“U”，这些操作完成起来会更为简单。

注重作品形象

你写作的目的在于与他人交流。你如果不仅认真思索你要说些什么、怎么说，还仔细考虑你的作品呈现出来的效果如何，就很可能达到极致的成功。

对于大多数服务于学术目的的写作，最简单的呈现效果通常就是最佳的呈现效果。

所以，你必须谨慎思考要采用什么样的字体与打印样式，以及文本在页面上如何排列布局。比如，有些要点是不是应该以列表的形式呈现？这些列表中的要点需要进行编号吗？应该利用电脑中的功能吗（比如项目符号）？

排版的问题同时存在于审美层面与内容层面。你应当不遗余力地将你的理念用正确的顺序以语块（段落）的形式呈现出来以帮助读者理解你的论述，同时也要确保视觉效果不会过于喧宾夺主、分散读者的注意力。

在设计作品外观时，确保排版尽量简洁易懂，如此一来你便能够更好地呈现出自己的想法。

根据你所在的高校或者院系的要求，你可能需要采用明文规定的特定格式来提交论文，这意味着字体、字号以及边距的设置都是固定的。在这种情况下，你要做的就是严格遵守规定。如果你所在的机构在这方面并无明文规定，那么你就需要自行决定了。这样一来，注重格式细节就可能让你获益无穷。我们的建议是选择一种简洁美观的字体，它需要既清晰易懂，同时外观看起来又相对“庄重”。

在有衬线字体中，在学术作品上，最常用的字体大概要数“Times New Roman”了，但是很多人会发现在书籍中应用极其广泛的是读起来很轻松的“Garamond”字体。在无衬线字体中，传统字体“Arial”仍然非常流行，但同时，许多人还是会使用他们认为更为美观与清晰的“Calibri”字体。

避免使用过多字体。更科学的做法是通篇采用同一种字体。对于大多数字体而言，12号字或是11号字可以提供良好的阅读体验，同时与页面的匹配度也很高。

更换打印效果时需谨慎。最简单的视觉效果是最好的。一般来说，在大多数时候都使用普通字体，时而采用*斜体*或**粗体**或偶尔加下划线的做法就能达到这种效果。

整理内务：有序归档文件

除了拓展能够让你充分利用好电脑进行写作的技能，养成良好的“整理内务”习惯也同样重要。这可以让你始终能够找到储存作品的文档，同时减少丢失文档的风险。

文档归类存放

在电脑中设定专门的文件夹与文档来存放你的作品。比如，如果你学习的是考古学与人类学，那么就可以建一个命名为“大学作业”的文件夹，里面再分设两个子文件夹，分别起名为“考古学”与“人类学”。“考古学”下属的子文件夹中可以包括“课堂笔记”“摘录的文章”“论文作品”“野外作业”与“毕业论文思路”，而每个门类下面还可以继续设置子文件夹。

定时保存

养成定时保存文档的好习惯，例如在写作时隔几分钟保存一次。这样做能够帮助你避免在电脑“崩溃”时痛失大作。（此类伤心事时有发生，在任何人身上都可能会发生，自然也就可能发生在你身上。）

定时保存文档。

定期备份文档

有些人嫌麻烦不愿意定期备份文档，而且这种人的数量多得惊人。更令人惊讶的是，许多学生似乎很喜欢把自己的论文存在U盘中，拿着它到处走，仿佛是在撩动命运女神来给他们致命一击，而有时，他们也的确会“如愿以偿”。如果你在以上描述中看到了自己的影子，那么我们强烈敦促你改变你的行为模式。

养成定期备份所有重要文档的好习惯，这样一来，即使是意外发生，比如硬盘损坏、文档丢失、笔记本电脑被偷或是中了病毒，你手上还有最近的一版，可以以此为基础恢复作品。虽然定期备份会有些耗时，但是除此之外，你也可以养成将电子文档打印出来并将其按照日期分门别类进行整理标注的习惯，这些都是防范风险的手段。

不要将备份文件存放在常用的存放位置。可以试着存放在移动硬盘或是另一台电脑中，尽量选择安全性高的地方，减少被偷或是被损毁的风险。如果能够同时做几份备份就更好了。

你给文档起的名字要能够帮助你回忆起其中的内容。你还应对给哪份作品起了何种名字进行记录。如果你同时保有同一份资料的好几个不同版本，例如同一篇论文在不同时间的各个版本，你应该找到加以区分的命名法，并且记住它们之间的相互关联。其中可行的一种做法就是在文件名中标注日期。

建立文件夹系统将相互关联的文档存放在一起并且分门别类存放，比如，设置专属于“课堂笔记”“阅读笔记”及“论文任务”的文件夹等。

千万不要把正在撰写的论文或是备份文件只存储在U盘中，否则你将面临遭受灾难性打击的风险。

千万不要冒险将论文作品的重要版本存储放在任何由别人控制的设备中（大学的公共电脑或是朋友的电脑中）。文档可能会被人误删。

如果你在U盘中存储了重要资料，比如你一直在外奔波，因此决定将资料存储在U盘中以便于随身携带，而不是通过电子邮件发送给自己

(其实电子邮件是安全的方式),那么在弹出“安全移除”的对话框之前千万不要把U盘从电脑中拔出来。如果你不是“安全地”将U盘拔出来的,数据就有可能被抹掉。

第九章
细节决定成败：标点、拼写与语法

许多学生在标点、拼写与语法这些写作的基本技巧上存在问题，这或许是因为相较于语言使用的准确性而言，学校更为看重的是所谓的创造性。不仅如此，很多人甚至认为这些写作技术问题的重要性远远不及他们想要表达的观点想法的重要性。从一方面来说，这种看法也有些道理，因为写作的目的在于交流观点想法，而不是展现拼写、标点与语法规范使用方面的技能。但是，你总是应该让他人确信你至少掌握了一些基本语法规则，而且你的单词拼写与标点使用合乎规范。从另一方面来说，糟糕的拼写、混乱的标点与错误百出的语法很可能会给你的老师甚至是未来的雇主留下坏印象。更为重要的是，你如果不能基本掌握这些技术性技巧，那么就很可能无法将自己的观点想法表述清楚，因为正如我们之后会谈到的那样，标点、拼写与语法上的错误都会影响我们传达想法以及与人沟通。

英文标点符号

标点符号很有用。从一方面来说，诸如句号、逗号、感叹号的标点符号能够帮助读者理解书面文本的含义，这些符号所起的作用在口语中则是通过语调、肢体语言、停顿或是对某些词语或音节的重音来完成的。

标点符号帮助我们建构书面内容，将我们笔下的词语和观点想法连接在一起，使它们井然有序，保证我们想要传达的意义清楚明了。标点符号的使用若混乱不清则会起到反效果。

糟糕的标点会让你的文章晦涩难懂，可能会造成表意不清，甚至是与你想要表达的意思大相径庭，这种情况在标点滥用的情况下尤其突出。试着听从休史密斯（Shoosmith）的一些明智建议吧，他曾写道："句号虽是必要的，但它的存在会令人不悦，应当尽量少用。"上交论文之前，在你对论文进行核对的过程中问问自己：文中使用的每个标点是不是都有必要？如果没有必要就删掉吧。

标点符号能够帮助你准确得体地表述自己的观点，因此，如果作为学生的你想要在写作上表现出色，学习如何恰当地使用标点符号便十分重要了。以本书的篇幅，我们无法穷尽所有与标点相关的事宜，但是，在接下来的几页中，我们会对以下标点做简要的介绍：

句　点（.）

大写字母

问　号（？）

感叹号（！）

逗　号（,）

分　号（；）

冒　号（：）

撇　号（’）

引　号（“”）与（‘’）

连字符（-）

括　号[（ ）]

破折号（—）

你应当知道该如何使用这些标点符号。但同时，你也必须清醒地意识到，虽然标点符号的使用惯例有很多，但除了你熟悉的“每个句子都是首词首字母大写，最后以句号、问号或感叹号结尾”的法则，在使用标点符号方面，绝对的使用法则却是几乎不存在的。

在某种程度上，如何使用标点完全是个人偏好问题，对某一句子添加标点的正确方式不止一种。

最重要的是，在你写作过程中要记住，你所使用的标点要能够帮助读者获悉你试图传达的意义。

句　点

句点（full stop）的主要功能是标注句子的结尾，当然，有时句子结尾也会使用问号或感叹号：

- 不论句子是长而复杂还是短而简单，句点都告诉读者这个句子结束了。
- 句点之所以被称为句点就是因为它标注了句子的末尾。
- 句点是所有标点符号中最强有力的一个。
- 句点在英文中的另外一种称谓是“period”。
- 如果一句话是以问号或是感叹号结尾的，或是以带有自身包含标点的标题或缩写词结尾，这句话就不再需要加句点了。

除此之外，与句点同形式的缩写点可以用于构建某些缩略语，特别是当这些词属于某些单词的简写形式时，比如“Rev.”（Reverend，牧师）、“Prof.”（Professor，教授）、“Oct.”（October，十月）这类缩写词的尾字母与完整单词的尾字母不同的词；而在类似“Mr”（Mister，先生）与“Dr”（Doctor，医生或博士）的词中，缩写的尾字母与原词是一致的，那么这类缩写通常是不需要另加缩写点的。

从严格意义上来说，“Rev.”“Prof.”“Oct.”属于缩写词（abbreviation），而“Mr”和“Dr”是缩约词（contraction），因为这些词是通过省略位于词语中部的字母而形成的。

在过去，句点的功用要比现在大得多，因为它曾经可以作为缩写点被用于各式各样的缩写词中，而现在已经不再被广泛运用了。比如，缩写点曾经可用于“首字母缩略词”（acronym），即将名称中的首字母串在一起构成的单词，例如北大西洋公约组织（NATO）、全国医学总会（GMC）或是英国皇家艺术学会（RSA）；其他与现代生活息息相关的首字母缩略词也包括在内，例如反社会行为令（ASBO）、获得性免疫缺乏综合征（AIDS）或随机存取存储器（RAM）。但是，现在我们在写首字母缩略词时更习惯的做法是不加缩写点。

对于一些不具备单词功能而必须通过挨个朗读字母进行发音的缩略名称而言，不加缩写点也是通常的惯例，例如英国广播公司（BBC）、美利坚合众国（USA）和英国皇家飞行俱乐部（RAC），我们通常将此类词语称为“首字母连写词”（initialism 或 alphabetism）。现在只有在包括小写字母的缩写中才经常会保留缩写点，例如“M. Ed.”（教育硕士）和“Ph. D.”（哲学博士）等，但这个规则也不绝对。

大写字母

我们应当慎用大写字母（A，B，C 等）。但是，在书面英语中有些地方则是必须用到大写字母的：

I. 代词“I”始终需要大写，小写的代词“i”绝不会出现。当交流的正式性因短信以及其他相似形式的书面即时“对话”带来的巨大影响而遭到冲击时，这一点就显得尤为重要了。所以，你不应该写出这样的文本：

When our Dean sent round a notice looking for help with new students at Freshers'Week, i volunteered.

记住：第一人称单数代词“I”始终需要大写，小写的代词“i”绝不会出现。

II. 英语句子首单词中的首字母始终需要大写（A，B，C 等）。对于任何在学业上获得高分从而得以进入大学学习的本科生而言，这本应该是不言而喻的。但遗憾的是，我们不时会碰到某些受到短信的非正式性影响的学生的作品，他们已然忘记了句首单词的首字母需要大写，以及第一人称单数代词“I”始终需要大写的惯例。

III. 除了出现在句首，首字母大写的惯例还适用于各类情况，包括：

- 人名与机构名，例如“Donald Cameron”“Bank of Toytown”。
- 星期与月份，例如“Friday”“Saturday”“April”“October”。
- 地名，包括大洲名、国家名、岛屿名、州名、地区名、城镇名、乡村名以及城镇下属的区域名等，例如“Africa”“Sierra Leone”“Iowa”“California”“Yorkshire”“New York”“Dunscore”“Walberswick”“South Woodford”“Oxgangs”。
- 由国家与其他地名衍生出的形容词，例如“German”“Scottish”“Appalachian”“Mancunian”“Glaswegian”“Lilliputian”。
- 宗教名，例如“Islam”“Judaism”“Christianity”“Buddhism”“Hinduism”。
- 宗教节日，例如“Easter”“Ramadan”“Divali”“Purim”。
- 重要事件名、宗教书籍名与某些重要人物称谓，例如“Last Supper”“Qu'ran”“Torah”“New Testament”“Prophet”。
- 典型的历史时期名称，例如“Bronze Age”“Middle Ages”“Industrial Revolution”。
- 某些人物的头衔，例如“President Obama”“Queen Elizabeth Ⅱ”“Archbishop of York”“Chief Rabbi”。

虽然这个清单看似一目了然，但还是有些需要注意的复杂情况。

“queen”和“bishop”一类的词只有在充当某人头衔时才需要大写，否则它们就只是普通名词，无须大写。

“god”通常在指涉一神论时需要大写，而谈及多神论时则无须大写。

最后，正如我们所看到的，许多缩略语会采用大写的形式。但是，“ibid.”“op. cit.”与“e. g.”之类的缩写只采用小写形式。

问　号

在直接疑问句的句尾使用的是问号（question mark）而非句号。

What time is it?

What is the sound of one hand clapping?

Do you love me?

Where’s the cat?

上面列出的这些问题都是完整的句子。但有时单个单词也可以构成问句。

Who? What? Why? Where? When? How?

请注意，例如在“He asked what time it was.”之类提及问题却非直接进行询问的句子中，并不需要使用问号，比如：

John asked what time it was.

Homer asked what the sound of one hand clapping was.

She asked whether he loved her.

Jeremy asked where the cat was.

直接疑问句以问号结尾，但在间接引语中千万不要使用问号。

感叹号

感叹号（exclamation mark）通常在强调某一点时使用。比如，某个采石场的场主不希望有闯入者擅入，同时也害怕危害到闯入者的生命安全，那他就可能会在场地外围栅栏边上竖起警示牌，上面写上“危险！请勿入内！”。而撰写本书、指导学生写作的作者们希望能够阐明感叹号的用法，我们则会写“如果你并不想强调某一点，你就不应该使用感叹号！”。

感叹号在私人信件、邮件或短信中的用途是很广泛的，它可用于表达惊讶、喜悦或幽默，比如“What a beautiful day!”和“A fsh!”之类的句子。后一句话是一个很巧妙的笑话的一部分。“你会管一只没长眼睛的鱼叫什么？”（What do you call a fish with no eye?），此处“i”与“eye”同音，因此“fsh”就是没有“i”的鱼。

总体上来说，你在写论文或是完成其他写作任务时最好要避免使用感叹号，而是通过审慎使用强调性语言的方式来表示对某些要点的强调。

逗　号

逗号（comma）能够明晰句子的结构与含义，比如展示哪些词语与观点是紧密相连的，而哪些不是。我们要谨慎使用逗号，因为滥用逗号会导致篇章缺失清晰性。逗号的各类明确用法如下：

- 标注停顿（停顿间隙比句号、问号或感叹号所示的更短）
- 分隔句子的不同成分
- 分隔列举中的不同元素

停　顿

给出如何使用逗号来表示停顿的清晰明确的指导是十分困难的，因为从某种程度来说，这取决于作者朗读文字的时候是如何断句的。但是，从总体上来说，逗号只能标注从意义角度而言并不明显的停顿，或是放在使用了逗号之后句子意义会因此改变的位置。

分隔句子不同成分

加入逗号分隔句子（从句）的不同成分可以极大地改变句子的含

义。比如，思考下列两句话，它们都包含同样的字眼，但却表达了截然不同的含义：

The ambulance drivers in London who were the first to strike are the most anxious to begin work again.

最先开始罢工的伦敦救护车司机是最想回到工作岗位的。

The ambulance drivers in London, who were the first to strike, are the most anxious to begin work again.

伦敦的救护车司机是最早开始罢工的，他们最想回到工作岗位。

第一句话暗示了第一批闹罢工的伦敦救护车司机非常急于重返岗位工作。相比之下，第二句话中使用了两个逗号将“who were the first to strike”孤立了出来，则表示伦敦的救护车司机不仅是最先开始闹罢工的，而且他们在所有的救护车司机中是最渴望重返岗位工作的。第二句话也可以表述为：

The ambulance drivers in London were the first to strike, and they are the most anxious to begin work again.

伦敦的救护车司机是最早开始罢工的，同时他们也是最想回到工作岗位的。

分隔列举中的元素

逗号最简单的用法莫过于分隔列举中的各类元素了[1]。

Lots of flowers appear in spring including snowdrops, crocuses, daffodils and primroses.

许多花会在春天出现，包括雪花莲、番红花、黄水仙和报春花。

The main devices for indicating pauses in writing are the full stop, comma, semi-colon, colon, question mark and exclamation mark.

在写作中用于表示停顿的标点有句号、顿号、分号、冒号、问号和感叹号。

During her gap year Laura travelled to many countries, including Germany, France, Switzerland, Italy and Slovenia.

在间隔年里，劳拉去了很多国家旅行，包括德国、法国、瑞士、意大利和斯洛文尼亚。

但是要注意，在这些例子中，每种列举的最后两项内容是用连词“and”进行连接的，而不是用逗号。

1　该功能在中文里通常由顿号实现。——编注

在列举中省略逗号可能会极大地改变原句的意思。例如，在以下句子中，作者分享的菜单像是一种有趣的美食体验：

For dinner we had smoked salmon sorbet, roast beef with Yorkshire pudding, bakewell tart and coffee.

晚餐我们享用了熏鲑鱼雪葩、烤牛肉配约克郡布丁、杏仁果酱馅饼和咖啡。

直到把那个缺失的逗号补全，整个菜单才看起来更为合理：

For dinner we had smoked salmon, sorbet, roast beef with Yorkshire pudding, bakewell tart and coffee.

晚餐我们享用了熏鲑鱼、雪葩、烤牛肉配约克郡布丁、杏仁果酱馅饼和咖啡。

分 号

分号（semi-colon）在许多不同的情况下可以替代逗号来分隔列举事项，包括使用逗号会造成表意不清的情况。在以下两个例子中，由于单个列举事项内部就存在以逗号分隔的情形，如果再使用逗号来分隔各个列举事项就会导致表意不清。

The modern symphony orchestra consists of several groups of related instruments, including violins, violas, cellos and basses in the strings; flutes, clarinets, oboes and bassoons in the woodwind; and trumpets, horns, trombones and tubas in the brass.

现代交响乐团中包括多个由同类乐器构成的器乐组，包括小提琴、中提琴、大提琴和低音提琴构成的弦乐组；长笛、单簧管、双簧管、低音管等构成的木管组；以及小号、圆号、长号、大号等构成的铜管组。

John's cottage had a wonderful alpine garden with saxifrages, thyme, sedum and candytuft; a herbaceous border with hostas, aquilegias, delphiniums and astilbes; a hothouse in which he grew flowering plants and produce such as tomatoes and grapes; and a well-stocked kitchen garden with vegetables and soft fruit.

约翰的小屋有着一个美丽的高山花园，里边有着虎耳草、百里香、蝎子草和屈曲花；一个有着玉簪、耧斗花、飞燕草和洛新妇的花坛；一个种着一些开花植物和用来种植番茄和葡萄的温室；以及一个种着一些蔬菜和浆果的硕果累累的家庭菜园。

分号同时也在列表中的事项包含连词“and”时用于分隔各事项，例如“Tom and Jerry”“gin and tonic”和“fish and chips”。

The menu, which consisted of rather greasy foods, included fish and chips; chicken and chips; sausage and chips; spam and chips; and bacon and chips.

菜单由很多油腻的食物构成，包括鱼和薯条；鸡肉和薯条；香肠和薯条；午餐肉和薯条；以及培根和薯条。

最后，分号代替逗号分隔单个列举事项本身很长的情况，以避免表意不清。

In St Renan market we saw a fishmonger selling live crabs and lobsters that were moving around in a tank; a blond boy playing Breton music on a beautiful old violin; an elderly woman selling eggs and bunches of fresh herbs from a basket by her feet; and a young man on a unicycle, whose juggling with knives was spellbinding.

我们在圣勒南市场看到了一位卖还在水箱里爬行的活螃蟹和龙虾的鱼贩；一位用小提琴演奏优美的布列塔尼音乐的金发男孩；一位卖着她脚下篮子里的鸡蛋和成捆香草的年长女士；以及一位骑着独轮车耍匕首招揽顾客的年轻男士。

分号的另外一个主要用法就是将两个关联紧密的想法联系在一起，以此强调其相互关系。如果没有使用分号，这两个想法便是独立存在的。在这种情况下，分号的作用就相当于两种想法之间的轴心。

Jessica always left the light on at night; otherwise she found she couldn’t sleep.

杰西卡睡觉时总是开着灯；不然她会难以入眠。

In a book of this size we cannot begin to do justice to the issues raised by punctuation; for that you should consult a reliable text.

在这样部头的书中我们不能说明与标点符号有关的问题；你应就此参考可信的文本。

Both trailers and reminders should be short and serve a useful purpose; they should not be simple repetitions of what is said elsewhere.

预告和提示都应简短且服务于一定的目的；它们不应简单地重复在某些地方已经谈到过的内容。

"Apologies" can be little more than words; unless they are accompanied by the right intentions and feelings, they mean little.

"道歉"有可能不止局限于语言；如果没有伴随着正确的意图和感受，它就没有什么意义。

冒　号

冒号（colon）有很多功能。比如，我们常用冒号引出两端缩进[1]排

1　指文本在两侧都进行了缩进排版处理，因此达到在整个文档中看起来一目了然的效果。——原注

版或是独立于正文其他部分的内容，包括连跨数行的引用等。你能在本书各处找到相应的例子。此外，冒号还可以用于表示列举：

Pineapple surprise uses only a few ingredients: one medium pineapple; three tablespoons of Greek yoghurt: one fresh egg; one tablespoon of honey, and a few freshly toasted slivers of almond.

菠萝船只需要几种原料：一个中等大小的菠萝；三汤匙希腊酸奶；一个新鲜鸡蛋；一汤匙蜂蜜，以及一点现烤的杏仁片。

在句子的后半部分对前半部分进行解释、扩展或归纳时，冒号也可以用在句子中部。

Writing a good essay takes several things: understanding of the ideas it contains; the ability to write clearly and engagingly, and most of all a lot of hard work.

写出好的文章取决于几个要素：理解文章中包含的观点；写出清晰且吸引人的文章的能力，以及最重要的大量艰苦努力。

There were two reasons for his success: his innate talent as a storyteller and the effort he put into researching the material for his novels.

他成功有两个理由：他在讲故事方面具有与生俱来的天赋和他在调查小说中所用材料方面付出了辛苦。

After a period of silence, the old man shared his secret: he was the last in a long line of Marslings who came to Earth when their planet dried up 100,000 Earth years ago.

沉默了一段时间后，这位老人分享了他的秘密：十万年前他们的星球干涸，他是一长列来到地球的火星人中的最后一个。

撇　号

撇号（apostrophe）有两大功能——表示所有格或标注缩写。

所有格

在单数名词、专有名词以及不以“s”结尾的复数名词中，所有格形式通常是通过添加撇号及“s”来表示的（通常写作“'s”）。因此，我们会写“the city's limits”“the car's wheels”与“Tom's car”之类的词组，以及谈到“women's rights”或“children's rights”。

在以“s”结尾的单数名词情况中，例如“grass”与“glass”，所有格形式也是通过添加撇号及“s”来完成的。在读该类单词时，你可能会习惯于多发一个额外的“s”音。比如，“the grass's bright green colour”和“the glass's sparkle”。在“James”与“Harris”这类以“s”结尾的专有名词中也是一样，例如，我们会说“James's drums”和

“Harris’s books”。但是，在这些情况中，有些人喜欢只用一个撇号表示所有格，因此就会说“James’ drums”和“Harris’ book”。这两种用法都可以。

在以“s”结尾的复数名词中，表示所有格通常只需要加撇号，因此我们会说“ladies’ handbags”。同时，在单词或专有名词本身就已经包含两个“s”音时，也是只用撇号即可，因此我们会说“Moses’ wife”和“a thesis’ contents”，而不是“Moses’s wife”和“a thesis’s contents”。

在多个名词的所有格中，撇号应添加到最后一个名词的末尾，比如“Fortnum and Mason’s delicatessen”；在复合名词中，撇号则是添加到最后一个单词末尾，比如“brother-in-law’s”。

注意两种不同情况：表示某物归属于某一位“brother-in-law”（比如“My brother-in-law’s car is a Porsche.”）与表示复数的“brothers-in-law”要区分开。

缩　写

运用撇号来表示缩写（将两个单词合二为一）是英语口语中最常见的用法，但当你作为学生进行写作时，除了援引直接引语或是进行虚构作品创作，你最好要避免使用这种缩写形式。撇号替代了被省略的一个或多个字母，例如：

don't (do not)

couldn't (could not)

can't (cannot)

it's (it is)

撇号同样可以运用在常见的一些缩写中，例如“two of the clock”可缩写为“two o'clock”；撇号也可以用在年份缩写中，例如“the summer of '76”或“the winter of '89”。

在构建名词复数时千万不要使用撇号

与许多人的想法不太一样的是，我们并不会使用撇号来构建名词的复数形式。比如，“cat”的复数是“cats”而不是“cat's”；“profit”的复数是“profits”而不是“profit's”；与许多蔬菜摊点的小贩们想的不一样的是，“carrot”“cauliflower”和“orange”的复数形态并不是“carrot's”“cauliflower's”和“orange's”，而是“carrots”“cauliflowers”和“oranges”。

“its”还是“it's”？

或许以英语为母语的人在写作时最容易犯的错误就是混淆发音听起来一样的两个词的拼写，即使它们的意思完全不同，外观也不一样。这两个词就是“its”和“it's”。

第一个“its”是人称代词，与“his”“hers”“ours”“yours”“theirs”相似，都不需要添加撇号；而第二个“it’s”是“it is”的缩写。我们必须将这两个词区分开，因为混淆这两个词可能会显得你完全不明白这两个词之间的差异。如果你的论文中这两个词也出现了混淆，人们会觉得你用错词了。

区分“its”和“it’s”

为了将这两个词拼对，你能采用的最简易的方法或许就是在你的短语或句子中，用“it is”来替代“its”和“it’s”，以确认该短语或句子是否仍然符合逻辑。如果句子或词组并无异样，那么你该用的词就是缩写形式的“it’s”；如果你觉得不对劲，那么你该用的词就是“its”。

在下面两句话中试试这种方法吧，两句话中我们都使用了“it’s”，但其中只有一句是正确的，而另一句是错误的：

It’s better to be safe than sorry.

The dog hid it’s bone in the garden.

而将“it is”代入之后，这两个句子就变为：

It is better to be safe than sorry.

（该句子合乎逻辑，因此 it’s 的用法是正确的。）

The dog hid it is bone in the garden.

（该句子不合逻辑，因此 it's 的用法是错误的。）

任务19　“it's”还是“its”？

阅读以下句子，每当“its”或“it's”出现时，注意判断它们的用法是否正确（正误皆有）。

The mechanic who examined my car told me that its radiator needed to be replaced.

It's important to get punctuation right, otherwise it's likely that those who read your essay will get it's meaning wrong.

The comma should be used carefully, because it's overuse can lead to a lack of clarity.

The Royal Bank, which was rescued by the government after coming near to financial ruin, has awarded all of it's senior staff large bonuses.

It's only rice pudding, but I like it.

Its not right that we have to wait so long for the train.

It's a shame that so many people find problems with the use of the apostrophe.

In writing the possessive pronoun it's, its important never to use an apostrophe.

记住这句话：An intelligent dog hides its bone in the garden, because it's better to be safe than sorry.（注意其中"its"和"it's"的用法）

引　号

引号（inverted comma）能实现多种功能，其中最为重要的或许是用于引导直接引语，因此它也经常被称为"讲话标记"（speech mark）或是"引用符号"（quotation mark）。

The witness said, "I saw the thief running into the pub, your honour."

服务生说："我看到一个贼往酒馆里跑，尊敬的阁下。"

As he rushed into the room, John looked round and asked "What time is it?"

在跑进房间之后，约翰环顾四周，问道："现在几点了？"

"This,"said the teacher, "is the correct way to use inverted commas."

"这，"教师说，"是使用引号的正确方式。"

引号也可以用于表示直接引用他人话语或文本中的内容。在这种情况下，你应当在引言后面标注该内容来源所在的页码，并添加括号。

March (1983) who studied weaving, writing and gender among the Tamang of Nepal, argued that "Weaving, especially the weaving of women's skirts, is a vital symbol of the Tamang women's world, marking Tamang women in several important ways". (p.730)

研究尼泊尔塔芒族编织、写作和性别问题的学者马奇（1983）表示："编织，特别是编织女性裙子，是塔芒女性世界的一个重要象征，它以多种重要的方式代表着塔芒女性。"（第730页）

Kennicutt et al. (2003) believe that "In contrast to the study of the formation of individual stars, which has advanced dramatically over the past two decades, our theoretical understanding of star formation on galactic scales remains relatively immature". (p.929)

科尼克特等人（2003）相信，"对单个恒星如何形成的研究在过去的二十年里有着令人惊叹的发展，与之相对，我们对在星系层面恒星如何形成的理论理解相对来说仍然欠成熟。"（第929页）

引号其他功能

有时，引号可以用于表明仅仅是提及而非使用一个词语。

In this paper, we ask what individuals and societies mean by the term “reconciliation”, and how that affects what they expect from the reconciliation process.

在本文中，我们提出了“和解”一词在个人和社会层面意味着什么，以及这如何影响他们希望从和解过程中获得什么的问题。

我们首次介绍某个术语时也会使用引号。

It is important to distinguish between two senses of equality, which Dworkin (1975) refers to as “equal treatment” and as “treatment as an equal”.

区分两种平等的概念是很重要的，德沃金（1975）将这两种概念称作“平等的对待”和“作为平等个体受到对待”。

Later, we shall turn to a consideration of acts of suicide and apparent acts of suicide that do not lead to death and of the terms that are used to label them, including “non-fatal suicide”, “gestured suicide” and “cosmic roulette” as well as “attempted suicide” and “failed suicide”.

之后，我们将回到对自杀行为、并未造成死亡的明显自杀行为以及描述这些行为的术语的思考上。描述此类行为的术语包括“非致命自杀”“作态性自杀”“宇宙轮盘赌”“自杀未遂”和“自杀失败”。

引号的另外一种常规用法是表达在使用某一词语时的保留态度。比如，有个人并不赞同疯癫是由疾病所致这一观点，因此在提及“mental illness”（精神疾病）这一术语时会带上引号；而一位生物伦理学家在谈论到“杀死他人在道德上有可能是正确的”这一说法时，可能会提到“non-voluntary euthanasia”（非自愿安乐死）来强调自己的观点，即只有当濒死者自己主动提出要求时，所谓的安排性死亡才能称为安乐死。

但是，我们必须将前段中描述的引号的正确用法与一种表面上与其相似、实则大相径庭的错误用法区分开来，而这种错误用法是应当加以避免的。有些学生会逐渐养成一种习惯，把所有让他们感到不舒服的词语都用引号圈起来，以此来表达使用这些词语时的犹疑不定或是忐忑不安。在这种情况下，引号便被称为“着重引号”（scare quote）。试着思考下面一位学生写的句子：

... the theory is structured on a “model”, as with many theories of economics, and within the “model” assumptions are established.

……同许多经济理论一样，该理论建立在一种“模型”的基础上，并在“模型”内建立假设。

这位学生似乎对将经济视为一种“模型”的思维方式显得十分谨慎。我们要避免在这类情况下使用引号，确保只使用自己有把握的术语。

千万不要用引号来引用任何你无法确认是否正确的词语，而应选用你能理解的词语，或是通过重新组织句子的方式来避免使用无法确认正确与否的词语。

单引号还是双引号?

英文中究竟该使用单引号还是双引号的观念随着时间发生了改变。从某种程度上来说，这是个人偏好问题，甚至连出版商所遵循的惯例也不一样。最关键的一点在于要前后一致。但是，由于在英国和许多其他地区，人们明显倾向于使用单引号来标注直接引语与摘录的段落，因此我们建议，除非有导师的明确指令，大多数情况下你都应当在英语中使用单引号[1]。只有当使用单引号会产生混乱效果之时，这条规则才不适用。比如，当用引号进行标注的直接引语出现在一段摘录段落内部，或是摘录段落内部还存在引言之时。在这两种情况下，我们就要同时使用单引号与双引号以避免混乱不清。

1 我国出版物中，英文中一般双引号在外、单引号在内。为尊重原文，此小节内示例的英文标点保留原样。——编注

Wittgenstein (1958) raised the problem of ostensive definition in a memorable way in the *Blue and Brown Books*: ‘The questions “What is length?”, “What is meaning?”, “What is the number one?” etc., produce in us a mental cramp. We feel that we can’t do anything in reply to them and yet ought to point to something’. (p.3)

维特根斯坦（1958）在《蓝皮笔记和棕皮笔记》一书中以令人深思的方式提出了有关直接定义的问题：“‘篇幅应有多长？’‘什么是意义？’‘什么是第一位的？’，这些问题都会让我们绷紧神经。我们感到在回答这些问题上无能为力，然而又觉得应该表明些什么。”（第3页）

Smith (2007) argues that ‘There is almost certainly no end to the universe, and so Carper (2005) is probably right to claim that “Provided we do not come across some impediment to our progress, of which there might be many, if we travel out from our planet in any direction at all, we really will keep traveling forever.” (p.1135) Of course, none of us will be around to know it’. (p.45)

史密斯（2007）认为：“我们几乎可以确定宇宙是没有边界的，因此卡珀（2005）‘假如我们自身的发展没有遇到可能出现的众多阻碍，如果从我们的星球前往任何方向，我们的旅程将会一直持续下去’的说法也许是对的”。（第1135页）当然，我们中的任何人都不会知道事实是否如此。（第45页）

连字符

连字符（hyphen）是用于连接复合词内部不同组成部分的，例如“son-in-law”“water-wheel”“half-witted”“best-seller”“short-sighted”“blue-eyed ”和“empty-headed”。许多曾经使用连字符进行连接的词语现在已经被视为一个词了，包括“nightdress”“inkwell”和“haystack”。如果不确定是否需要使用连字符，你就应当到最新版的权威字典中查证，例如《简编牛津英语词典》(*The Shorter Oxford English Dictionary*)。

连字符同时适用于“re-cover”“re-sign”这类词语。这些词如果去掉了连字符，整个意思就完全改变了。“A footballer who re-signs has not resigned.”（意为“一位重新续约的足球运动员目前还没有辞职”，表明他决心离开这个俱乐部）；“A person who recovers his Victorian chaise longue after it is stolen may or may not have it re-covered.”［意为“一个人的维多利亚式躺椅在被偷之后又失而复得，他可能已经（或还没有）更换躺椅上的坐垫”］。在后一个案例中，连字符如果被省略，句子就会产生很滑稽的效果。就像新闻标题“Man eating tiger escapes from safari park.”，其中的“man eating”与加了连字符的“man-eating”之间有着天壤之别，是否添加连字符能让我们明确究竟是谁吃了谁，以及谁或是什么东西逃跑了。

括　号

括号（brackets）有多种功能，其中很多功能都与文本的组织或是排版相关，包括在文本内部使用括号表示哈佛体引用格式（Harvard style citation）。

在括号的常用功能中，最重要的大概就要数使用括号插入与主旨思路无关的题外话了。如果不使用括号，这些话语就可能成了另一句话的主干。举个例子，请思考以下从有关于安乐死的论文中摘录的句子：

> This alternative would have the benefit over the last, that doctors would not put (and could not be accused of putting) ideas into the heads of those who were satisfied with their lives.
>
> 这个替代选择大概比走最后一步好些，即医生不会将观念输进（也不会被指控灌输了这种观念）对自己生活满意的人的脑海中。

有时候，括号在英语中也被称为“parentheses”，但是从严格意义上来说，“parentheses”所囊括的内容是可以通过使用括号、破折号或是逗号等形式标注的题外话。

千万不要使用括号在论文中插入幽默的话语，这种做法在学术写作中多半是很不恰当的，在本科阶段的论文写作中也完全不合适。

破折号

虽然许多人对破折号（dash）的用法莫衷一是，但它是很有用的一种标点符号。它可以单个出现——就像这样，或是成对出现。在单个使用时，它有时在进行列举时可以替代分号；成对出现时，破折号的功能与括号颇为相似，即用于表示引导题外话。但是，相对于破折号，用括号引导的部分通常与句子的主旨内容更加泾渭分明，而使用破折号引导的部分往往用于突出强调某一点，而不是插入另一种想法。

My favourite food is fish — cod, tuna, halibut, haddock and sole.

我最喜欢的食物是鱼类——鳕鱼、金枪鱼、大比目鱼、黑线鳕和鳎目鱼。

The microwave — whether you like it or not — is now a standard feature of most well-equipped kitchens.

微波炉——不论你是否喜欢它——在目前是设备精良的厨房的象征。

标点符号可以改变大意

正如我们之前在讨论逗号的使用以及在解释连字符的重要性、试着弄清“man-eating tiger”这个短语中究竟是谁吃谁时已经举例阐述过的一样，我们使用标点符号的方式能够改变句子要传达的意义。因此，在写论文时对标点符号的使用保持谨慎是非常有必要的。

思考下面一串文字：

The teacher said the girl is very silly.

那个老师说那个女孩非常愚笨。

而标点的方式不同，这组词所传达的意义也就完全不同：

“The teacher”, said the girl, “is very silly”.

“那个老师，”女孩说，“非常愚笨。”

The teacher said, “The girl is very silly.”

那个老师说：“那个女孩非常愚笨。”

或是再思考下列句子：

When we arrived at the restaurant we met Alex and his brother Sam joined us later.

我们到达餐厅时见到了亚历克斯后来他的哥哥山姆也加入了我们。

按照实际情况来说，这个句子表示说话人与他的同伴跟亚历克斯在餐馆见面，之后亚历克斯的哥哥山姆才跟他们会合。但是在加了一个分号之后，整句话的意思就完全改变了：

When we arrived at the restaurant we met Alex and his brother; Sam joined us later.

我们到达餐厅时见到了亚历克斯和他的哥哥；山姆后来加入了我们。

这下我们了解到的是，当他们到达餐馆时，说话人与他的同伴与亚历克斯和他哥哥会面了，此后，山姆才跟他们会合。

通过添加或删减标点符号的方式进行核查，保证你没有改变文本中任何部分内容的含义。

段 落

标点不仅仅关乎逗号、句号、撇号以及其他我们熟悉的标点符号。我们如何组织句子、段落以及章节等文本块的内容也同样重要。

以段落的形式组织写作文本可以将写作切分为易于操作的语块，更重要的是能够帮你明确某一论点或讨论主题的清晰性，因为新的段落通常预示着写作方向的改变，例如引入一个重要的想法或是论点。每个段落都可以被视为关于某一主题或论点中某个独立观点的载体；当你确定了新写作方向或是打算引入新的想法或观点时，你就应当新起一段。

包括学生在内的许多人并不确定他们所撰写的段落有多长才算合适。其实文无定法，从某种意义上来说，段落的长短只是个人选择问题，只要保证你的写作结构有助于你高效地传递意义即可。但是，因为过长的段落会降低文章的可读性，你还是应当避免书写过长的段落，尤其是在你写作论文这类篇幅较短的文章的时候。同时，如果你发现自己在大量使用短小的段落，你也要心生警惕，这很可能说明你的写作风格较为生硬，观点想法在很小的语块中就都冒出来了。此时，如果能够将其中的一些观点想法以更舒缓的节奏进行阐释，文章的效果会更好，当然读起来也更流畅。

确保你的段落不会过长也不会过短。

如果你发觉在自己段首使用了“therefore”“however”或“furthermore”一类的词，那么你很可能在本不该另起一段的时候另起新段了，因为这些词暗示着下面的内容与前文之间的联系十分紧密。

拼　写

与法语、威尔士语和波兰语之类的语言不同，英语并不是音形完全一致的。因此，这种语言中有许多不规则的拼写。不仅有些发音可以通过不同的字母组合来表示，而且，由于出现在不同的单词中，一些字母组合也可以代表全然不同的发音。想一想，在单词“shoe”“clue”“new”“through”和“loo”中，完全不同的字母组合代表的全是“oo”的音；而字母组合“ough”在单词“cough”，“rough”“though”“through”“plough”与“bought”中的发音也完全不同。

考虑到英语字母表中的字母在构成单词时这种反复无常的属性，许多人（包括许多学生）在进行英语写作时会遇到各类拼写问题也就一点也不奇怪了。

差劲的拼写会给别人留下坏印象，也很可能导致论文得分低。这也就是我们要敦促你花些精力来确保上交的作品尽量没有拼写错误的原因。即使你并不认同我们的观点，认为没有必要去强调拼写的重要性，你可能也会想要反思一下糟糕的拼写会给你的导师留下怎样的负面印象，以及可能对你的分数产生怎样的不利影响。

反思一下你的拼写

你是一个多么出色（或多么差劲）的拼写者？

在写作过程中，你对于自己的拼写有何种程度的认知？

如果你意识到自己在拼写某些特定的词上有问题，你是否尝试过克服它？

你在记忆某些你认为难度较大的单词的拼写时，有没有什么策略？

你怎么知道该如何拼写单词，在学习新词拼写时你是怎么做的？

从某种程度上来说，你会依赖初中老师教的拼写规则吗？

你会根据词的外观进行形象记忆吗？还是依靠自身能力根据发音将单词拆分为几部分？

你会进行“内心默读”吗？就像小时候完成拼写作业、记单词时，心中有一个声音在朗读着单词拼写构成那样？

当你在写单词时，脑海中会以与这些单词的拼写有关联的方式“读出”某些单词吗？比如，通过读“knight”或是“knot”来记忆不发音的“k”，或者以苏格兰人读单词“loch”，或德国人读德语词“acht”的发音来念“yacht”这个词。

如果你会花精力核查论文，以确保在上交之前已经尽可能地修正了其中的拼写错误，你是怎么做的，采取了哪些步骤呢？

如果你有阅读障碍，那么你认为相对于没有阅读障碍的人而言，在拼写方面你是占了优势还是处于劣势呢？你有没有采用某种策略来帮助你最大限度地减少论文中的拼写错误（包括找人替你校对）？

留意说话方式

如果想拥有出色的拼写能力，那么你一定要留意自己的说话方式，因为我们在说话时的单词发音有可能会导致拼写错误。比如，一些带有孩子气的单词发音方式，诸如将“thing”说成“fing”，长期下来便会产生问题，而这种发音方式却常见得惊人，就像英格兰某些地区将“kettle”说成“kekkle”一般普遍。这两种拼写问题我们在学生的书面写作中都遇见过。再看看某位接受培训要成为小学老师的学生写出的句子：

A teacher might not of been aware that he was indoctrinating ...

当然，这个错误还可以有各种五花八门的版本，包括将“might have”“could have”和“will have”都写成“might of ”“could of ”和“will of ”。你大概会不愿意相信那些要拿学位的人竟然会在写作中使用此类表达，但你错了。许多年前，我们有一位同事，她的说话方式中就存在各种令人忍俊不禁的奇怪之处，而其中一处就是当她想说“specific”一词的时候，脱口而出的都是“pacific”，对于其他由同一词根衍生出的相关词语也一样。例如，她会说，“Pacifically asked George not to be so noisy.”。很明显，她并没有改掉年少以来一直犯的错误，而且也没有意识到自己在犯错。但是她在该写“specific”的地方也会写“pacific”，这就让人笑不出来了。

我们迄今列举的例子都是个人在说话时带有的奇怪特征，不过这些特征在许多人之间是共通的。但是，我们同时也注意到关于错误的发音方式造成拼写错误的普遍性例子也不胜枚举。有些错误源于某些人在说一些单词时会省略特定字母的发音。比如，说“boundary”一词时省略“r”音前面的“a”音，就会导致误拼为“boundry”；说“inventory”一词时丢掉了“o”音，就会把它拼成“inventry”；把“itinerary”说成“itinery”，从而造成误拼。另一类拼写错误则是源于人们会习惯性地在单词中插入多余的音，比如，在说“drawing”一词时加入了“r”音，拼成“drawring”。最后，人们还可能把一个单词中音节的发音顺序搞乱，因此导致所有音都是对的，但是发音的先后顺序是错的。比如，许多人会说，也从而会写“jewlery”而不是美式英语中的“jewelry”，或是英式英语中的“jewellery”；而有些人会说“nuclular”而不是“nuclear”，同时在书写时也出现相应的拼写错误。

小心留意你的发音方式导致的书面拼写错误。

同音异形异义词

有些最为常见的拼写错误源于对一些发音相同，但拼写方式与含义都截然不同的单词的混淆。因此，犯此类错误就意味着你打算说某事时，表达出来的却似乎是另一回事。这类词的发音相同，因此可能导致拼写上的混淆，但是你只要稍加留心就可以避免此类错误。发音相同或相似但意义不同的单词，我们称为“同音异形异义词”，这类词在英语中有数百个之多，其中包括：

accept, except	canvas, canvass	advice, advise
complement, compliment	bare, bear	counsellor, councillor
descent, dissent	principal, principle	discreet, discrete
prise, prize	elicit, illicit	sight, site, cite
emigrate, immigrate	some time, sometime	emigrant, immigrant
stationary, stationery	insight, incite	their, there, they’re
lose, loose	threw, through	maybe, may be
weather, whether	pole, poll	whose, who’s
practice, practise	your, you’re	premier, premiere

当然，发音方式会随着社会群体的不同甚至是家庭的不同产生差异，比如，几乎不会有苏格兰人会将“where”和“were”发成听起来一样的音，但是许多英格兰人说起这两个词时发音就完全一样。此外，“weather”和“whether”、“Wales”和“whales”一类的词也是如此。所以我们的列表涵盖的某些词只对某些人来说才算同音异形异义词。

任务20 哪些同音异形异义词你中招了呢？

阅读我们在上文中给出的同音异形异义词列表，并做笔记标出你认为自己会混淆或可能会混淆的词语（肯定会有一些的）。

当你在电脑上写作时，你很可能会发现有些拼写错误会混进你的大作中，令你猝不及防，而这仅仅是因为你打字速度太快了，手速超过了思考的速度。当然，从严格意义上来说，这类错误属于“打字错误”，而不是拼写错误。比如，我们中就有个人发现自己经常将“person”打成“peron”，将“hospital”打成“hostipal”，“reduction”打成“reducation”。

有些由于打字手速超过思考速度而造成的拼写错误也包含同音异形异义词的混淆。比如，你打算写“there”的时候写成了“their”，想写“to”或是“too”的时候写成了“two”。这样的错误很常见，即使是那些只要把速度降下来一些就不会犯这种错误的人也会有此类问题。但是，只有当你培养出良好的习惯，时刻注意仔细核查论文中的拼写错误时，你才能避免此类错误继续出现在终稿中。即使是在最出色的论文中，如果校对工作做得不够谨慎细心，“打字错误”就还是在所难免。

粗心大意不是借口，如果你上交的论文并没有经过严格核对，那你

也就不要指望你的辩解能换来什么令人欣慰的回复——“我真的知道这些词该怎么拼，我拼错了只不过是因为在上交之前没有时间通篇仔细检查”。

提高拼写水平

如果你知道自己经常犯拼写错误，也被我们说服，认识到了拼写的重要性，而且同时希望能给别人留下好印象并拿到好分数，你就会试着努力提高拼写水平。那么，你要做的第一步就是认识到自己在哪些单词上存在拼写困难。

任务 21　制作问题单词列表

将你认为自己有拼写困难的单词列成表。对于大多数人来说，即使他们的拼写能力很卓越，对他们来说一些问题单词也还是会存在。在确定了哪些单词是你的问题单词之后，试着采取措施确保今后可以将它们拼对。比如，你可以将这些单词标注在信用卡大小的卡片上随身携带，或是在需要使用这些单词的时候通过查字典的方式确认拼写，或是想出一些方式来记忆这些词的拼写方式，这也就是为什么本书的作者之一在写“necessary”一词时，会口中念念有词：“One collar and two socks.”。

你可以在《拼出来吧》(*Spelling it out*)、《拼写很简单》(*Spelling Made Easy*)和《厄斯本英语提高手册》(*The Usborne Book of Better English*)之类的书中轻松地找到各种提高拼写能力的策略，因此我们不打算在此处为此类策略提供全面的讲解，但是我们会提到一些你可能会想要采纳的策略。

尝试设计一些与通过“One collar and two socks.”来记忆“necessary”类似的方法，提醒自己某些问题单词的正确拼写方式，并把这些诀窍同时记录在可以随身携带的笔记本中，以及电脑桌面上一目了然的文件夹里。

将你认为自己目前有拼写问题的单词列一个表并打印出来，将它贴在一个你能够不时看到的地方，比如卫生间镜子的旁边。

将你经常拼错的单词记到小笔记本或是信用卡大小的卡片上，同时写上你学过的拼写规则；每次当你需要使用这些单词时都核对一下，这样应该就能够避免拼写错误。一段时间之后，你大概就会发觉，即使不用专门核对，你也能把正确的拼写方式记得清清楚楚。

对于你眼中的问题单词，尝试使用所谓的“看、遮、写、核”技巧，培养对于此类单词的视觉记忆。这种技巧包括仔细观察你想要学会拼写的单词，然后用手遮起来，再写下来，最后核对一下，看自己是否写对了。在首次尝试这种方法的最后一步“核对”时就应当留意到拼写中的错误。

你可以通过认真聆听单词发音，尤其关注单词中间的辅音群发音的方式（例如“switching”）来培养听觉记忆，或是用将长单词切分成音节的方式记住常用词的拼写方式以及尝试拼写陌生单词。

前缀与后缀

你可能会采取另外一种更为正式的方式提高拼写水平，包括熟悉英语的运行模式，例如学习一下前后缀以及它们如何修饰其他词语的相关规则。

在简单词前面加上前缀“anti”，我们会得到“antifreeze”（防冻剂）、“anticlimax”（突降法）、“antithesis”（对照）、“antiseptic”（防腐剂）和“anticlockwise”（逆时针地）。

在简单词前面加上前缀“dis”，我们会得到“disarm”（解除武装）、“disengage”（使脱离）、“disappear”（消失）、“discord”（不一致）、“discomfort”（不舒适）、“discover”（发现）、“disapprove”（不赞同）和“discontinue”（中止）。

在简单词前面加上前缀“un”，我们会得到“unacceptable”（不能接受的）、“unpredictable”（不可预测的）、“unhappy”（不快乐的）、“unsophisticated”（不精于世故的）、“unopened”（未开启的）、“unattractive”（没有吸引力的）和“undiscovered”（未被发现的）。

在简单词后面加上后缀“less”，我们会得到“heartless”（无情的）、“careless”（粗心的）、“bottomless”（无底的）、“meaningless”（无意义的）、“mindless”（无头脑的）、“tasteless”（无味的）、“pointless”（无意义的）、“restless”（焦躁不安的）、“speechless”（无语的）和“powerless”（无力的）。

在简单词后面加上后缀“ly”，我们会得到“currently”（目前地）、“highly”（很高地）、“certainly”（确定地）、“greatly”（很大地）、“equally”（平等地）、“honestly”（诚实地）、“deceitfully”（欺骗地）和“seemingly”

（表面上地）。

在简单词后面加上后缀“ful”，我们会得到“boastful”（自夸的）、“hateful”（可恨的）、“restful”（安静的）、“tearful”（流泪的）、“tasteful”（品位高雅的）、“mindful”（留心的）、“fearful”（恐惧的）、“hopeful”（有希望的）、“disgraceful”（丢脸的）和“spiteful”（怀恨的）。

有些英语单词同时具有前后缀，而有些词前缀或后缀还不止一个：

“unutterably”一词中包含前缀“un”和后缀“ably”；

“disinterestedly”一词中包括前缀“dis”和后缀“ly”；

“unmissable”一词中包括前缀“un”和后缀“able”；

“inequality”一词中包括前缀“in”和后缀“ity”；

“tastelessness”一词中包括两个后缀“less”和“ness”；

“reinvigorate”一词中包括两个前缀“re”和“in”，以及一个后缀“ate”；

“disgracefully”一词中包括前缀“dis”，以及两个后缀“ful”和“ly”。

有些英语单词在加上前后缀之后，能够衍生出完整的单词谱系，而这些词在拼写上都有相似之处。比如，通过添加或是删减拼写方式十分规则的前后缀，“grace”“taste”“equal”和“sign”就能创造出一系列意义相关的单词：

grace："graceful"（优雅的）、"gracious"（亲切的）、"graceless"（粗野的）、"gracefully"（优雅地）、"gracefulness"（优雅）、"disgrace"（耻辱）、"disgraceful"（可耻的）、"disgraced"（不光彩的）和"disgracefully"（可耻地）。

taste："tasteful"（品位高雅的）、"tasteless"（乏味的）、"distaste"（厌恶）、"distasteful"（令人不快的）、"tasty"（美味的）和"taster"（品酒师）。

sign："signal"（信号）、"signature"（签名）、"signatory"（签署方）、"ensign"（军旗）、"insignia"（徽章）、"resign"（辞职）、"re-sign"（续约）、"consign"（交付）、"assign"（指派）、"assignation"（分配）和"signet ring"（图章戒指）。

equal："equals"（相等物）、"equality"（平等）、"inequality"（不平等）、"unequal"（不平等的）、"unequally"（不平等地）、"equalize"（使平等）、"equaled"（平等的）、"equalizing"（使平等）和"equalizer"（均衡器）。

拼写规则与例外

如果你要学习英语单词如何通过添加前后缀的方式进行构词，以及如何将词根相同的单词关联在一起的动机仅仅是想要提高拼写水平，那么，你或许会觉得前路茫茫，望而生畏。但你可选择的策略也不只有这一种，你也可以学习拼写规则。复数形式如何构成就是众多拼写规则的一部分。

大多数英语名词的复数形式是通过添加“s”来构成的，例如，“noun”变成“nouns”，“tiger”变成“tigers”，“wardrobe”变成“wardrobes”。

以“s”“sh”“x”或“ss”结尾的名词，它们的复数形式是通过添加“es”构成的，这样做的原因之一是让由此而形成的复数形式能够顺利发音，因此，“gas”变成“gases”，“wish”变成“wishes”，“fox”变成“foxes”，“glass”变成“glasses”。

还有一些极为实用的规则你大概在学校学过，例如通过添加“神奇的 e”产生变化的规则可以让诸如“man”“win”和“nod”的单词中的元音拉成长元音。示例如下：

cap（cape）	cod（code）	cut（cute）
mad（made）	pet（Pete）	win（wine）
man（mane）	slop（slope）	pop（Pope）
nod（node）	Tim（time）	pip（pipe）

遗憾的是，许多重要的英语拼写规则都有重要的例外情况，而我们对于音标系统的使用也存在着前后不一致的情况。比如，许多孩子学习拼写时学会了这样的规则：“ee”这个音的拼写为“ei”或“ie”；除了在字母“c”后面，其他时候都是“ie”。

虽然这条规则看着很实用，但实际拼写中却有很多打破规则的例外情况存在，其中就包括“caffeine”“weird”“seize”“protein”和“seizure”。

不要依赖电脑中的拼写检查程序

你在电脑上进行写作时可以轻而易举地启用拼写检查程序。这对于书面写作而言的确是一种非常有效的拼写错误识别方式。但是，你绝对不能够依赖电脑中的拼写检查程序来定位你在论文中可能犯下的拼写错误，因为它根本无法将所有的拼写错误指出来。这种情况出现的原因之一是，总体而言，如果你写下的单词本身在英语中确实存在，那么拼写检查程序也就无法识别出错误来。

比如，如果你将一个原本打算使用的单词写成了拼写形态无误的同音异形异义词（我们经常会犯这样的错误，特别是写得飞快的时候），电脑就识别不出错误了。再比如，如果你写出了“The principle of the school was their when the boy fell threw the skylight after his assent of the flagpole.”[1]相信所有的拼写检查程序都会认为这个句子中没有拼写错误，但是我们自己却能找到4处错误。拼写检查程序同样检查不出下面这句话中的错误：“And if you where to right this sentence, nun of the spellcheckers that we no wood be able to spot that their are as many as ate mistakes.”[2]

1　正确的句子应为“The principal of the school was there when the boy fell through the skylight after his ascent of the flagpole.”。——编注

2　正确的句子应为“And if you were to write this sentence, none of the spellcheckers that we know would ba able to spot that there are as many as eight mistakes.”。原句包含了七处拼写错误和一个事实性错误。——编注

虽然拼写检查程序很有用，但它们无法保证你的论文或其他作品中完全没有拼写错误，所以，在你确认文本的内容已经写作完毕之后，在最终定稿之前，你始终要仔细筛查拼写错误。

除此之外，除非你的拼写检查程序是按英式英语的标准进行检查，而非按照美式英语进行检查的，否则，当你依赖拼写程序来修正文本拼写就可能会在你想遵循英式英语的拼写方式（例如“color”“valor”“gray”“program”“counselor”“jewelry”“favorite”“humor”和“thru”）的时候，系统就可能按美式英语的拼写进行检查。当然，如果你是在北美进行阅读或在以美式英语为主流的地方说英语，你可能就会倾向于使用美式拼写。如果你是在英国以外的地方学习，那么也可能被要求使用美式拼写。

任务22　发现拼写错误

你能在下列句子中发现多少处拼写错误？其中有多少处是拼写检查程序无法识别的？有多少处是被同音异形异义词取代了呢？

I. The opinion pole showed that the principle reason for the Prime Minister’s fall in popularity is the belief that taxis are fair two high.

II. The interviewer tried to brooch the subject as sensitively as possible, but inn the end she just said it in a straight-forward way.

III. The decent to the bottom of the cliff was dangerous and Dawn bagged Eric too take grate care.

IV. When she fell of the sea saw, Majorie landed on her write hand and as a result was unable to right four too months.

提高拼写水平：好用的小窍门

为了降低论文中出现拼写错误的可能性，你可以找个朋友，让他抱着发现拼写错误的目的浏览你的大作，甚至让他将有些无法确认拼写是否有误的地方都标出来。局外人发现错误的效率比靠你自己检查要高，因为你对文本太过熟悉了，而对于文本的陌生正好使得他不会轻易错过一些明显的错误。

- 仔细聆听单词都是如何发音的；将长单词按照音节切分为较小的单位；
- 学习一些常见的拼写规则；
- 对于你认为有难度的单词，学习或设计出一些记忆法；
- 时刻备好一个容易找到的电脑文件夹以及一个小笔记本，随时记录你常拼错的单词；

- 学习一些常见的同音异形异义词，掌握它们的含义；
- 使用“看、遮、写、核”四步法来培养对于单词的形象记忆能力；
- 学习前后缀及其相关法则；
- 采用单词意义来记忆拼写；
- 使用字典来核查你认为有拼写问题的单词。

语　法

大多数阅读与写作能力都较为出色的人对语法的掌握都炉火纯青。语法是一套指导语言使用的规则集合。除了知道这些规则与“名词”“动词”“形容词”“介词”和“连词”这些概念相关，无论你是否还能记得在学校中学过的其他语法规则，你也是上面提到的这类人中的一员，对词语该如何“汇聚在一起”了然于心，而这在大多数情况下就能够帮助你构建出合理的句子。但是，也正如大多数人一样，你有时候会写一些病句，这是因为你没有遵从语法规则，也因为你在检查论文过程中没有注意到自己忽略了语法规则。

你在进行写作时经常会认为自己写下的句子一定是语义正确的，因为你能读懂句子的意思。但是，这种想法不见得是对的。有时候，糟糕的语法会让你写出的句子变得莫名其妙。因此，即使论文立意不错，你的得分也很可能会因为陈述含糊不清而不尽如人意。即使你的导师能够猜到你的意思，她也很可能不会开心，因为她费了很大力气才从语法混乱的句子中弄清你要表达的意义。

千万别指望你的导师会根据你实际要表达的意义来给分。他们的职责是对你的实际写作情况打分，而不是根据他们认为你写出来的东西可能要表达的意思打分。

在这个章节中，我们虽然并不打算提供语法的总体概况，但也希望能够帮助你避免一些最常见的语法错误。

避免语法错误

通过仔细阅读论文，并且注意思考建构句子的方式，你可以避免许多常见的语法错误。

留意句子结构

确保句子中有谓语。

确保动词与名词或代词主谓一致；也就是说，复数名词或代词使用动词的复数形式，单数名词或代词使用动词的单数形式。

保证时态一致，也就是说，确保你在写过去的事情时使用动词的过去时态，写现在和将来的事情时也同样留意相应的时态问题。

确保不漏掉重要的词语。

确保句子中有谓语

大多数正常的句子中都包含谓语。比如，思考以下句子：

John comes home tomorrow.

John is coming home tomorrow.

John will come home tomorrow.

这些句子在语法层面上都可以接受，它们的意思都很明确。在以上句子中，省略动词（“comes”“is coming”或“will come”）之后留下的就是标准英语中无法接受的一堆散词：“John home tomorrow.”。

仔细核对论文中或其他文本中的每一句话，确保每个句子中都有谓语。

确保动词与名词或代词主谓一致

在标准英语中，一个句子中动词的形式与名词或代词保持一致，也就是说，复数名词或代词要使用复数动词形式，单数名词或代词要使用单数动词形式。比如，思考下列句子：

The geese on the Solway coast look wonderful, but they make a dreadful racket.

Every year a blackbird lays her eggs in a nest in the hawthorn hedge.

在第一句话中，复数名词“geese”匹配的是复数动词形式“look”，而复数代词“they”匹配的是复数动词形式“make”。在第二句话中，单数名词“blackbird”和它的单数代词“her”匹配的都是单数动词形式“lays”。

现在再来看两个在英语中不能接受的句子：

They all runs to school.

John walk to the park.

在第一句话中，复数代词“they”错误地匹配了单数动词“runs”，而第二句话中，复数动词“walk”也是错误的，因为“John”是单数形式。为了让这两个句子合理化，我们要将它们改为：

They all run to school.

John walks to the park.

仔细核查论文和其他写作任务中的每一句话，以确保主谓一致。

保证时态一致

英语动词的“时态”让我们能够明白动作发生在现在、过去还是将来。在标准英语中，动词在句子中的时态必须是前后一致的。比如，思考下列句子：

On Saturday morning we went to the Bistro on the High Street where we had freshly squeezed orange juice, bagels and scrambled eggs with smoked salmon.

Thomas and Sam are really enjoying living in Eastbourne, where they are establishing themselves on the local music scene.

Although he likes most fish, our cat, Jackson has a definite preference for haddock over either hake or halibut.

在这些例子中，动词的时态都是前后一致的。但再看下面一句话：

We came home and then we have our tea.

这个简单的句子是有语病的，因为动词“came”是过去式，而“have”则意味着动作要么发生在现在，要么发生在将来。为了使这个句子符合标准英语的规范，我们需要对其中的一个动词进行改动。比如，我们可以改为：

We came home and then we had our tea.

或者

We come home and then we have our tea.

仔细核查论文和其他写作任务中的每一句话，以确保时态前后一致。

确保不漏掉重要的词语

确保不会意外漏词的重要性看似不言而喻，但在许多学生论文中，漏词却是十分常见的问题。漏词可能会改变句子的含义，甚至让整句话变得莫名其妙。比如，“Students should strive ensure that the sentences write make sense.”。因为有两个很重要的词被漏掉了，这句话正如我们一读便知的一样让人摸不着头脑。加上这两个词后，这个句子就变成：

> Students should strive to ensure that the sentences they write make sense.

如果你是在笔记的基础上构建论文的，那么你一不小心就会漏词。比如，思考以下句子：

> Bernstein’s theory of codes unpopular nowadays.
>
> Manhattan Project scientists relieved to discover after first nuclear bomb test that only 1 in 3 million chance of igniting atmosphere.
>
> Wiacek argues narrative research methods more ethical in research with deaf blind people, because more respectful.

Wittgenstein says meaning of word in use.

如果这些句子是上课过程中记录的笔记，那么它们是没有问题的，因为它们可以帮助你回想起老师说过的话、一些事实情况或信息点、一些你打算继续深挖的观点或是想要思考的问题。但是，如果你希望这些句子成为“独立存在”的陈述，那么你就需要给它们添加动词以及其他词语。如果你在论文中呈现了这样的句子，你恐怕就无法因此获得导师的青睐。下面还是这几句话，但我们添加了漏掉的单词：

Bernstein’s theory of codes is unpopular nowadays.

Manhattan Project scientists were relieved to discover after the first nuclear bomb test that it had had only a 1 in 3 million chance of igniting the atmosphere.

Wiacek argues that narrative research methods are more ethical than others in research with deaf blind people, because they are more respectful.

Wittgenstein says that the meaning of a word is in its use.

如果你的写作速度很快，你就很容易漏词，而避免漏词的唯一途径就是逐字逐句审读自己写下的文字，同时要谨慎规避跳读的念头。

Check each sentence your essays to make that no significant words missing.（仔细核查论文和其他写作任务中的每一句话，以确保没有漏词。）你注意到这个英文句子漏词了吗？

任务23　练习校对

阅读以下例子，标出以下几处错误：

- 谓语动词的遗漏
- 主谓不一致之处
- 时态前后不一致
- 重要单词的遗漏

How much time students spend using mobiles? Researchers at the University of Billericay conducted experiment about mobile among students. Nocci and Ohtou reporting that on average students uses cameras on mobiles ten times a week. They also find that mobile use increase with the age students, until a final year student spend up to two hours day, speaking to friends, texting and access the internet.

Writing are difficult. It involve more mental and physical effort than speaking, which probably explains why people is often reluctant to rewrite what they written.

This year was the 200th anniversary of birth of the Polish composer Chopin. He has been credit with the production of many essentially romantic masterpieces. His compositional style portray miniature approach to piano playing, which many commentators thinks has done little to further appreciation of the instrument. Nevertheless many people in homeland regards him as a national hero.

The use of citation to indicate the relationship of one's work to what others wrote, is one of characteristics that distinguished academic writing from other species of writing, including fiction and intelligent journalism. It is expect of all academic authors, whether they is first year undergraduate students, lecturers, or professors.

语法术语

在解析句子结构时，我们会使用一些术语，例如“名词”“代词”“动词”“时态”“复数”以及“单数”等。如果你不理解这些术语，我们以上提到的一切对你而言也就没有任何意义。你可能无法明白导师反馈中提到的语法点，那么基本上也就无法理解在语法方面更为正式的讨论。如果你没有在学校中学过这些术语或是已经忘记了曾经知晓的内容，那么，我们建议你浏览简易语法手册，将你不熟悉的术语以及你认为对写作有帮助的要点记录下来。《厄斯本英语提高手册》就是一本简易的入门指南。但如果想要参照进阶版，我们则推荐你使用《重读语法》（*Rediscover Grammar*）一书。

不要依赖电脑语法检查程序

如果你频繁地收到关于语法错误的批注，那么就应当花些精力来纠正这些错误。如果你不明白导师的评语，就问问她这些评语是什么意思，尤其是当她在你的论文中写“这不成句”“这句话不合乎语法”，甚至“你的论文中出现了多处语法错误”的时候。虽然历史学、心理学与和平研究这类学科的导师并没有责任教你如何使用标准英语，但是，你期望她们能够给出明确无误、一针见血的评语是合情合理的。所以你至少要明白自己需要梳理改进的究竟是什么。如果你足够幸运，你可能还会发现导师愿意为你提供额外的帮助，帮助你领悟理解她指出的问题。

千万不要羞于开口，遇到不理解的语法问题时多问问你的朋友与同学。如果有必要，你也可以参考我们上面提到的语法指南。无论怎么做，你都千万不要盲目地以为电脑上的语法检查程序会帮你解决此类问题。语法检查程序提供的修改建议都是模棱两可的，而且会漏掉许多语法问题。此处，我们用于阐述说明的例子中就有在某套高阶文字处理系统中内置的语法检查系统中蒙混过关的语法不规范问题。该内容源于一篇探讨小学英语教学的学生论文。我们从一本涉及电脑与计算科学的书中讨论语法检查程序无用性的章节摘录了这段内容：

> The teacher's role in the teaching of reading not only providing a variety of experiences but to provide a balanced programme of instruction. The teacher's role is therefore to be a guide to the child and aim to ensure pleasure, understanding, appreciation of organisation and recognising letters are successfully accomplished.

你能发现以上段落中的错误吗？语法检查程序并没有发现这段话中的异常，但是我们却能发现好几处。下面是经过必要修改之后的版本：

> The teacher's role in the teaching of reading is not only to provide a variety of experiences but to provide a balanced programme of instruction. The teacher's role is therefore to be a guide to the child and to aim to ensure that pleasure, understanding, appreciation of organisation, and the recognition of letters are successfully accomplished.

首先，在第一句中，我们以“is to provide”替代了“providing”（用术语来表达就是以现在时替换分词）。其次，我们在第二句中加入了几个漏掉的词：在“aim to ensure”前面加上“to”，在“pleasure”前面加上“that”。最后，在最后一行中，我们用“the recognition of”替换了“recognizing”。但即使是做了以上修正，这个篇章看起来也并不显得特别文采飞扬。更令人遗憾的是，即使有了这几处修改，我们也不太明确作者究竟在表达些什么，因为我们无法理解她提到的“appreciation of organization”是何意，除非她想说的是希望写作者们意识到在书面写作中组织与结构的重要性。

有意思的是，当我们在2010年1月使用电脑语法检查程序对原篇章进行核查时，针对第一句话的电脑报告显示“Fragment: consider revising”（残句：考虑修改），但至于该如何修改则语焉不详。第二句话则完全蒙混过关了，系统未给出任何评价。更有意思的是，如果倒退回20世纪90年代中期，此语法检查系统的更早期版本似乎又能发现篇章中存在的更多问题，从而提出以下建议：

第一句话：看起来不像是完整的句子。

第二句话（与最后一个分句关联，也就是“are successfully accomplished”）：主句中应当包含动词的被动语态形式。

以上建议的第一点至多是（曾经是，现在仍然是）透露出了无关痛痒的部分真相，因为虽然它指出第一句话并不是完整的句子，但我们仍对它究竟是什么一无所知。第二点建议则完全不知所云。总之，两个评语对我们而言都毫无任何实质上的帮助，因为它们对于我们究竟要做些什么才能改正可能存在的错误没有给出任何建议。

千万不要指望语言检查程序帮你识别出英语语言使用中的错误。

第十章
站在巨人的肩膀上：文献引用与参考

作为学生进行写作时，你不仅应当展现出知识与想法，还应当通过呈现构建精妙的论点论据，并“引用”他人的所言所行来支撑自己拥护的观点。正如我们将要阐述的一样，这两种支撑方式通常会一起出现，因为你有可能会对所引用的某些作者的话语采用批判性的态度，从而构建起可以呈现自身观点的论述。了解引用规范能够帮助你成为更加优秀的写作者。

出色的学术写作者能够确保他们的论证方式与观点能够流畅地“衔接”在一起，而且易于读者理解。审慎明智的引用则可以帮助作者打造这一风格。

什么是“引用”或“参考”？

在“引用”或是“参考”他人观点时，你应当让阅读你文章的读者知道他能够在何处找到这些对你产生了影响的思想。无论是一年级的本科生，还是导师教授，所有的学术写作者都需要做到这一点，而引用正是学术写作中最为突出的特点之一。引用需要你在篇章中标明哪位作者完成了什么工作、得出了什么结论或是提出了何种观点，然后在独立的“参考书目”中给出援引内容的完整书目信息，以使你的读者能够进一步追溯你提到的内容。这就是为什么你需要确保自己每当阅读到可能打算在论文中引用的内容时，都要记录下例如作者、日期、出处、出版社之类的细节信息。如果你此前没有形成这样的习惯，那么你现在就应当学一学该如何以清晰连贯的方式呈现这种信息。

通过引用来表明你的论文与他人作品之间的关系大概是学术写作区别于包括小说、新闻报道在内的其他写作门类的关键特征。

谁以及什么内容需要标注引用？

在理想情况下，你需要“引用”或“参考”所有对你写作产生了影响的文本（无论是文章还是书籍），注明这些文本的作者，并让读者了解他们是如何影响你的。比如，如果你的论文中采用了通过阅读他人作品而获知的事实性信息，你就应当标注引用。因此，如果你曾经读过米森（Mithen）的《思维前史：追溯艺术、宗教与科学的缘起》（*The Prehistory of the Mind: A Search for the Origins of Art, Religion and Science*）一书，并且想要提到他关于黑猩猩使用工具的相关观点，那么你就要这样写：

> Mithen (1996) points out that while the chimpanzees of the Tai forest in West Africa use sticks to extract bone marrow, they do not go ant fishing.
>
> 米森（1996）指出，尽管西非塔伊国家公园森林中的黑猩猩会用木棍挖出骨髓，但它们不会去捕食蚂蚁。

更为重要的是，如果某位作者提出的观点与想法对你产生了影响、让你提炼出属于自己的观点看法，你就应该对相应内容进行标注引用。

对于学生而言，大多数的引用来源大概都是文本性的——学术书籍、期刊文章、网页、政府文献、法律报告、新闻篇章以及未发表的会议论文等。但是，由于学科的差异性，你或许也需要引用一些对你产生了影响的其他类型内容。比如，在某些学科的论文中，你有时需要引用电视节目、电影或是CD等。除此之外，你可能还会引用上课内容或是朋友或同事间的“私人交流”，因为你在这些交流中获取了有用的信息、听到了有趣的观点或是接收了关于你自身所持观点的有用评价。

对于学生而言，引用的运用很可能对论文成绩有着显著的影响，因为引用正是书面作品的基本元素之一，而导师会通过引用来评估你学过的内容以及思考能力。

学术引用与参考的目的

大多数学生可能会产生错误的想法，认为在学术写作中进行引用的主要目的是让论文看起来显得有学术性，让导师相信他们读过些东西。因此，他们并不认为引用是学术写作中不可或缺的一部分，反倒将其视为论文写作中的一种负担。

引用的原因

- 标明你所采用信息的来源；
- 通过明确你的论文与他人所思所想所为之间的关系，将你的论文置于学术研究的完整大背景之下；
- 表明哪些作家或内容对你的作品（研究、想法、论点以及观点）产生了影响，并点明这种影响的程度及性质。

这三点对于所有学术作者（无论老师还是学生）同等重要。但是，引用对于学生十分重要还有一些值得注意的原因：

- 标注引用可以向导师展示你在关于主题方面的阅读涉猎，表明你已然了解所读内容并能够自如地运用这些内容来阐述自己的观点。
- 标注引用可以通过提供与所写主题相关的想法、论点、观点以及事实性信息的方式来呈现自身立场，推进论文的构建。

在学生的论文中，通过提供证据表明你曾为了理解主题而花费过精力是进行引用的合理原因。但是，你要避免让这个理由湮没标注引用的其他考量。同时你也要避免文章通篇只是汇报别人写了些什么，却没有通过采纳他们所写的内容来打造属于自己的观点或论点的陷阱。

你何时应当标注引用？

正如我们在第一部分中谈及的，学术阅读至少从某种程度上来说是要以文本的形式向作者发问，评估其为了保证文章的连贯性、清晰度、论点的力度，以及文中使用的例子、插图和证据与文章的相关性和力度等都写了些什么。用这种方式进行阅读能够帮助我们获取知识、增进理解、提高兴趣，同时生发出自身的观点以及用于支撑观点的论点等。无论是对于本科生、研究生还是专业人士，这都是学术写作过程中极为重要的一环。

阅读量大本身并不算什么优势。真正的优势在于深度阅读，你需要充分理解作者的观点并能够运用作者的所思所言来构建属于自己的理解以及论点与观点。

你引用一位作者的观点的初衷或许是因为他的想法与你的观点不谋而合。实际上，有很多学生会产生错觉，认为引用的目的在于为自己所写的内容“撑腰”，表明有别人认同自己的观点。

引用别人与你观点一致之处，达到“支撑个人观点”的目的固然是引用的功能之一。但是，要成为一名真正言简意赅的写作者，你所要做的绝不仅仅是指出某些“权威人士”与你观点一致或者是你观点的来源。

当你在阅读过程中，偶然遇到能够支撑或是帮助你塑造个人观点的说法时，你常常会对它们进行直接引用。但是，你不仅仅需要指出别人的观点与你的观点（至少是部分观点）有不谋而合之处，同时还应当尽力说明为什么这些人的立场值得信服、为什么他们的论证言之凿凿。但是，这并不是说只要有一位声名赫赫的人物与你想法一致，你就要盲目地认同他的看法，或者将其当作论证你观点先进合理的证据。

你要做的绝不仅仅是指出有人与你观点一致或是他们的所思所言恰好能够支撑你的想法，而是要给出充分的理由说明读者为什么要接受他们的观点。

引用能够给你足够的空间来展示你对于他人的所思所言持何种批判性想法，这就意味着你不仅仅要从别人的文章中机械地获取观念、论点与论据来支撑你自己的观点，还需要不时表现出你能够明确地指出并且有建设性地评价他们在推论过程中存在的瑕疵。

即使他人的观点与你的观点有出入，你也同样可以运用他们的说法来论证对你有利的观点。

在说服他人认可自身立场合理性时，如果你能够说明与己见相左的观点中存在瑕疵错误或是论证不够充分，这对你是大有助益的。但是，即使你认为自己曾经阅读过的某些作者的作品有错误之处，你也要对他们保持尊重，首先尽可能全面合理地呈现他们的观点，之后再指出他们有哪些欠缺之处，这比起完全不加阐释便一味攻击他人的论点要高明得多。

如果在指摘他人想法之前能尽量准确合理地陈述对方的立场或论点，你很可能就能给别人留下更为深刻的印象。

这样做能够让你的论点显得更为有力，因为这证明了你对于自己想要反驳的立场了如指掌，让你指出的对方论点中的缺陷更具可信性。在尽可能共情地呈现你试着反驳的看法立场，展现出这些推理步骤如何环环相扣，最终顺利地推导出结论（至少在作者看来是顺利地推导出了结论）之后，你才应当指出她在推理过程中存在的瑕疵错误。比如，你应当将焦点放在这些推理步骤无法紧密相扣之处，或者是其中存在的导致你反对这些看法的事实性错误或理解性错误上。在全面展示出他人观点的错漏之后，你就应当阐释你的观点与立场可以如何纠正这些错漏。比起单纯地引用与你意见一致的他人观点，这种引用方式更高级，同时也能得到更高的印象分，因为这表明你能够通透地掌握各类论点。因此，在阅读时，你应当留心注意作者在展示论点过程中出现的漏洞，并且思考是否可以或应当如何对论点进行强化。

可能许多人并未注意到，这种引用方式同样可以让你在看待那些结论与你的结论相似或是令你心悦诚服的作者们所采纳的论点与论据时保持批判性的姿态与立场。

在引用之处表现出你对所认同观点持批判态度能够进一步增强你认为正确的论点的说服力。(你明白这是为什么吗?)

引用与参考的实例

引用与参考在实际操作中有各种不同的展现方式，其中最常见的方式被称为“数字”系统，以及人们熟知且具体操作版本众多的“作者-年代”系统。

无论属于何种身份，我们都必须考虑写作目的，在写作中遵循特定的惯例。比如，想向学术期刊投稿的研究者们必须根据他们计划投稿的特定期刊的要求来套用引用与参考格式，而学生们则需要根据老师或所在学校的要求来规范格式。遗憾的是，许多高校、期刊与出版社给出的引用与参考要求有时会前后矛盾，有些要求过于含糊，而另一些又会过于细致，导致混乱。这也就是为什么我们决定在本书中针对“哈佛系统”(Harvard System)给出一个简要指南。选择哈佛系统是因为它浅显易懂，并且与其他“作者-年代”系统有诸多共通之处。而且，比起数字系统，“作者-年代”系统的普及度更高。但是，在细致介绍完“哈佛系统”之后，我们也将对数字参考系统进行概述，因为你也有可能遇到采用这类系统的学术文献，必须了解它是怎么回事。如果你的课程需要你使用数字引用系统，我们的概述将对你大有助益，但是同时也请你浏览本书有关哈佛系统使用方式的内容，因为这部分内容也将对你很有好处。

关于引用和参考如何操作的细节，学界的观点莫衷一是。但我们建议，除非你对自己一贯使用的引用方式已经驾轻就熟，否则就应该仔细阅读本书相关章节的内容。我们将对哈佛引用系统进行简要且统一的讲解。但是，对此你需要仔细思量，因为根据我们的经验，有很多学生自称引用实操能力卓越，但事实却并非如此。虽然你的时间是有限的，但是完成我们给出的任务和练习能够帮助你深入了解哈佛系统，并且对哈佛系统的使用进行实操。等你内化了我们建议的方法，你就会发现，你在需要调整操作规程来满足其他可能遇到的格式要求时（包括将参考文献格式改为哈佛系统的各类变体形式以及别的系统）可以轻而易举地完成任务。

哈佛系统使用指南

虽然起初哈佛系统有些令人困惑，但无论对于写作者还是阅读者而言，它使用起来都很简单便捷。对于写作者而言，它是标明援引信息出处的简易方法；而对于阅读者而言，它则提供了在所阅读文章或书籍中涉及信息的来源，便于追溯。使用哈佛引用系统主要分为两步：

I. 文内引用

II. 在按照字母顺序排序的参考列表中标注的完整参考文献信息

我们将详细讨论如何进行文内引用，之后对于如何标注各类你可能需要进行引用的不同类型内容的完整参考文献信息给出细致的指导。对于此部分，我们已经将涉及的内容类型限定为一些比较常见的形式，这不仅是因为如果扩大讨论的内容范畴、不分主次地对更多类型的文本给出详尽的参考文献标注规范大概需要占用半本书的篇幅，而且更重要的是，这样做将可能会让读者无所适从。而这种什么类型一股脑儿都涵盖的指南正是全世界各类大学与学院的网页上所提供的，这令我们深感遗憾。

文内引用

无论你在论文中采用了还是提到了他人的所写所言，你都应当通过文内引用——标明他们的名字，注明援引文献的出版年份（如果是非公开出版的资料，则标注创作日期）。如果你所引用信息的作者为两到三人，那么在不影响论文流畅性的基础上，你在文内需要标注出他们每个人的名字。例如：

> Davies and Jarvis (2007) draw attention to evidence that supports the belief that the internal combustion engine was first imagined by Da Vinci.
>
> 戴维斯和贾维斯（2007）注意到了支持“内燃机最早是由达·芬奇设计的”这一观点的证据。

> Morris, Fraser and Wilkinson (1998) argued that in the age of globalization, all children should pursue not one, but two modern foreign languages to GCSE.

莫里斯、弗雷泽和威尔金森（1998）认为，在全球化的时代，所有儿童为应对普通中等教育证书考试都应该学习两种而不是一种现代外语。

但是，如果作者人数超过三位，那么你就应当使用“et al.”（等）来表示“此位作者及其他作者”，例如：

Webb et al. (2010) argue that there is a great lack of clarity in the way that the term “reconciliation” is used, in discussions of post conflict reconstruction.

韦伯等（2010）认为，在对冲突后重建的讨论中，“和解”一词的使用极其缺少清晰性。

文内引用的具体形式可以多种多样，例如：

Ignatieff (1996) distinguishes between truths told for the purpose of reconciliation, and truth told for its own sake.

伊格纳季耶夫（1996）区分了为和解而说出的真相和为了坦白事实而说出的真相。

Sympathy is an emotive response. Tschudin (1986) points out that it means “suffering with, feeling the same suffering”.

同情是一种感情的回应。楚丁（1986）指出这意味着“一同承受痛苦，感受相同的痛苦”。

A recent study (Hardy et al., 1998) compares psychoanalysts' accounts of the therapeutic process, with those of their patients.

最近的一项研究（哈迪等，1998）对比了精神分析学家和他们的患者对治疗过程的描述。

A number of authors have argued that fewer people would die in motorway accidents if the maximum speed was raised to 80 mph (see for example, Erikson, 2005; Jeffries, 2006 and Bates, 2008).

一些作者认为，如果最高时速提高到每小时80英里，在高速公路事故中丧生的人会更少（参考埃里克森,2005；杰弗里，2006；贝茨，2008）。

Customer compatibility management emphasises the controllability of customer to customer interaction in the higher education environment (MacMinn, 1996).

客户兼容性管理强调高等教育环境中客户对客户交互的可控性（麦克明，1996）。

Successful decision making is a characteristic of the professional, and the ways in which decisions are reached arguably allow us to pinpoint expertise (Chi et al., 1988; Eraut, 1994).

> 做出成功的决策是具有专业性的一个特征，通过辩论做出决策的过程也能让我们准确地辨识专业知识和技能（希等，1988；厄劳特，1994）。

文内引用的一种方式是让作者的名字直接出现在你所写的句子中（正如上文提到的伊格纳季耶夫与楚丁这两个例子），而出版年份则放在括号中。我们偏爱这种引用形式（具体理由见下文）。但是，在许多学术领域中，更常见的惯例可能是将作者的名字与论文主体部分分开，单独放在括号中，仿佛作者本人与所涉及的观点之间毫无瓜葛。而上文中的“麦克明，1996”“希等，1988”和“厄劳特，1994”都属于这一类。关于被引用的作者究竟是笃信这些观点，还是说过表达此类观点的话语抑或是完成过相关的研究，我们一无所知，只能猜测“希等和厄劳特”能够为证明专业人士具有出色的决策能力提供研究证据，或仅是认同这一观点，又或者只是相信这一观点。我们也无从知晓，麦克明究竟是创造出了“客户兼容性管理”这一概念，还是仅仅告诉我们这一概念在高等教育背景下是如何使用的。

与此形成强烈对比的是，在引用伊格纳季耶夫与楚丁观点的例子中，我们对这些作者的情况有一定的了解——伊格纳季耶夫认为他谈及的两种真理之间存在差异性，而楚丁则不仅认为她了解“同情”为何物，同时也想与我们分享她的观点。最后，虽然“埃里克森，2005；杰弗里，2006；贝茨，2008”的例子从表面上看与“希等和厄劳特”之类的例子一样含糊，但情况其实并不相同。因为与后者不同的是，前者的确传达了关于作者的一些信息——他们每个人都持同一个观点，即提高最高限速能够降低高速事故发生的数量。

如果你对同一作者在同一年份发表的文献引用量超过一次，通常需要在后面标注年限的括号内通过添加小写字母的形式加以区分（a，b，c 等）。例如，你首次引用时标注“蒂米斯（2005a）”，然后在同一论文中再次引用时，就标注“蒂米斯（2005b）”。

如果文献中给出了两个或两个以上的作者的姓氏，或是首作者的姓氏超过三个，就在后面加上“et al.”字眼，这个词是“et alia”的缩写（在拉丁语中意为“以及其他”[1]）。

碰到任何不具名的作品，就在作者姓名一栏标上“Anon.”（匿名）。

比较哈佛引用系统的不同文内引用形式

当你阅读学术与专业文献及书籍时，可能会遇到不同格式的引用形式，其中不少可能是这样的：

1 但是要注意，出版物的参考文献一栏中，无论作者有几位，所有作者的名字都要列齐全。在一些自然科学与医学研究领域，多位作者合作撰写文章十分常见，而将所有作者的姓名全部列出有时是项大工程。本书就曾引用了一篇作者多达 21 人的期刊文章中的内容。而目前我们所知的列出的作者数目最多的单篇文献是 The Sloan Digital Sky Survey: Technical Summary（York et al., 2000），作者达到 144 人之多。——原注

Apes can be taught to use sign language, so they should be given the same rights as humans (Williams, 1990).

经过教导，猿可以使用手语，因此它们应被赋予与人类同等的权利（威廉姆斯，1990）。

虽然这种引用形式非常常见，但却显得模棱两可。我们不知道这个作者为何受到引用，要搞清这一点，我们就得自己到源文献中查一查。

同时，你也可能会碰到以下这种引用形式：

Williams (1990) argues that since apes can be taught to use sign language, they should be given the same rights as humans.

威廉姆斯（1990）认为，既然猿经过教导可以使用手语，那么它们就应该被赋予与人类同等的权利。

第二种引用形式对我们而言帮助更大，因为这种引用表明了威廉姆斯相信什么，并且提纲挈领地表述了她的观点。当然，我们无法通过字面意思来判定这种观点究竟是否合理或有力，但是，它至少告诉我们这位作者是这样“认为”的。相反，虽然关于威廉姆斯的第一种引用形式也表述了类似的内容，我们却完全不知道为什么会引用到威廉姆斯。

如果能够采用“威廉姆斯（1990）”的第二种版本，以及“伊格纳季耶夫（1966）”与“楚丁（1986）”这类引用形式将自己想要引用的作者的名字包含在文内，我们几乎能够保证引用的效果最佳。让作者或作者们的名字出现在文内对我们来说很有帮助，因为这意味着你必须对他们有所评论，比如他们做了些什么、持什么观点或是相信些什么。这将非常有助于你顺利展开论述，同时也能让文章看起来更连贯，更有说服力地表明进行引用是有理有据的。

你可能会发现自己并不想接受我们的建议，不想尝试在自己的论文中将其他作者的名字引用在文内，而原因是正如我们前面所说的，大量的学术写作采用的引用形式都是第一种，只是简单地在句末列出作者的姓名和出版日期。如果你也是这样做的，这种做法其实让你成了一名不负责任的学术写作者，你是在让读者自己去猜你为什么会选择引用此位作者的观点。本书中提到的“（威廉姆斯，1990）”的引用方式就是个例子。下面我们将就另一个例子给出两种形式的引用方法：

> There is a great deal of disagreement about the best way of addressing the problems of bullying in the workplace (Biggs, 1998; Cunningham, 1987).
>
> 目前对于何为解决工作场合的霸凌问题的最佳方式存在很大的分歧（比格斯，1998；坎宁安，1987）。

从这个版本的引用中，比格斯和坎宁安究竟持什么样的观点我们无从得知，他们是亲自参与到关于如何完美解决工作场所的霸凌现象的讨论中了，还是仅仅就上文提到的分歧发表了自己的意见？你想想，如果作者能够像下面这样写，这段文字给出的信息是不是更多，对读者的帮助也更大呢？

People find it hard to agree about how best to address the problems of bullying in the workplace. For example, while Biggs (1998) argues that it is best to deal with complaints in a low-key way, bringing the individuals together in an informal discussion, Cunningham (1987) is less convinced. Although he agrees that, in mild cases, Biggs' approach will be helpful. Cunningham counsels caution where the person alleging the bullying shows signs of extreme distress.

人们发现，在何为解决工作场合霸凌问题的最佳方式这一问题上很难达成共识。比如，虽然比格斯（1998）认为低调地处理投诉、让双方进行非正式的对话是最好的方式，但坎宁安（1987）则不赞同这个观点。尽管坎宁安同意，在冲突不那么激烈的案例中，比格斯的处理方式是有帮助的，但他也建议，在霸凌给当事人造成了严重伤害的情况下要格外当心。

当然，与第一种语焉不详的引用方式相比，用第二种方式引用同一篇文献的版本篇幅要长得多。但是，第二种版本也显得有价值多了，这是因为它为我们提供了两项被引用的文献的翔实信息，而这让读者能感受到写作者确实细致地阅读了源文献。第一版引用的例子则仅仅是“指向”了源文献，而第二版的作者则运用了源文献中的内容来拓展自己的主题。这种做法对于论文的写作极有帮助。

任务24　哪种引用形式更好呢？

阅读以下例子，每个例子都有两个不同版本。请判断究竟（a）版还是（b）版中的引用形式效果更好，并写几句话来陈述你的判断理由。与学习小组中的两位或两位以上成员进行沟通并比较各自的参考答案。

例一

（a）

At another level, problems of a psychological kind often occur in deaf-blind people. Majewski (1995) who carried out an international literature review, points, for example, to low quality of life, loneliness, little control of one's life, challenging behaviours, and depression.

在另一个层面上，聋哑人经常出现心理问题。马耶夫斯基（1995）进行了一项全球文献综述，关注例如低生活质量、孤独、对自己生活缺少控制力、出现挑战行为以及抑郁的问题。

（b）

At another level, problems of a psychological kind often occur in deaf-blind people, including low quality of life; loneliness; little control of their life; challenging behaviors, and depression (Majewski, 1995).

在另一个层面上，聋哑人经常出现心理问题，包括低生活质量、孤独、对自己的生活缺少控制力、出现挑战行为以及抑郁（马耶夫斯基，1995）。

例二

（a）

Everyone knows that the sun rises in the East and sets in the West (Smith, 1994; Thompson, 1995; Behrigner, 1996a; Cullen, 1997). This is one reason that house builders try to ensure that bedroom windows face East (Jones, 1996; Wittgenstein and Russell, 1994; Lessing, 2000). Phychological literature suggests that when house builders do not attend to the changes in mood that arise as a result of the orientation of homes, they contribute to a net decline in the health of the nation (North, 2006; Naesby. 2003; Davies, 2004).

所有人都知道太阳东升西落（史密斯，1994；汤普森，1995；贝里格纳，1996a；卡伦，1997）。这就是房屋建筑商总是保证卧室窗户朝向东面的原因（琼斯，1996；维特根斯坦和罗素，1994；莱辛，2000）。心理学文献指出，当房屋建筑商不注意房屋朝向使人们产生的情绪变化，他们就导致了国民健康状况的净下降（诺斯，2006；奈斯比，2003；戴维斯，2004）。

（b）

Several scientists claim to have demonstrated conclusively that the sun rises in the East and sets in the West, including Smith (1994) who filmed the sun rising and setting in fifteen locations across the world, over a six month period. However, his findings have been challenged by others, notably Thompson (1995), whose attempt to replicate Smith's work failed to record the sun's either rising or setting at all. Thompson's research have been severely criticised by Cullen (1997), who argues that it is deeply flawed, because he chose to conduct it in the North of Norway during July.

几位科学家声称他们证实了太阳是东升西落的，这些科学家中包括史密斯（1994），他在六个月的时间里在全球十五个地点记录了太阳从升到落的过程。然而，他的发现受到了其他人的挑战，尤其是汤普森（1995）。汤普森试着复制史密斯的所做的工作，但却根本未能记录到日出或者日落。卡伦（1997）认为汤普森选择七月时在挪威北部进行这项工作，因此他的研究是存在严重瑕疵的，所以对其进行了严厉的批驳。

当读者能够一目了然地看出你为什么会引用某文献时，引用的效果才最好，因为这时你进行引用说明你读过并了解源文献，因此引用的理由非常充分。通常，这时候你需要简述一下源文献的作者做过些什么或是发现了些什么；他们持什么样的观点或是给出什么样的建议；他们希望我们注意些什么或是已经阐释过了什么等等。比如，如果你想讨论1998年巴克尔在一篇文章中发表的关于国家干预别国内政方面的论点，你可以首先大致陈述一下巴克尔的观点，然后简要地陈述她证明自己的观点所使用的论据：

Barker (1998) believes that at times the leaders of powerful nations should intervene in the internal affairs of less powerful nations.She argues that they should do so when there is clear evidence of extensive human rights abuse.

巴克尔（1998）相信，有时强大国家的领导人们应当干预较弱小国家的内部事务。她主张，当存在广泛人权侵犯问题时，大国领导人就应该这样做。

但你如果想让巴克尔的观点显得更有说服力，就必须指出她的观点与其他作者的差别之处，比如，你可以这样写：

Smith (1983) and Davies (1988) share the view that intervention in the internal affairs of another country can never be justified, simply because what is happening there seems unjust or unethical, even if intervening might prevent innocent suffering and facilitate changes that will benefit that country's citizens. By contrast, Barker (1998) believes that powerful nations should intervene in the affairs of other countries when human rights are being abused.

史密斯（1983）和戴维斯（1988）有着同样的观点：即使

> 对某一国家内政的干预可以避免无辜群众遭受苦难并加快有利于该国公民的变化，但仅仅因为发生在那里的某些事不公平、不道德就插手该国内部事务的做法是永远都不可能合理的。与之相反，巴克尔（1998）主张强大的国家应在其他国家出现侵犯人权现象时插手该国事务。

通过将多位作者的观点进行比较，你可以展示出自己不仅了解这些人是怎么想的，而且还很清楚地知道除了这些观点还有其他观点存在。

探讨某位作者的观点及论点并把不同作者的观点、论点都放在一起加以比较这种做法固然不错，但是，如果你能对这位作者的看法展开批判性思考，那么总体而言，效果就更好了。因此，单单表明这位作者的看法与你不谋而合并不足以证明你的观点是正确的。观点的正确性取决于这位作者的推理是否严密，以及她用于支撑其观点的论据是否有力。因此，在你决定要引用某位与你观点一致或部分观点一致的作者的话之前，你先要想一想自己是否理解呈现的理由，以便你在引用她的话时说一说为什么你觉得她的观点是有价值的。在本书第三部分中，我们将会更细致地探讨“权威观点”问题。

事实上，有一些学者（甚至是一些非常有名望的学者）在提出某种想法或观点后，并没有去证明这些想法或观点是正确的。

如果你读过卡尼（Kearney）的作品《论故事：行动中的思考》（*On Stories: Thinking in Action*），并倾向于支持以叙事学的路径展开社科研究，你可能就会用卡尼的话来证明自己的观点。你也许会这样写：

Kearney (2002) argues for the importance of narrative in our lives.

卡尼（2002）主张叙事在我们的生活中具有重要性。

这一步迈向了正确的方向。因为这可以向读者证明，你知道卡尼不仅相信叙事的重要性，而且他为了证明这一点还提出了论点和论据。但是，如果你希望更好地构建论点，你大概还需要再深度拓展一下，将卡尼的论点和论据大致列出来并加以评论，甚至还可以引用一些原书中的案例来阐释你的观点，即你认为叙事究竟在我们的日常生活中起着什么样的作用。

在一些仅以经验为依据的著作中，你还需要对你引用的研究者的作品做批判的描述。这里的“批判的描述”并不是旨在将某个人的所言所行贬损得一文不值，而是说你的描述要细致，包含被引用人的所言所行中的优点与缺点，以及你认为这些观点做法该如何改进等内容。

如果你引用他人的作品只是为了表示自己看过了多少书，或是想让别人知道你看过了多少书，在多数情况下，这种引用是毫无任何意义的。

千万不要为了向大众展示你有多聪明或是多博学而进行引用，因为这会让你养成不良的阅读习惯。你的阅读目的会变成获得“战利品”用以装饰你的论文，而不是潜心了解你读到的想法与论点，或者通过学习别人完成过的研究和他们呈现的观点来稍微提高自己的思维能力、完善自己的论点。

任务 25　引用的目的是什么？

阅读以下引用例子，想一想每个例子中引用的目的分别是什么，同时也思考一下每个例子结束后的下文会是什么。

- 这条引用提供的信息量充分吗？
- 我能充分了解被引用的作者吗？
- 这位作者对被其引用的作者展开批判性分析了吗？

Davis (1977) has developed a model of global warming that acknowledges the impact of human actions, but has the potential to minimize the effects of the paralyzing culture of blame promulgated by many authors.

戴维斯（1977）开发了一个全球变暖模型，该模型承认人类活动的影响，但有可能将许多作者关切的指责文化的影响降到最低。

Citation analysis has interested information scientists, sociologists of science, and applied linguists (for useful overviews, see Bornmann and Daniel, 2008; Nicolaisen, 2007; Small, 1982; White, 2004).

引文分析已经引起了信息科学家、科学社会学家以及应用语言学家的兴趣（实用概述参考博恩曼和丹尼尔，2008；尼古拉森，2007；斯莫，1982；怀特，2004）。

Several researchers have concluded that though Jameson's approach to the assessment of empathy among torturers was interesting, the methodology used in his research on torture was flawed (see, for example, Dobson, 2001; Thomson and Weatherstone, 2003; Maitland, 2006).

一些研究者断定，尽管詹姆森在评估施虐者的同情心方面使用的方法很有趣，但他研究虐待行为时使用的方法论是有缺陷的（案例参考多布森，2001；汤姆森和韦瑟斯通，2003；米特兰德，2006）。

Wing et al. (2002) investigated the history of leek growing competitions in the North East of England.

韦恩等（2002）调查了英格兰东北部韭菜种植比赛的历史。

Thomas (1983) argues that the research he compared, including that by Melia and Boyd (1974) , Balls (1977), Fisher (1975), Dreyfus (1970), Otrebski and Wiacek (1969), Mair and Little (1985), Weitz (1986) and Cunningham and Jude (1971) all made use of the same observational techniques, and that each made the same errors.

托马斯（1983）主张，他所比较的研究中，包括米莉亚和博伊德（1974），博斯（1977），费舍尔（1975），德雷福斯（1970），奥特里布斯基和维亚切克（1969），麦尔和利特（1985），维茨（1986）以及坎宁安和裘德（1971）的研究，都使用了相同的观察技巧且出现了相同的错误。

Smith (1990) believes that since some apes can use sign language, they should be treated as if they have the same rights as humans.

史密斯（1990）相信，既然一些猿经过教导可以使用手语，它们应被认为与人类具有同等的权利并受到相应对待。

McCormack (1986) carried out an interesting, but flawed study of the eating habits of gerbils in Saddleworth, from which he concluded that they have a preference for pecans over pine kernels.

麦考马克（1986）对萨德尔沃思的沙鼠的饮食习惯进行了一项有趣但存在瑕疵的研究，并从中得到了沙鼠比起松子更喜欢山核桃的结论。

Smail (1987) is sceptical of the way in which psychotherapists often regard what they do as having some kind of scientific justification. The reasons for this view are easier to accept than his somewhat demeaning contention that psychotherapy has something in common with prostitution.

斯迈尔（1987）对心理治疗师通常认为他们的所作所为具有某种科学上的正当性的做法持怀疑态度。这一观点比他具有贬低意义、认为心理治疗在某种程度上与卖淫有相似之处的观点更容易接受。

Ignatieff (1996) distinguishes between truths told for the purpose of reconciliation, and truth told for its own sake.

伊格纳季耶夫（1996）区分了为和解而说出的真相和为了坦白事实而说出的真相。

Sympathy is an emotive response. Tschudin (1986) points out that it means “suffering with, feeling the same suffering”.

同情是一种感情的回应。楚丁（1986）指出这意味着“一同承受痛苦，感受相同的痛苦”。

如何引用由他人转引，但你未直接阅读过的作品

在阅读过程中，你可能会遇到一些引文，而引文的原作者所讨论的

想法与论点让你很感兴趣。对于探索文献研究的新路径而言，这通常也不失为一种创造性观念的来源。你应当尽可能地查阅这些源文献，这既可以帮你核对当前所阅读文献的作者所言是否属实，也可以在你确定引文的观点的确很重要时直接对源文献进行引用。但是，因为学校图书馆并没有订阅某份特定的杂志，或你想要借的书都被别人借走了之类的原因，有时候你可能会无法获取想要的源文献。如果是这样，你一定要注意，引用你没有查阅过的资料是不合规范的。但是，有一种方法可以让你使用通过二手途径得到的重要观点。

如果你想要在无法获取原作的情况下使用你阅读过的作者所引用的观点，最好的做法就是通过引用你所阅读的作者的文章来引入这些观点，并且借助他们对你无法获得的源文献的看法展开讨论。

比如，在一篇探讨学生是否应当穿校服的论文中，你可能就会写：

> Tompkins (1993) reports research by Wilson, suggesting that schools in which children wear a uniform tend to achieve more success in public examinations than schools that do not.
>
> 汤普金思（1993）报告了威尔森的研究结果，指出要求学生穿校服的学校在公开考试中存在比不要求穿校服的学校表现更好的趋势。

在这个例子中，尽管你想要在论文中介绍的观点是威尔森的，但你引用的却是汤普金思文章中的内容，因为你并没有直接阅读过威尔森的作品，也就不能直接引用他的观点。因此，你只能引用汤普金思的作品。你需要完整给出参考文献注释的也是他的作品，而不是威尔森的。

再想象一下，你在为了撰写以消解冲突为主题的论文而进行阅读过程中偶然在一篇由阿利都等人撰写的文章中看到了以下句子：

> According to Osamba (2001) indigenous African people are inclined to adopt rituals that provide "co-operative problem solving" techniques rather than the confrontational and power-bargaining practices often associated with Western reconciliation mechanisms.
>
> 根据欧桑巴（2001）的观点，非洲土著居民倾向于采用可以提供"合作解决问题"技巧的方式，而不是通常与西方和解机制结合的对抗和讨价还价的做法。

被阿利都等人标注为来源于欧桑巴的观点看起来很有意思，因此你决定在写自己的论文时也提一下，这会让论文增色不少。但是，你可能无法找到来自欧桑巴的源文献，因为那篇文章出自一本非常冷僻的期刊。如果是这样，那么你应该引用的就应该是阿利都等人的文章，在引用时也要表明他们探讨的观点源于欧桑巴。比如，你可以这样写：

> In a challenging discussion of the nature of reconciliation, Alidu et al. (2008) refer to Osamba, who discusses the use that

indigenous African people make of "co-operative problem solving techniques".

在关于和解本质的一次有趣讨论中，阿利都等（2008）提到了欧桑巴的观点，后者论述了非洲土著居民对"合作解决问题技巧"的使用。

与前一个例子一样，在这个例子中，你应当引用的不是让你感兴趣的观点的原创人，而是转述了这些观点的作者们，是他们成功引起了你对这些观点的注意。因此，你需要完整给出参考文献注释的是阿利都等人的文章，而不是欧桑巴的文章。

如果你想要利用的观点不是通过阅读原作直接得到的，而是在他人的转述中获得的，那么就不要直接引用原作，你要引用的是转述者的文章，通过这种做法将你想要探讨的观点引入你的论文中。同时，你要注意，一定要标注好这些观点的原创人，如下列例子中一样：

In arguing that narrative approaches to medical interviewing are not only more humane, but more efficient than the pseudo-scientific ways of interacting with patients taught in many medical schools, Clerk (2005) draws on Hudson's research about doctor-patient communication. Among other things, he focuses attention on Hudson's use of actors to play the part of patients in the teaching of interview skills.

在提出医疗访谈中叙事技巧的使用不仅更加人性化，而且比起许多医学院中传授的与患者进行沟通的伪科学方法更有效这个观点时，克莱克（2005）引用了哈得孙关于医患沟通的研究。除此之外，他还将注意力放在了哈得孙在教授沟通技巧时请演员扮演患者这种做法上。

Phillips (1993) draws attention to the importance for research on human resilience, of the work of a number of authors, whose accounts of their experience of situations of extreme terror, underpin much of the most productive work in the field. Among these, he draws special attention to Drury, whose story he relates in some detail. In 1971, Drury was captured by bandits, while trekking through Afghanistan.

菲利普斯（1993）将注意力引向了研究人的韧性的重要性上。他提到了几个作家，他们在作品中对自己在极度恐怖的情境下的遭遇进行了叙述。这些叙述占据了这一领域内最具成果的作品中的一大部分。除此之外，菲利普斯还特别关注了德鲁里，详细介绍了他的故事。1971年，德鲁里在阿富汗艰苦跋涉时被强盗抓捕了。

According to Millett (1988) much of the most productive work on the classification of the unique grasses found in the isolated islands to the east of the Walgowrie peninsula, was carried out by Father Francis, who was a missionary there during the early twentieth century. Francis, who had no scientific training, apparently gathered more than 10,000 specimens, which he meticulously organised according to criteria that he himself devised.

根据米利特（1988）的观点，对沃尔戈里半岛以东的孤岛上的独特草类进行分类的工作中，最具成果的工作是由弗朗西斯神父进行的。在二十世纪早期，弗朗西斯神父是一名传教士。他没有接受过科学训练，但有证据表明他收集了超过10,000种标本，并根据他自己制定的分类方法进行了一丝不苟的整理。

千万不要拼贴作品

有相当多的学生，哪怕是大学二三年级的学生，都会采用一种过于简单的方法来运用他们在阅读中获得的知识。他们既不会简洁地运用源文献来“支撑”自己的立足点或是论点，也不会巧妙地加上一些自己的评论来构建自身观点，而常常只是机械地“采集”与其论文主题相关的观点，并把它们全放在一篇论文里，让这篇论文看起来就像是弗兰肯斯坦的怪物一样。这样的论文更像是由别人撰写的文本一块块组合起来的拼贴画，而不是对于某个主题连贯流畅的讨论。通常，这种论文是通过直接引用他人作品，以及学生用“自己的话”巧妙或生硬地解释、转述他人的观点构成的。这样的论文中作者的原创性通常也不会存在，因为你看不到任何展开观点的痕迹，文章里有的只是对他人观点的描述而已。

用别人的作品一块块拼贴起来的论文是没有说服力的，它无法说服你的导师，让他相信你具有出色的思维能力。

如果你想更好地利用自己从阅读中获取的观点，无论观点的来源是书籍还是其他文献，一种更有成效的方法就是把这些观点当作脚手架，用它支撑拓展你自身的观点与论点。

如果你选择使用这种方式，那么你一定要细心确保自己对他人的描述是准确的。但更重要的是，你要拥有需要他人的内容进行支撑的个人观点。这种“支撑”包括批判性判断，如果用隐喻的方式来说明，这意味着你要“架设自己的摊位”，把你自己的观点摆出来，还要确定采用哪些你曾经读到过的他人观点才能最有效地支撑与阐释自身论点。

使用完整注释并按照字母顺序形成列表

无论源文献是什么，你都应该在文本末尾列出按照字母顺序排列的完整注释列表。我们通常将这种列表称为“参考文献”。但是，有些人更喜欢“参考书目”这种说法，因此你有可能被要求在论文或写作任务中设置“参考书目”的版块而非“参考文献”。但无论采用哪一种，实际上你做的事情是大同小异的：给出文中涉及文献的细节信息，好让读者可以找到它们的出处。

虽然大多数的“参考文献”或是“参考书目”包含的信息都差不多，但两者还是存在差异，特别是由于出版机构不同导致的信息排列方式的差异。我们的总体原则是，完整注释应当包含充足的信息，好让读者能够找到文中涉及文献的出处。例子如下：

Adedeji, J. L. (2001) 'The Legacy of J. J. Rawlings in Ghanaian Politics, 1979-2000', *African Studies Quarterly* (internet) 5(2). Available at http://www.web.africa.ufl.ed/asq/v5/v5i2a1.htm (Accessed 5 April 2010).

Fairbairn, G. J. and Fairbairn, S. A. (eds) (1988) *Ethical Issues in Caring*, Aldershot, Gower Publishing.

Mithen, S. (1996) *The Prehistory of the Mind: A Search for the Origins of Art, Religion and Science*, London, Thames and Hudson.

Schulz, B. (1989) 'Conflict resolution training programmes: implications for theory and research', *Negotiation Journal*, 5(3)301-309.

Winch, C. (2010) *Dimensions of Expertise*, London, Continuum.

标注完整注释并不难，但是我们希望每一位认为无法准确、整齐划一地标注出完整文献信息的学生能够勇往直前地努力试一试。

经验告诉我们，有一项颠扑不破的事实是，比起无法记住简单但前后一致的学术文献罗列方式以及如何使用标点进行标注的学生，那些能够掌握这些技巧的学生们通常在学术上会更有作为，因为他们在掌握这种在学术写作领域中极为关键但又常常容易混淆的特点上所投入的精力最终会成为他们的"第二天性"，并帮助他们成为出色的写作者。他们不像那些停滞不前的论文写作者，不会将参考文献视作为了让论文看起

来充满“学术性”而花费时间雕琢的无聊装饰。

在标注完整的参考文献方面，罗列信息的方式有许多，标点的使用方式也不计其数，不仅各类学术出版机构采用的文献格式与文献标点方式是不同的，不同的大学采用的版式也各不相同。更有甚者，同一所大学中不同学系与学院采用的做法可能也存在差异。此外，你可能还会发现，教授不同学科的老师在文献注释方面有着不同的要求，甚至教授同一学科的不同老师在如何“正确”地标注文献索引上的观点都是针锋相对的。这就是我们提出以下建议的原因：除非你已经对如何对大多数的源文献进行注释烂熟于心，否则就应该悉心学习这种按照字母顺序进行文献标注的简单方式。这种方式的操作要点我们会在后文中列出。

通过我们给出的指导性例子来练习如何为不同形式的文本标注完整文献信息，不久之后你就会发现标注文献信息会变成自然而然的事。

你同时也会发现，在精通一种简单而前后一致的文献罗列与符号标注法之后，想要调整并适应给定的任何一套规则与要求也会变得相对简单起来。

参考文献列表中要包含什么样的信息呢？

尽管由于所引用的源文献不同，你能给出的文献信息可能是不一样的，但一条完整的参考文献应当给读者必要的信息，让他们能够找到涉及的源文献的出处。

在本条指南中，我们并不打算穷尽一切你可能需要引用的源文献类型并一一给出建议，教你如何进行完整的参考文献标注。我们只会将重点放在几种主要的文献类型上：

- 撰写式书籍
- 编写式书籍
- 编写式书籍中的章节
- 学术期刊或杂志中的文章（纸质版）
- 学术期刊或杂志中的文章（电子版）
- 报纸与杂志中的文章（纸质版）
- 报纸与杂志中的文章（电子版）
- 网页
- 私人通信

学习针对不同的源文献采用相应的参考文献标注方式、拓展这方面的技能可以帮助你熟悉和内化一些基本操作原则，而这些原则是可以被应用在别处的。其中的一条原则就是采用斜体来标注包括书籍在内的独立源文献的标题或题目，例如 *The Rough Guide to Ethical Living* 和 *God and Human Dignity*；期刊、报纸与杂志的标题，例如 *The Journal of Medical Ethics*、*The Sunday Times* 和 *The News Statesman*。当你为其他的独立文献进行完整注释标注时，例如政府报告、会议流程与假日指南，这种斜体的标注方式也适用；而在引用电视节目、电影或唱片时，你也应该使用斜体标注其名称，例如艾伦·延托布（Alan Yentob）在2009年主持的BBC电视系列片*The Story of the Guitar*，由克林特·伊斯特伍德（Clint Eastwood）指导的电影*Mystic River*，或是约翰·麦克劳克林（John McLaughlin）的唱片*My Goal's Beyond*。

虽然在书籍和期刊的完整文献信息标注方面究竟该使用什么样的符号有各种不同的观点，但简单地按照我们给出的这种标注方式来进行前后一致的文献引用与信息标注对你而言将很有帮助，因为这种方法既简单又好记。但是，我们同样要强调，这并不是说标注形式只有这唯一的一种，我们将这种方法推荐给你只是因为这种方法简单、好记并且整齐划一。

撰写式书籍

撰写式书籍是指由一位作者（或一群作者）撰写全部文本的书籍。在为撰写式书籍标注参考文献信息时，文献信息中应当包括如下内容：

- 作者（们）的姓氏与名字的首字母缩写
- 出版年份（以括号标注）
- 书名（以斜体标注）
- 出版地（市镇）
- 出版机构

这条信息应当按照以下例子的样式排列。请注意用来隔开文献中不同信息的标点符号：

由一位作者撰写的书籍

Crystal, D. (2002) *The English Language*, London, Penguin.

Glover, J. (2001) *Humanity: A Moral History of the Twentieth Century*, New Haven, London, Yale University Press.

Winch, C. (1998) *The Philosophy of Human Learning*, London, Routledge.

由多位作者撰写的书籍

你应当按照书中排列的先后顺序，把所有作者的姓氏以及名字的首字母缩写都列出来。

Canter, D. and Fairbairn, G. (2006) *Becoming an Author: A Guide for Academics and Other Professionals*, Buckingham, Open University Press.

Harré, R. and Secord, P. (1973) *The Explanation of Social Behaviour*, Oxford, Basil Blackwell.

编写式书籍

编写式书籍的文献信息标注方式与撰写式书籍基本一致，但是在编者（们）的名字后面需要添加（ed）或是（eds）。换句话来说就是，信息要包括下列内容：

- 编者（们）的姓氏与名字的首字母缩写
- （ed）或是（eds）
- 出版年份（以括号标注）
- 书名（以斜体标注）
- 出版地（市镇）
- 出版机构

这类信息应当按照以下例子排列。请注意，就像由不止一位作者所撰写的书籍一样，由一位以上的编者所编写的书籍，编者姓名的标注顺序要根据书中原有的前后顺序排列，而不是按照字母顺序排列。同时请注意用来隔开文献中不同信息的标点符号。

例　子

Fairbairn, S. A. and Fairbairn, G. J. (eds) (1989) *Psychology, Ethics and Change*, London, Routledge and Kegan Paul.

Midlarsky, M. L. (ed) (1992) *The Internationalization of Communal Strife*, New York, Routledge.

Winch, C. and Heyting, F. (eds) (2005) *Critique and Conformity in Liberal Society* (also published as a special edition of the *Journal of Philosophy of Education*, 2004), Oxford, Blackwell.

编写式书籍中的章节

如果你引用的是编写式书籍中的章节，那么你的文献信息就应该包括该章节的具体信息与作者（们）(按照原书的先后顺序排列)，以及该书的具体信息与编者：

- 章节作者（们）的姓氏与名字的首字母缩写
- 出版年份（以括号标注）
- 章节标题（注意英文中以单引号标注）
- in
- 编者（们）的姓氏与名字的首字母缩写
- （ed）或（eds）
- 书名（以斜体标注）
- 出版地（市镇）
- 出版机构

这类信息应当按照以下例子排列。请注意用来隔开文献中不同信息的标点符号：

例　子

Smail, D. (1989) 'Psychotherapy: deliverance or disablement?', in Fairbairn, G. and Fairbairn, S. (eds) *Ethical Issues in Caring*, Aldershot, Gower.

Stafford, J. M. (1991) 'Love and Lust revisited: intentionality, homosexuality and moral education', in Almond, B. and Hill D. (eds) *Applied Philosophy: Morals and Metaphysics in Contemporary Debate*, London, Routledge.

Winch, C. (1997) 'Authority in education', in Chadwick, R. (ed) *Encyclopaedia of Applied Ethics*, San Diego, CA, Academic Press.

期刊文章（纸质版）

当你引用的是学术性或专业性期刊中出现的文章，那么先要列出以下具体信息：

- 作者（们）的姓氏与名字的首字母缩写
- 出版年份（以括号标注）
- 文章的标题（注意英文中以单引号标注）

- 期刊的名称（以斜体标注）

之后还要添加以下信息：

- 期刊的卷号
- 文章出现的期数中具体所在的“期号”或“部分”
- 文章所在的页码（包括参考文献在内）

学术性与专业性期刊通常以一年为一卷，但有些期刊也有一年多卷的。每一卷都按照独立的期数发行，我们通常称为“期号”或是“部分”。此类信息应该按照以下例子罗列：

15(3)227-256

这里的“15”指的是期刊的卷号；“(3)”是该卷中的“期号”或“部分”。“227-256”则是该文章出现的页码。

例　子

在接下来的例子里，请注意用来隔开文献中不同信息的标点符号：

Chandler, P., Robinson, W. P. and Hoyes, P. (1988) ‘The level of linguistic knowledge and awareness amongst students training to be primary teachers', *Language and Education*, 2 (3) 161-174.

Fairbairn, G. (2009) 'Suicide, assisted suicide and euthanasia: when people choose to die, does it matter what we call it?', *Roczniki Psychologiczne* (the *Annals of Psychology*), 12 (1) 97-120.

Garvey, J. (2008) 'The wickedness of the long hot shower', *The Philosopher's Magazine*, 41 (2) 85.

Kennicutt, R.C. Jr., Armus, L., Bendo, G., Calzetti, D., Dale, D. A., Draine, B. T., Engelbracht, C. W., Gordon, K. D., Grauer, A. D., Helou, G., Hollenbach, D. J., Jarrett, T. H., Kewley, L. J., Leitherer, C., Li, A., Malhotra, S., Regan, M. W., Rieke, G. H., Roussel, H., Smith, J. T., Thornley, M. D. and Walter, F. (2003) 'SINGS: The SIRTF Nearby Galaxies Survey', *Publications of the Astronomical Society of the Pacific*, 115, 928-952.

Winch, C. (1983) 'Education, literacy and the development of rationality', *Journal of Philosophy of Education*, 17 (2) 187-200.

期刊文章（网络版）

当你引用的是学术性或专业性期刊的网络版中出现的文章时，那么先要列出以下具体信息：

- 作者（们）的姓氏与名字的首字母缩写
- 出版年份（以括号标注）
- 文章的标题（注意英文中以单引号标注）
- 期刊的名称（以斜体标注）

之后还要添加以下信息：

- 期刊的卷号
- 文章出现的期数中具体所在的“期号”或“部分”
- 文章所在的页码（如有）

与学术性和专业性期刊纸质版一样，网络期刊通常也是按年卷出版的，每一卷都按照独立的期数发行，我们通常称为“期号”或是“部分”。与卷号期号和文章出现的页码数相关的信息应当以数字的形式给出，如下例：

15 (3) 227-256

最后，你应当给出你读到的文章所在的网络地址或 URL 以及你发现该文章的时间，例如：

Available at: http://www.ariadne.ac.uk/issue21/web-cache/ (Accessed 2 December 2004).

例　子

在接下来的例子里，请注意用来隔开文献中不同信息的标点符号：

Boughton, J. M. (2002) 'The Bretton Woods proposal: an in depth look', *Political Science Quarterly* (internet) 42 (6). Available at: Blackwell Science Synergy http://www.pol.upenn/articles (Accessed 12 June 2005).

Hamill, C. (1999) 'Academic essay writing in the first person: a guide for undergraduates', *Nursing Standard* (internet) 13 (44) 38-40. Available at: http://libweb.anglia.ac.uk/ejournals/333 (Accessed 12 June 2005).

Keller, J. C. (2004) 'Parents provide doctors with insight on dying children', *Science and Theology News* (internet). Available at: http://www.stnews.org/Research–337.htm (Accessed 17 September 2006).

报纸与杂志中的文章（纸质版）

当你引用的是纸质版的报纸与杂志中出现的文章时，那么要列出以下具体信息：

- 作者（们）的姓氏与名字的首字母缩写
- 出版年份（以括号标注）
- 文章的标题（注意英文中以单引号标注）
- 报纸或期刊的名称（以斜体标注）
- 期号（如果有必要）
- 月日
- 页码

例 子

请注意用来隔开文献中不同信息的标点符号，同时请注意，引用“Tesco Magazine”的例子并没有给出具体的日期，那是因为这本杂志的发行时间覆盖了一段时期，而不一定在某个特定的日子。

Ayres, C. (2009) ‘The Spector spectacle: lust, murder and shocking hair’, *The Times* (*Times 2*), 2-3, 15 April.

Clayman, M. (2008) ‘It’s easy being green’, *Tesco Magazine*, September-October, 32-35.

Fairbairn, G. J. (1997) ‘After-dinner indigestibles’, *Times Higher Educational Supplement*, p12, 28 March.

报纸与杂志中的文章（网络版）

当你引用的是网络版的报纸与杂志出现的文章时，那么要列出以下具体信息：

- 作者（们）的姓氏与名字的首字母缩写
- 出版年份（以括号标注）
- 文章的标题（注意以单引号标注）
- 报纸或期刊的名称（以斜体标注）
- （internet）
- 额外的日期信息
- 文献所在的网址或 URL
- 你读到该文献的日期

例 子

请注意下列例子中用来隔开文献中不同信息的标点符号。

Chittenden, M., Rogers, L. and Smith, D. (2003) ‘Focus: ‘Targetitis ails NHS’, *Times Online* (internet), 1 June. Available at: http://www.timesonline.co.uk/printFriendly/0, 11-1506-669.html (Accessed 17 March 2005).

Ginzburg, C. and Gundersen, T. R. (2003) ‘On the dark

side of history: Carlo Ginzburg talks to Trygve Riiser Gundersen', *Eurozine* (internet), 2 May. Available at: http://www.eurozine.com/articles/2003-07-11-ginzburg-en.html (Accessed 20 September 2007).

网　页

当你引用的是网页时，要列出以下具体信息：

- 作者（们）的名字，或是来源机构的名字
- 出版年份（以括号标注）
- 网页文档名
- （internet）
- （最终更新日期，如果有）
- 网址
- 你访问该网站的日期

例　子

请注意下列例子中用来隔开文献中不同信息的标点符号：

National Electronic Library for Health (2003) *Can walking make you slimmer and healthier?* (internet) (Updated 16 January, 2005). Available at: http: //www.nhs.uk.hth.walking (Accessed 10 April 2005).

Council of Europe Directorate General of Human Rights, Equality Division (2006) *Convention on 'Action against trafficking in Human Beings'* (internet). Available at: www.coe.int/trafficking (Accessed on 8 May 2008).

Scottish Intercollegiate Guidelines (2001) *Hypertension in the elderly* (*SIGN publication 20*) (internet). Available at: http://www.sign.ac.uk/pdf/sign49.pdf (Accessed 17 March 2005).

Boots Group Plc. (2003) *Corporate social responsibility* (internet). Available at: http://www.BootsPlc.com/Information/Info.Asp?Level1id=447&Leve12id=0 (Accessed 23 July 2005).

会议论文

你偶尔也会接触某场学术性或专业性会议上的论文。尽管这些论文还没有正式发表，你可能也会想对其加以引用。可能你参加了某次会议，或是你的老师给了你一份在某场会议上宣讲过的论文。这种资源的好处是你接触到的材料是非常新的，甚至有时候称得上是你所研究的领域中的“前沿”。但是坏处是，这些材料并没有经过“同行评议”，因此缺乏品质把控。从一定程度上来说，只有经过了“同行评议”，学术性文章的相关性、严谨性与重要性才算经过了检测，此后才有可能出版。

如果你想要引用会议论文，那么在参考文献中的对它进行注释的格式与期刊论文的注释格式是十分相似的，具体格式见以下例子（其中包括未发表的会议论文以及以纸质或电子版形式发表过的会议论文）。

未发表的会议论文

Alidu, S. (2008) 'The Ghana National Reconciliation Commission: reconciliation or cultural reconstruction?', paper presented at *The Culture of Reconstruction: Interdisciplinary Perspectives on the Aftermath of Crisis*, University of Cambridge (June).

Medina Bustos, A. (2007) 'Healing narratives: Curing through words', paper presented at *The Narrative Practitioner*, North East Wales Institute of Higher Education (June).

发表于会议论文集中的会议论文

Fairbairn, G. J. (1995) 'Suicidal acts and their meanings', in Barlow, V. (ed) (1995) *Depression and Self-Harm in Adolescence*, University of Sheffield.

发表于会议论文集中的会议论文（电子版）

Fairbairn, G. (2004) 'Supporting students as developing writers', Australian Association for Research in Education Conference, Melbourne (2.12.04); http://www.aare.edu.au/04pap/fai04793.pdf. (Accessed 24 May 2009)

未发表的硕博论文

有些最出色的研究是在学生攻读博士学位的过程中进行的。有时这样的研究成果会以系列论文或是论著的形式出版，有时候也有可能两种形式兼而有之。但是，大多数博士论文最后只能被堆放在大学图书馆的地下室中落灰，或是通过电子版的形式托付给网络。但是，如果你想要引用博士甚至是硕士阶段的论文，参考文献的注释格式与书籍的注释格式是差不多的。

例　子

Fairbairn, G. J. (1980) *Morality, intention and the development of moral persons*, unpublished MEd Dissertation, University of Manchester.

Winch, C. A. (1981) *The Theory of Restricted and Elaborated Codes: a philosophical description and evaluation of the sociolinguistic thesis of Basil Bernstein*, unpublished PhD Thesis, University of Bradford.

私人通信

我们需要进行引用的一大原因就是引用可以将你的论文放

置到整个学术研究的大背景中，也就是呈现出这篇论文与他人观点之间的关系，以及它们究竟在哪些方面影响到你，而你要如何承认自己受到了这些影响。在通常情况下，你需要将对你产生了影响的书籍、文献、网页等进行参考文献注释，但是，你同时也会引用那些通过交谈、信件或邮件的形式对你的作品产生了更直接更私人化影响的文本。但与引用书籍文献等形式不太一样，引用私人通信通常不是为了让读者能够核实源文献究竟说了些什么，而是维系学术价值——向那些私下影响了你的想法的人表示敬意，以及表达自己的诚实，规避剽窃嫌疑。

在某些情况下，出于礼貌，你在引用这类材料时可能需要征求被引用者的同意。比如，如果你要引用的私人通信中包含可能会造成尴尬的内容，你就要问一问对方的意见了。

例　子

Rowley, D. (2008) Discussion of the importance for parents of adults with learning disabilities, of the question ‘Who will love him and care for him/her after I’ve died?’, *Personal communication* (9 September).

Webb, D. (2007) Discussion of the ethics of space, *Personal communication* (5 November).

其他源文献的参考文献注释形式

在前文中，我们提到了你可能在论文写作中参考的几种主要类型的文献，并介绍了你应该如何对各类文献进行完整的注释。我们并不打算就学术研究人员可能会引用的所有形式的源文献的注释格式进行全面详尽的讲解，比如政府报告、议会法案、法律报告、电子邮件讨论列表、公司报告、课程讲义以及其他非正式文件。这是因为如果我们对所有格式都进行详尽的讲解，本书信息量就太大了，可能会让你觉得很混乱，而这种情况在各种大学网页上的引用参考指南中屡见不鲜。所以，我们只想列出重点，让你知道你在标注任何类型源文献的参考文献注释时需要注意的问题，如果有可能，你也可以适度尝试一下如何对所有类型的源文献进行引用标注[1]。

针对一种源文献标注完整的参考文献列表的总体原则

尽量给出详尽的信息，而且信息需要精确，包括以斜体形式标注的文档（或网络文档）名称。

如果有一位署名作者，标出他的名字与姓氏首字母缩写。

如果作者不止一位，按照源文献中列出的先后顺序标注这些人的名字与姓氏首字母缩写，即使作者众多（这种现象在医学与自然科学领域中非常常见），也要一一标注。

如果有出版日期，请标注。

1 如果你发现自己需要引用一种我们并未给出细致指导的源文献，那就参考全球各大院校的网站上都能找到的哈佛引用系统，但是你要记住，不同版本的指导通常存在差异。——原注如果可能，标注出版地的信息。

标注出版机构的名称。

如果源文献只是某个文献整体中的一部分，尽量精确地标注其在文献整体内部的位置，比如给出具体的页码。

如果源文献中还包括很多子部分，比如包含在政府报告中各个章节、唱片中具体的单曲或是某个网址下面列着许多文章，那么源文献的整体（比如整张唱片的名称）要使用斜体，而子部分则要使用引号[1]（比如我们此前引用过的约翰·麦克劳克林的唱片 *My Goal's Beyond* 中的单曲“Goodbye Pork Pie Hat”）。

完整参考文献注释格式的位置与排列顺序

在哈佛引用系统中，所有被引用的源文献的完整注释都出现在同一份列表中，列表通常要放在文章、章节、论文、书籍、其他文献或写作任务的末尾。

参考文献的排列顺序

严格按照作者姓氏的字母顺序排列参考文献，如果姓氏相同，则以名字的首字母缩写确定先后，例如：

1 我国标点符号使用规范中规定歌曲名用书名号，此处作者介绍的是英文中的用法。——编注

Mitchell, C. (1992) 'External peace-making initiatives and intranational conflict', in Midlarsky, M. L. (ed) *The Internationalization of Communal Strife*, New York, Routledge.

Mitchell, D. (1967) *Planting Patio Tubs for Colour*, Brechin, Hepworth & Co.

如果你引用到某一位作者的多篇文献，那么就按照出版年份的先后顺序排序：

Fairbairn, G. (2002) 'Brain transplants and the orthodox view of personhood', in Fisher, R., Primosic, D., Day, P. and Thompson, J. (eds) *Suffering, Death and Identity*, Amsterdam and New York, Rodopi Press.

Fairbairn, G. (2004) 'Developing academic storytelling'. Australian Association for Research in Education Conference, Melbourne (30.11.04); http://www.aare.edu.au/04pap/fai04793.pdf (Accessed 2 March 2009).

如果你要引用某一作者在同一年内发表的两篇及以上的文献，你需要标注字母对不同文献进行区分，并按照这些字母的先后顺序排序：

Ledermann, E. K. (1985a) *Mental Health and Human*

Conscience: The True and the False Self, Aylesbury, Gower.

Ledermann, E. K. (1985b) 'Mechanism and holism in physical medicine', *Explorations in Medicine*, I (1).

任务26　练习标注完整的参考文献注释格式

首先通过抄写我们在前文中为每一种源文献形式给出的例子来练习不同类型的源文献的完整参考文献注释格式，然后为类似的源文献标注完整的注释。千万要保证你的标注涵盖了我们列出的所有信息，并且照搬我们给出的标点格式。

特别注意下列要点：

- 撰写式书籍
- 编写式书籍
- 编写式书籍中的章节
- 纸质版期刊中的文章
- 电子版期刊中的文章
- 网页

如果你想要检测自己是否已经完全掌握了各种注释格式，你可以找一个朋友，向他解释如何对我们给出细致说明的各种不同类型的源文献进行完整参考文献信息的标注。

注意完整参考文献注释的版式与标点符号

在以上对完整参考文献注释形式的讲解中，我们运用的是一种非常简单的标点用法，在本书中，我们使用的也是这种方法。我们在前面提过，除非你已经精通完整参考文献的注释格式，否则我们建议你尝试从始至终采用这种十分好记的简单标点用法。这将非常有利于拓展你在格式运用上的前后一致性，而这种一致性在引用中是十分必要的。但是，你同样也要明白，我们并不是说我们采用的格式是唯一正确的格式，而只是说这种格式很简单且前后一致，因此十分容易掌握。根据我们的经验，这对帮助你熟练掌握参考文献注释十分有益。

在使用哈佛引用系统过程中需要注意的风险：文本显得杂乱

虽然哈佛引用系统用起来方便简单，它仍然会打乱文本流畅的思路，因此你应当只在下列情况进行引用：为你表述的内容提供依据、承认你所使用的观点源于他人，或是讨论他人的作品能够帮助你构建例子。

千万不要为了炫耀自己读过多少书或通晓多少知识胡乱进行引用。

试着避免这类在学术写作领域盛行的问题：

The introduction of new management systems (Radcliffe and

Riley, 1997; MacMinn and Collingbourne, 1999; Scrimshaw, 1998; Thomson et al., 2000) was thought by some people (de Pear, 2001; Langley and Smith, 2002; Maclean and Burrows, 2000; Wilton, 2003, 2005) to have caused more problems than it solved, because it moved the focus away from service delivery (Dowson, 2001; Smith and McDonald, 2000).

引入新管理系统（拉德克里夫和赖利，1997；麦克米恩和科林伯恩，1999；斯柯林萧，1998；托马森等，2000）被某些人认为（德皮尔，2001；兰格利和史密斯，2002；麦克林恩和鲍罗斯，2000；威尔顿，2003，2005）是弊大于利的，因为它将焦点从提供服务上移开了，因此它导致的问题比解决的更多（道森，2001；史密斯和麦克唐纳，2000）。

正如在这个例子中看到的一样，滥用引用（特别是当作者进行多项引用的原因完全不明确的时候）很让人恼火，也常常令人摸不着头脑。注意一下，当我们把这些引用都去掉，这个段落就显得容易理解得多了：

The introduction of new management systems was thought by some people to have caused more problems than it solved, because it moved the focus away from service delivery.

引入新管理系统被某些人认为是弊大于利的，因为它将焦点从提供服务上移开了，因此它导致的问题比解决的更多。

我们必须得承认，以上这个例子是我们为了说明引用有时候会妨碍信息的传递编出来的，但是，在真实的学术写作中，情况可能一样糟，甚至是更糟糕，这一点我们可以从埃塞林顿（Etherington）写的一篇有趣文章中的段落看出来：

> Narrative research (or inquiry as I prefer to call it) is a means by which we collect, analyse, and re-present people's stories as told by them. It is based on the worldview that people live storied lives and that we live in a storied world (Gergen and Gergen, 1986; Howard, 1991; Mair, 1989; Sarbin, 1986); that narrative represents, constitutes and shapes social reality (Bruner, 1987, 1990, 1991; Frank, 1995; Ochberg, 1994; Spence, 1982); that competing narratives represent different realities, not simply different perspectives on the same reality (Baldwin, 2001; Freeman, 1993; Gergen, 1994) and that telling and re-telling one's story helps a person create a sense of self (Burr, 1995; Cushman, 1995; Frank, 1995) and meaning (Bruner, 1990).
>
> 叙事研究（我更愿意称之为问询）是我们收集、分析以及再现人们自己讲述的故事的方法。它建立在这样一种世界观之上：人们生活在被叙述的生活中、我们都生活在一个被叙述的世界里（格根和格根，1986；霍华德，1991；麦尔，1989；萨尔宾，1986）；叙述展示、构成、塑造了社会现实（布鲁纳，1987，1990，1991；弗兰克，1995；奥克伯格，1994；斯宾

> 塞，1982）；相互冲突的叙述展示了不同的现实，而不仅仅是展示了同一实体的不同角度（鲍德温，2001；弗里曼，1993；格根，1994）；讲述、复述一个人的故事能帮助他人创造自我意识（布尔，1995；库什曼，1995；弗兰克，1995）和人生意义（布鲁纳，1990）。

埃塞林顿是叙事研究方面的大师，但平心而论，这段话中引人注意的第二句话其实与论文的风格并不一致。这篇论文写得很出色，但第二句话把这些引用都去掉后也是很不错的。这个例子清晰地说明了滥用引用会降低那些撰写出色、可读性强且有趣的文章的“用户友好度”。

关于滥用引用会妨碍人们就观点想法进行直截了当的交流这个问题，我们可以从大多数学科中找到例子。比如，在一篇哈伍德（Harwood，2009）撰写的关于学术写作中引用的功能的文章与朱克等（Zucker et al., 2004）撰写的关于矮星系的论文中都可以看出来：

> Although it is true that more recently informants have been consulted about their citing behaviour (e.g. Bonzi and Snyder, 1991; Brooks, 1985, 1986; Cano, 1989; Case and Higgins, 2000; Liu, 1993; Shadish et al., 1995; Snyder and Bonzi, 1998; Vinkler, 1987), as White and Wang (1997) point out, this body of research also suffers from obvious methodological weaknesses.
>
> 尽管最近确实有人就他们的引用行为向消息提供者进行了

咨询（比如，邦奇和斯奈德，1991；布鲁克斯，1985，1986；卡诺，1989；科斯和希金斯，2000；刘，1993；萨蒂斯等，1995；斯奈德和邦奇，1998；温克勒，1987），但正如怀特和王（1997）指出的，这一研究体系存在着明显的方法论缺陷。

There are many fewer dwarf galaxies than predicted by a direct scaling of the dark matter halo mass function ... A number of theoretical explanations for this have been explored: feedback from upernovae leading to disruption of dwarf galaxies (e.g. Dekel & Silk 1986) or strong reduction of their luminous/dark matter ratio (e.g. Hayashi et al. 2003), reduced substructure in warm dark matter halos (e.g. Moore et al. 2000), enhanced satellite disruption and reionization (e.g. Bullock et al. 2001), or suppression of dwarf galaxy formation through photoionization (e.g. Somerville 2002).

实际存在的矮星系比根据对暗物质晕质量函数的直接量表预测的要少……一系列对此现象的理论解释已经被探索出来：超新星反馈导致矮星系分裂（比如，德克尔和希尔克，1986）或它们的发光物质/暗物质比率大幅降低（比如，林等，2003），暖暗物质晕中子结构简化（比如，摩尔等，2000），卫星干扰和再电离增强（比如，布洛克等，2001）或者光电离抑制矮星系的形成（比如，萨默维尔，2002）。

引用与参考的数字系统

数字系统与以哈佛系统为例的作者-年代系统不同，其不同之处主要表现在以下三个方面：

- 文本中材料的引用方式是不同的，数字系统利用数字而非作者的名字来确认源文献。
- 当参考文献出现在文本末尾的列表中时，数字系统的完整参考文献信息要按照数字顺序排列，而非按作者姓名的首字母顺序排列。（请注意：在数字系统中，有时参考文献注释信息会出现在该引用出现的页面底部。）
- 在完整参考文献的注释中，数字系统里的出版日期通常放在末尾。

数字引用系统概览

I. 源文献通过插入数字的形式（从1开始）标注在文本中，这些数字与文本末尾用数字进行标注的参考文献相对照。数字的插入可以采用以下几种方法之一：

Is Malebranche really a "disciple"[1] of Descartes?

马勒伯朗士真的是笛卡尔的信徒[1]吗?

In a recent study, Jones (3) has shown that cats can talk.

在最近的研究中，琼斯（3）表示猫是可以说话的。

Linguistic imperialism is part of cultural imperialism [4].

语言帝国主义是文化帝国主义的一部分［4］。

Thomas$_2$, offers very weak support for his outrageous views.

托马斯$_2$为他骇人的观点提供了非常薄弱的支持。

在几个例子中，最常见的做法是采用上标数字（“disciple”[1]）。

II. 完整的参考文献注释信息要么以按数字顺序排列的列表形式放在文本的末尾，要么按照数字顺序以脚注形式放在每条引言出现的页面底部。

III. 与哈佛系统一样，在数字系统中，如果引用的是他人的原话，你应当在引言的末尾标注该句子在源文献中出现的页码（以括号标注）。

Discussing a particularly poorly written passage, Orwell[5] writes, "... words and meaning have almost parted company. People who write in this manner usually have a general emotional meaning—they dislike one thing and want to express solidarity with another but they are not interested in the detail of what they are saying" (p164).

在讨论一段写得特别糟糕的文章时，奥威尔[5]写道："……文字与意义几乎分离了。以这种态度写作的人们通常带有一种普遍的感情意义——他们不喜欢某件事物、想要表达对另一件事物的热衷，但却对自己笔下的细节不太在意。"（第164页）

Ⅳ. 数字系统中潜在的最容易令人混淆的特点之一就是它经常会使用"ibid."和"op. cit."之类的拉丁文缩写来表示一条引言在文章中已经被引用过了。

"ibid."用于表示当前的引用与上一条引用一样，来自同一份源文献。（"ibid."是拉丁文"ibidem"的缩写，意为"在同样的地方"。）

"op. cit."用于表示当前被引用的源文献在此前已经被引用过了。["op. cit."是拉丁短语"opere citato"的缩写，意为"在被引用过的作品中"或是"在（已经）被引用过的作品中"]。我们使用这个词时应当为读者提供足够的信息，让他们能够找到首次引用处。

"ibid."让读者能够轻松地查阅上一条引用信息，而"op. cit."指的则是更早出现在参考文献列表中的引用信息，需要读者搜索整个文本来寻找。例如：

1. Rebus, J, *Fighting with Demons*, Edinburgh, Old Town Press (2001).
2. Rebus, J. ibid.
3. Tortellini, F. *Pasta and the Italian Baroque*, 2nd ed., Glyn Ceiriog, Dolan and Harris Ltd (1985).
4. Frances, D. 'Violence and intimidation in street-level drugs trading', in Vanhoutte, K. K. P. and Lang, M. (eds) *Bullying and the Abuse of Power: From Playground to international relations*, Oxford, Inter-Disciplinary Press (2010).
5. ibid.
6. Tortellini, F. op. cit.
7. Loon, B. *Understanding Analog Electronics*, London, Poppleton Press (1998).
8. Bates, J. *Engineering Mathematics*, 3rd ed., Fourmerkland, Cairnview Press (2000).
9. Loon, B. op. cit.
10. Jones, E. *Bullying in the Modern World*, New York, Arnold & Co. (1936).
11. ibid.
12. Rebus, J. op. cit.

在第二条引用中，"ibid."告诉我们作者引用的是与上一条引用同一处文本，这里指的是"Rebus (2001)"。以此类推，

第五条与第十一条引用中的“ibid.”指代的分别是“Frances (2010)”和“ Jones (1936)”。第六条中用“op. cit.”告诉我们 Tortellini 的文章之前已经被引用过了，而当前的这条引用指涉的源文献与前面是相同的，第九条与第十二条都引导我们回头去找关于 Loon 和 Rebus 的文章的信息。

数字系统中完整参考文献注释信息的位置与版式

在数字引用系统中，参考文献注释与脚注 / 尾注要按照数字先后顺序排列，放置在每条引言出现的页面底部或是文章末尾。两种系统的具体格式虽然会有差异，但数字引用系统所提供的信息应该与我们在对哈佛系统的指南中提到的对每类文献需要提供的信息十分相似。我们已经提到过，这两种系统有一个不同之处在于，在数字系统的参考文献注释信息中，日期通常要放在整条信息的末尾。

数字系统经常会与注释（note）放在一起使用，作者会将一些与案例主旨并无密切关联的解释性题外话放在注释当中。这些题外话可以补充额外信息，或是提出某些与她所持观点针锋相对的反对意见[1]。注释信息的标注方式与文本引用的标注方式一致，即通过在适当的位置插入上标或下标，然后将脚注放在相应页面的底部或是文章末尾按照数字顺序先后排列的列表

1 虽然在此类书中使用脚注的情况并不多见，但本书中始终都能看到散布的脚注。这就是其中一处。——原注

中。严格地说，后一种用法中的脚注应当被称为“尾注”。

你的论文中应当有几处引用？

有些学生会产生误解，认为无论论文撰写人是研究生还是研究型教授，我们都会根据他引用源文献的数量来评估其学识多少。然而，即使有些人（不论是学生还是专业学者）引用了大量的文献，也的确学识渊博，但学术文本中引用的频率本身说明不了什么问题，因为引用一处文献并不表示你真的就读懂了它。我们甚至无法确定你是否真的读了该文献。这是因为你就算根本没有读过一份文献也同样可以插入引用。毫无疑问，有些人就是这样做的。

一般来说，只有当他人的作品真正对你的文章产生影响，或是你确定引用有助于你引入证明案例的要点时，你才应当加以引用。

如果你只是因为想要向别人展示自己读过了多少书而进行引用，那么这种引用就是毫无意义的。

引用源文献时，千万要确定你了解作者说的话，而且她说的话与你探讨的话题是密切相关的。

许多学生会经受不住诱惑，在论文或其他写作任务中采纳一些自己无法透彻理解的想法，而这样做仅仅是因为他们想要提到的作者有这些想法。千万不要这样做。这很危险，因为你这样做无非是想要给别人（特别是你的导师）留下深刻的印象。但这样做只是给了你一个绝佳的机会向别人展示你根本不知道且不理解的事情，而不是你确实了解并通晓的事情。

展示你确实读过自己所引用的源文献的唯一方式就是确认自己在引用时向别人展现出你确实知道并理解那位作者所说、所做或所相信的事物。

明确引用的理由

在前文中，我们探讨了一些引用的理由。你在学术道路上不断行进时可能会遇到许多进行了引用的文章，但该作者的进行引用理由是完全不明确的。比如，思考以下从玛丽（Mary）关于气候变化的论文中摘录的句子：

> Unless we make substantial changes to the ways in which we live, global temperatures will increase at such a rate that within the lifetime of people alive today, vast tracts of the

currently inhabited world will either become desert, or be overwhelmed by rising sea levels (Scott, 2007; Haste, 2008; Melling, 2007).

除非我们对自己的生活方式做出全面的改变，全球气温仍将升高。在这种气温升高的速度下，在现在活着的人们的有生之年，人类如今栖息的大片土地将变为沙漠或被升高的海平面淹没（斯考特，2007；海斯特，2008；梅尔林，2007）。

这种引用方式并没有传达出关于源文献的任何信息，因为除了这几位作者与当前关于人为造成的气候变化的辩论有某种联系，我们对这些人的任何信息都一无所知。我们作为读者只能去猜测这些被引用到的作者究竟相信些什么、持什么样的观点或者是做过些什么。在以上句子中，我们完全无从了解他们是怎样的人或他们的观点究竟可不可靠。因为玛丽没有提到这些人写过什么、做过什么或是说过什么，因此，我们甚至无从猜测这些人究竟是进行气候变化方面研究的科学家，是提出“人类如果想要拥有地球长远的未来就需要改变自身行为方式”的伦理学家，还是对卖报纸感兴趣的记者。我们也无从得知他们之前的观点是完全一致还是各不相同。

有趣的是，因为玛丽既没有清晰地表明斯考特、海斯特和梅尔林究竟持什么样的观点，也没有提到他们完成的著作，那么她究竟有没有读过这些人的作品也就存疑了。学术写作中这种情况极为常见，许多引用完全无法表明这些论文写作者究竟有没有读过他们所引用的源文献。

比如，思考以下例子：

> Many philosophers believe that everyone has the right to decide whether she lives or whether she dies and that therefore we have the right to suicide (Fairbairn, 1995).
>
> 许多哲学家相信，人们有权决定自己是生是死，因此也就有权自杀（费尔贝恩，1995）。

这条引用完全无法说服我们，也无法让我们相信这位论文作者真的知道或是理解费尔贝恩写过的内容或他究竟相信些什么，以及为什么相信。这条引用模棱两可，毫无助益，甚至会让读者以为费尔贝恩是被提及的哲学家中的其中一位，而他相信每个人都有权利自杀。这是因为引用费尔贝恩观点的这位作者没有告诉我们为什么她要引用费尔贝恩所说的话，身为读者的我们就只能猜测费尔贝恩持什么观点。根据我们的知识储备，我们知道费尔贝恩并不会赞同“每个人都有权利自杀”这种观点，他有可能就关于“是否人人都拥有自杀的权利”这一问题的哲学讨论撰写过一篇评论，而他最终得出的结论是否定的，即“并不是人人都拥有自杀的权利”。他的立场也可能更复杂。问题是，这一切我们从引文中都看不出来。

有时候，学生们的参考文献中会包括他们在文本中根本没有提到的源文献。他们仿佛努力想要说服读者（特别是那些为他们的论文打分的人），让这些人认为他们的阅读范围其实更大，好让自己能得到一个更高的分数。

你的参考文献列表中千万不要包括“空文献”，也就是说，你不需要标注没有在论文主体部分中引用的源文献的完整参考文献信息。列“空文献”不太可能帮你多拿到几分。如果你认真地想一想，你也很容易发觉为什么“空文献”起不到这样的效果。比如，如果你根本在论文当中提都没提这篇源文献，那你又为什么要在参考文献中标注“Truss's book *Eats, Shoots & Leaves* (2003)”或“Parody's *Eats, Shites & Leaves: Crap English and How to Use It* (2004)”呢？这又如何说服你的导师，让他认为你真的读过这些书呢？

千万不要让说服导师认为你涉猎广泛的念头主宰你的学术论文写作。与其这样，你不如表现出自己对于几个源文献进行过深度思考，这比只是因为想让那些为你的论文打分的人肯定地认为你曾经是个勤奋的大忙人，就让文章通篇充斥着各种引用、用这些花哨的东西来点缀你的论文要强多了。

千万不要仅是因为想向别人炫耀自己读过了多少书或是宣称自己读过多少书而进行引用。

千万不要仅是因为想让你的论文看起来更具学术气息或是更重要而进行引用。让论文更具学术气息更好的方法是尽可能真正深入了解你所引用的源文献中的观点，并展现出你的确理解这些观点并对其言之有物。

因为害怕承担学术不端或剽窃带来的严重后果，有些学生会把所有在某些方面对他们产生过影响的文献全都列在参考文献或是参考书目中。这些学生之所以会这样做是因为他们内心深处怀有一种错误的观念，即如果他们匆匆忙忙地完成论文写作，就可能会不经意地将某一份或某一些源文献中的观点囊括在论文内，却没有明确表明与承认受到了该观点的影响。他们认为，只有把所有的源文献都列在参考文献中，他们才能够从某种程度上保护自己，免受学术剽窃之类说法的诟病。

将所有的参考文献都列在论文末尾列表中的做法无法让你规避剽窃的指控，因为光是看参考文献，某种源文献对你的论文产生的影响无法得到承认。唯一能够承认这种影响的做法就是，你在阅读过程中进行观点和想法的收集时就做好细致的笔记，确保你在借用他人观点之时可以在文本中明明白白地进行标注，承认这些观点源自他人。

在后面的章节中，我们会更加细致地探讨剽窃问题，告诉你们什么是剽窃、剽窃的严重性，并针对如何避免剽窃提供更加详细的建议。

引语是一种引用

多数人首次遇到的引用形式包括直接引语的使用，因此，这一点至少从某种程度上造成了许多本科生（甚至是一些硕士生）过度滥用引语的现象。有一些学生甚至产生了错误的想法，认为每当要提到某位作者的作品时就必须要直接引用这位作者的原话。毋庸置疑，这种想法完全是无稽之谈。

引语可以有各种处理方式，比如不直接援引作者原话的引用，但两者有一点差别之处，那就是引语除了要在文本中标注作者及作品的出版年份，并在文本末尾列出参考文献注释信息之外，你还需要在这段引语的末尾以括号的形式标注出引语出现的页码。

直接引用作者的原话可以发挥良好的作用。产生这种作用的原因很多，其中之一是这有助于说服读者，让他们认为你对该作者的观点十分熟悉。但是，如果直接引语能够更好地阐述你的观点或帮助你证明某种观点的合理性，直接引用发挥的作用就越强。比如，一位撰写论文的学生贝姬（Becky）在论文中对“人权被践踏后对方主动提出的和谈通常被视为一种‘善举’”的观点进行了批驳，而这也为她引用德怀尔（Dwyer，2002）的话来证明自己的观点打下了基础。德怀尔的原话是：

> The notable lack of any clear account of what reconciliation is, and what it requires, justifiably alerts the cynics among us. Reconciliation is being urged upon people who have been bitter and murderous enemies, upon victims and perpetrators of human rights

> abuses, upon groups and individuals whose very self-conceptions have been structured in terms of historical and often state-sanctioned relations of dominance and submission. (p. 92)
>
> 什么是和解以及达成和解需要什么这两个问题显然缺少清晰的解释，这合理地提醒了我们中间的愤世嫉俗者。在曾经是不共戴天的仇敌的人中间，在人权侵犯的受害者与加害者中间，在自我概念建立在统治与服从的历史关系和往往被国家废止的关系上的个人或群体中间，和解正受到敦促。（第92页）

这帮助贝姬构建了她的观点——虽然主动和谈是一种重要的社会与政治现象，但人们对于这一概念内涵莫衷一是的态度无疑将动摇其正当性。

引用还是不引用呢?

决定是否进行直接引用的一般原则是，如果你没有充分的理由对他人的原话进行直接引用，那就不要这样做了。这里说的充分理由包括以下几点：

- 该作者正好表达出了你想要说的话，并且她的表达比你的说法更清晰、更生动，也更言简意赅。
- 从服务于你的论点的目的出发，援引作者的原话显得十分重要。比如她所写的内容正好是你想要评判的内容。

- 你要引用的话来自文学性文献，例如小说、诗歌、戏剧或是电影剧本。这是引用的一种独特用法，与引用他人来构建观点的情况显然是不同的。
- 如果要直接引用他人原话，你一定要确保引语的精确性，将它从源文献中照搬过来。无论何种情况下进行的引用都应该尽量简洁（在大多数情况下不要超过50个词）。此外，你必须将进行直接引用的原因表述清楚。

一篇论文中的引用占比多少是合适的呢？

有时候，有些学生会问，究竟一篇论文中的引用究竟占比多少才是恰当的呢？我的回答是，引用在一篇论文中占比多少合适取决于科目的性质以及该篇论文的性质。在大多数学科中的一般规范是，你要尽可能将直接引语的数量控制在总字数限制的5%以下。如果直接引语比例超过了10%，你就会开始担心了。但是，对于文学之类的科目，更高比例的直接引语是合乎规范的，甚至是在大家预料之中的。

我应该如何导入引语呢？

引语是需要用语言导入的。这些引语出现在你的论文中的原因一定要一目了然，有引语出现的时候也一定要言明，否则你的读者就得自己去猜这些引语和上下文之间究竟存在什么样的联系。当这些像圣诞树上的装饰品一样的引语突然出现在文本当中，而你却对它们为什么会出现不进行任何解释，引语也就变得没有意义了。千万不要效仿此类例子，比如：

> 一些关于学习技巧的课本与指南的作者强烈认为引语不应该在不进行任何导入的前提下直接出现在论文中。“当这些像圣诞树上的装饰品一样的引语突然出现在文本当中，而你却对它们为什么会出现不进行任何解释，引语也就变得没有意义了。”（费尔贝恩和温奇，2011）。换言之，引语绝对不应该在不做任何声明的情况下直接插到文本中。

导入引语的方式没有一定之规。短的引语通常要使用引号进行标注，“就像这样”。但是，篇幅长一些的引语通常就要以独立段落的形式排版，该段落前后还应进行缩进，与文本分隔开。首先思考下列引语直接与主文本融为一体的例子：

I. 在一篇关于医疗实践中的叙事技巧的会议论文中，卡利茨库斯（Kalitzkus）、巴辛（Bussing）和马西森（Matthiessen）写道：

> They are trained in anamnestic history taking having the goal of eliciting the relevant medical facts from the patients without too much story, too much “useless” information around. “One of the most difficult tasks in health care,” family physician John Launer (2006) states, “may be to manage each consultation so that it

continually meets both narrative and normative requirements" (p. 338).

他们被训练在获取既往病史时怀有一种目标，即从患者那里引出不带过多故事和“无用”信息的医学事实。“卫生保健领域最困难的任务之一，”家庭医生约翰·劳纳（2006）表示，“也许就是管理各次问诊，让它们一直满足叙事和规范方面的要求”。（第338页）

II. 在一篇关于伦理生活问题的论文中，一位叫伯纳德（Bernard）的学生在讨论发展式教育的进程时这样写道：

Probably the biggest problem faced by most people who want to shop responsibly, but who realistically have to do most of their shopping in supermarkets, is in deciding which supermarket chain they should use. According to *The Rough Guide to Ethical Living* (2006) "... it's not easy to rank the supermarkets in terms of their overall ethical standards" (p. 220).

对于那些想要有鉴别力地进行购物，但在现实中只能通过超市满足大部分购物需求的人们来说，他们面临的最大的问题也许就是选择哪家连锁超市。根据《伦理生活指南》（2006）的说法：“……根据总体伦理水平对众多超市进行排序并不容易。”（第220页）

III. 在一篇关于人与人之间相互行恶的论文中，一位从事和平研究的学生埃丽卡（Erica）写道：

When we think of genocide we usually think of the killing off of a whole racial group by killing them, in the way the Nazis tried to eliminate the Jews. However, it is possible to conceive of genocide by means that fall short of killing. Gaita (1998) imagines "... a people forcibly sterilized in order that they be eliminated as a people" and asks, "Would that count as genocide?" (p. XXVIII).

我们在想到种族灭绝时通常想到的是通过杀害这一族群的全体成员来实现灭绝，就像纳粹曾对犹太人做的那样。然而，采用不及杀害的方式达到种族灭绝的目的也是有可能的。盖塔（1998）描述道，"……为了使一个人作为人被清除而对其进行强制绝育"，并提问，"这算不算种族灭绝？"（第 XXVIII 页）

与上面的例子相对，我们再比较下面的两个例子。这两个例子告诉我们，篇幅更长一些的直接引语是以独立成段［也称"块缩进"（block indent）］的形式独立于文本主体之外的，且引文不必使用引号。第一个例子也源自卡利茨库斯等人撰写的同一篇论文中，也就是上文使用引号的例子中的第一条。第二个例子来自费尔贝恩、韦布（Webb）、埃利度（Alidu）与梅迪纳·布斯托（Medina Busto）撰写的论文：

IV. Narratives, especially patient narratives, incorporate the question of causality and thus foster the understanding of the patient's illness perception. In the words of Greenhalgh and Hurwitz (1998):

> Narrative provides meaning, context, perspective for the patient's predicament. It defines how, why, and what way he or she is ill. It offers, in short, a possibility of understanding which cannot be arrived at by any other means (p. 6).

叙述，特别是患者叙述，会夹杂对因果关系的问题并因此培养对患者疾病感知的理解。用格林哈尔希和赫尔维茨（1998）的话来说就是：

> 叙述为患者的困境提供了意义、背景和预期。它定义了他/她病情如何、为何患病以及会产生怎样的症状。简单地说，它提供了达成一种不能通过其他方式达成的理解的可能。（第6页）

V. Ignatieff (1996) distinguishes between truths told for the purpose of reconciliation, and truth told for its own sake. He notes that:

> One should distinguish between factual truth and moral truth, between narratives that tell what happened and narratives that attempt to explain why things happened and who is responsible (p. 113).

伊格纳季耶夫（1996）区分了以和解为目的而说出的真相与为坦白事实而说出的真相之间的差异。他这样写道：

> 人们应该区分真相事实和道德事实，应该区分讲述发生了什么叙述和试图解释为什么时间发生和谁应该负责的叙述。（第113页）

对于被引用的篇章要究竟达到什么样的篇幅才要进行块缩进引用，目前没有明确的规定，但是我们建议，当你引用的内容长度达到两到三行时就要考虑使用块缩进引用了。但是，你认为将别人的原句融合到你自己写的句子里去能够更好地表达内容时可以例外。

如果我想引用一位的作者的话，却没读过他的原著该怎么办呢？

学生常常会问到这个问题。你经常会发现在阅读书籍和文献的过程中，有些作者的文本会包含许多来自其他作者的引语，而这些引语可以在你的某些论文中派上用场。就像不包含直接引用一位作者观点的简单引用一样，你需要注意，除非读到过原话，否则你是没有立场进行直接引用的。这在引语中显得十分重要，因为除非你确定自己所用的每一个词都是精准无误的，否则你不可以将这些话归结为是某人说的。所以，如果有可能（尽管有时候不太可能），你应当在采用该引语之前找到其所在的原始文献。如果找得到，你就能确认你找到的引语是否运用得宜。毕竟，有时候加减几个词或是将引语脱离上下文进行引用都可能造成某人要表述的表面意思的“扭曲”。

但是，即使你因为所在大学的图书馆中没有该文献之类的原因无法找到原文，只要你明确标出你所读到的引文的出处，并提供完整的参考文献信息，而不是直接引原始文献并标注原始文献的信息，你还是可以利用好由第三方给出的引文。

如果你在书籍或文章中发现了由第三方给出的引文，不要直接标出该引文的作者，而是标出你读到的文献的作者，对她的文章做正常的参考文献注释。

比如，思考以下从贝弗利（Beverley）关于精神性与宗教之间关系的论文中选取的段落：

> Discussing the nature of religious experience Holloway (2001) cites Hick's assertion that, "... the forms taken by religious experience are provided by the conceptual equipment of the experiencer". (p27)
>
> 在探讨宗教体验的本质时，霍洛韦（2001）引用了希克的主张："……宗教体验的形式是由获得体验者的观念提供的。"（第27页）

贝弗利读过爱丁堡前主教理查德·霍洛韦（Richard Holloway）2001

年写的《怀疑与爱》(*Doubts and Loves*)，但却找不到霍洛韦引用的约翰·希克（John Hick）的书。注意一下末尾标注的页码，这个页码是希克的主张在霍洛韦的书中出现的位置，而不是原文在希克书中所在的位置。

关于引用与参考的最后几条建议

I. 千万不要仅是为了炫耀自己的博学而随意进行引用。(更糟糕的是，仅仅为了炫耀自己名不副实的“博学”而进行引用)。千万不要只是为了让作品看起来更具学术气息或更重要而进行引用。只在下列情况下进行引用：

- 当你需要为自己的言论提供佐证的时候。
- 当你需要坦诚自己采用的观点源于他人的时候。
- 当探讨源文献中的想法或论点有助于拓展你的自身立场的时候。

II. 你在引用他人观点时一定要明确指出引用的原因。有时候，你可能会在一篇论文中不止一次地引用某一位作者的文章或同一份源文献，但是，只要你能明确地体现出引用的对象，当你在连续谈论同一位作者的观点时便不必一再标注出参考文献信息。

III. 当你需要不止一次地援引同一位作者（几位作者）在同年发表的不同源文献时，应当使用小写字母加以区分，比如：

Fairbairn and Mead (1993a and 1993b) discuss the use of imaginative storytelling in facilitating nurses'thinking about the ethical decisions they face every day.

费尔贝恩与米德（1993a 和 1993b）探讨了富于想象力的故事在护士们每天工作中面对的道德判断方面的作用。

IV. 一般来说，你不应在文本中写出源文献（比如书籍和文章）的名字，这会占用文本宝贵的字数，也可能让你的论文看起来很零碎，降低文章的连贯性。但是，你在引用经典作品的时候例外情况也会出现，例如，达尔文的《物种起源》、维特根斯坦的《哲学研究》(*Philosophical Investigations*)，或马歇尔·麦克卢汉的《媒介即讯息》(*The Medium is the Massage*)。在文学类的论文中，如果你要引用诸如小说、戏剧或诗歌的文本而不是学术类文本，你也可以标注源文献的名字。

V. 一般来说，在引用中，你应当只标注作者姓氏，除非你的论文中引用了两个姓氏一样的作者的作品，而你需要标出他们的名字以示区分。但是，有时候你也会遇到需要标注名字的情况。其中一种情况是你所引用的作者非常有名。比如，卡尔·罗杰斯（Carl Rogers）、杰梅茵·格里尔（Germaine Greer）、巴拉克·奥巴马（Barack Obama）或伯特兰·罗素（Bertrand Russel）；另一种情况是源文献属于文学作品，例如，你可能会引用威廉·莎士比亚（William Shakespeare）、简·奥斯汀（Jane Austen）或是西尔维娅·普拉斯（Sylvia Plath）的作品。

VI. 一般来说，当你在论文中援引源文献的时候，除非是对他人的观点以直接引语的形式进行引用，否则你不需要给出引文在源文献中所在的页码。但如果你引用的是一大份文件中的不同部分，或者你所引用的文献篇幅很长、内容很复杂，导致你援引的观点很难找到，你就需要标注引文在源文献中所在的页码。

VII. 养成习惯，对你已经阅读过的以及可能引用（无论是现在还是将来某个时候）的源文献保持实时的记录，记录下关于源文献的完整参考文献信息，以及关于每种文献的简要笔记。此外，有时你还需要对一些页面进行复印或扫描。系统地持有文献信息不仅能够让你迅速进行已采集信息的重读与复核，还能够让你进行精确的引文标注，同时还可以杜绝无意间发生剽窃的风险。这是因为记录信息能够让你始终记得自己读过些什么，并注意到自己产生的一些想法其实是有原始出处的。

规避剽窃

在你的课程学习过程中，老师们会不断告诉你要规避剽窃行为。因此，有些学生会错误地认为剽窃也包括摘抄他人的原话。于是，他们就会花上很长的时间对他们读过的书籍或文章中的内容进行转述[1]或是改写成自己的语言。转述与摘录一样[2]，都是你需要练习的技巧，因为转述需要你在阅读时极其注意文献细节与内涵，并尝试将这些内容通过自己的语言表述出来。因此，转述是理解内容的重要手段之一。但是，有些学生习惯于对其他作者的内容进行转述，但却没有坦诚地表示这是转述行为。这无法保证他们不受到剽窃的指控，因为相较于一位作者表达观点所使用的文字而言，剽窃行为与他所表达的观点关系更为密切。因此，除非明确地承认你所使用的某一个观点源于该观点真正的持有人，否则，在一篇论文中对他人观点进行转述的行为与剽窃他人的原话一样都属于剽窃行为，这是因为你将属于他人的观点占为己有了。

剽窃包括在写作中或口头上将他人的观点占为己有。

当你采用他人观点时，无论在使用这些观点的时候是否将它们据为己有，如果你不指出这些观点属于他人，你就会面临剽窃的诟病。明确这一点十分重要。换言之，剽窃就是剽窃，无论你有没有意识到自己在

1　对文本进行转述就是用自己的语言将它表述出来。在你想要对某位作者的想法或观点展开评论，或是将它们与其他观点或想法进行比较之前，你需要对相关想法或观点进行描述，此时，转述的技巧就显得很重要了。——原注

2　摘录是对一份文本的总结，其中包括文本中的各个要点。转述旨在用自己的语言将原文叙述出来，而摘录则通常使用作者原本的文字，除非使用其他形式可以明显缩短篇幅。——原注

进行剽窃。

一些大学与导师可能会区分蓄意剽窃和无意剽窃，并认为前者更为恶劣。其原因显而易见。蓄意剽窃的行为包含企图欺骗他人，让他们相信本应属于别人的东西（例如某个观点或论据）是属于你的，而且你的头脑中存在“如果欺骗成功了，我就可以得到更多原本无法获得的赞誉”的念头。而无意剽窃则通常源于较差的学习技巧与不良的学习习惯导致的粗心大意，比如没有为阅读过的内容做好笔记。在阅读的过程中，你会摘抄看似特别重要的精华部分或者将吸引你的观点用自己的语言进行转述，但却没有明确地标注这些内容的源头。写清这些文字与观点究竟源于哪些作者的哪些著作，这样一来你就有可能在写论文时无意中剽窃某位作者的观点。

认为犯下无意剽窃所受的处罚会轻于蓄意剽窃的想法其实不太明智。即使你所在的大学认为前者是不良学习习惯造成的，而后者代表着蓄意欺骗，并因此对这两种剽窃行为进行区别对待，但是想要证明你的剽窃行为属于前一种情况可能是非常困难的。

正如我们在本书前文中对引用和参考部分进行探讨时指出的一样，许多学生认为自己可能会在无意中用到别人的观点，因此养成了习惯，将所有涉猎过的参考书目都一股脑儿地放在论文末尾的参考书目列表中，认为这样做就可以免受剽窃的指控了。但事实上，这样做并不能让他们规避剽窃行为。原因很简单：在参考书目中将源文献的信息一五一十地列出来并不等于指出你在论文中采用的观点来自该文献，或你在某一主题上的立场甚至采用的某个论据是受该文献影响的。

如果你在论文中采用的观点源于某篇曾经阅读过的文章，但却没有明确地阐明这一点，那么，这就属于剽窃行为。

当你认为你曾拜读过他的文章的某位作者或曾经与之交谈的人对你的作品产生了某种影响，就一定要明确标明你引用参考了他们的文章或其中的观点，并且，在此过程中，你一定要写明他们对你撰写的文章究竟产生了怎样的影响、如何产生了影响。当然，要对一切影响过你的事物都了如指掌是十分困难的，但你至少应该避免将他人的文字和想法当作你自己的。

有时候，你会发现（正如我们绝大多数人一样）自己脑海中灵光一闪的绝妙观点其实早就被别人提出了，甚至很多年前某位重要的大思想家就想到了，而且在诸如哲学和神学的学科中，数百年前的人们就有了类似的思想。如果遇到了这种情况，你一定要明确地提醒自己，你所持有的观点早就有人探讨过了，并且留心注意自己的想法与他人观点的差异体现在哪些方面。

为什么规避剽窃如此重要

正如我们所说的，一些人会在你的学习过程中不断地告诫你，让你将剽窃视为洪水猛兽，一定要加以规避。你所在的大学和师长告诫你不要剽窃的理由或许是五花八门的，但是其中有一条最重要也最现实的理由就是，如果你进行了剽窃，那么你将会遭受各项极其严厉的制裁，包括从该科目中被除名，甚至是被学校开除。当然，这一切严峻后果发生的前提是你的剽窃行径败露了。

在过去，识破剽窃靠的是导师的洞察技能，而这一技能的水平则同时取决于他们在学科领域内对于文献的涉猎广度以及对学生的了解程度，包括学生对复杂主题的认识水平、语言组织与行文风格等。如果一段文章中连合乎语法规范的句子都找不到，而另一段则长难句及术语众多，即使是最富于想象力的学者也会望而生畏，那么就算不如福尔摩斯敏锐的人也看得出其中的差别。因此，当一名学生没有弄懂一篇文章的含义就直接将其抄到自己的论文中，想靠这段抄袭的文字在导师面前表现一番，他是很容易被识破的；而那些弄清了作者的意思，但却想着如果用自己的语言来表达就可以把某些观点或论据据为己有的人下场也是一样的。有些学生的剽窃手法更为高明，会将抄袭的内容和自己的语言混在一起，还有些学生会借用朋友或是学长在同一主题上使用过的材料，但只要导师在批改论文过程中稍稍打起精神，这些学生的小聪明也极容易被识破。但是，检测系统中的人力要素意味着，在过去蓄意剽窃的蒙混过关的概率比现在高得多。那是因为，无论学生心里在想什么，对于大多数工作任务很重的大学教师，比起劳心劳力地去核查、检验学生是否盗用了他人的观点甚至文字，尽快批阅完论文通常更为重要。

但现在，如果你剽窃了他人的文章或观点，你被识破（也许是被开除）的概率比以前高得多。这极可能是因为你所提交的电子版论文会被电脑软件检测，与庞大的数据库中储存的文档进行比对。

当然，无论是蓄意剽窃还是无意剽窃，我们要坚决杜绝这种行为的原因还有很多。

蓄意剽窃是偷窃行为，我们不赞同偷窃行为。

无意剽窃是不良的学习习惯导致的，因此我们也不赞同。

在某种程度上因剽窃行为获得的成功远不如通过自己的辛勤努力获得的成功令人觉得甘甜。

如何规避剽窃

正如我们说过的，剽窃可以分为两类，即蓄意剽窃与无意剽窃。与偷盗金钱、车辆以及手机一类的实体财物一样，蓄意剽窃很容易避免，因为犯有这种剽窃行径意味着主观上有欺骗他人的故意，让他人相信本应属于别人的观点和文字是属于你的。规避无意剽窃则会困难一些，因为我们很难避免在交谈或阅读中（无论是报纸、杂志，还是书籍或期刊文章）吸收他人的观点。这也就是为什么规避无意剽窃格外困难。

在有些情况下，我们不难看出，人们并不清楚自己脑海中的一些观点究竟是从哪儿来的，因此也就觉得要精确地定位那些影响过他们、让他们形成了某种特定观点的源文献也很难。可是，即使避免剽窃很困难，剽窃本身也是我们深恶痛绝的，因此你也有杜绝剽窃的责任。为了实现这一目的，你应该对在学科范围内进行的阅读进行记录，并在阅读笔记中清楚地标注哪些观点和哪些文字源自你读过的哪些作者的文章，而哪些文字体现的是你的批注评论，或是对于相关内容所做的笔记。

你在完成了论文的初稿撰写后，向自己提出如下问题：

我解答了预设的问题或是完成了预设的任务了吗？

我的论文在句子和段落的层面上都清晰有条理吗？（每个句子我都核查过了吗？）

每个句子与它们前后句之间的逻辑关系都清晰合理吗？

每段话都真的可以成为一段话吗？我是否在思路延续过程中将思路割裂，另起一段了？每段话与它们的前后段之间的逻辑关系都清晰合理吗？

我是否犯了语法错误？（核查每个句子是否逻辑清晰并表达出了你的心中所想，这样做能够帮助你精确地定位语法错误。）

我是否避免了歧义、行文冗长、风格浮夸、官样文章、陈词滥调和比喻混乱之类的问题？（我们将在本书第十一章中解决这些“文体陷阱”方面的问题。）

那些对我的文章产生过影响、做出过贡献的文献都得到承认并进行标注了吗？

在参考书目列表的所有条目中，有哪条是对文内引用的信息的标注吗？文章中所包含的一切引用是否都在参考书目列表中并进行了完整的文献信息标注？

你完成论文每一稿的撰写后，都要问自己以上问题。

第十一章
纵横诗笔见高情：塑造文体风格

“风格”（style）一词有许多种用法。比如，如果有人穿着得体，我们可以说她有品位（sense of style），而品酒师在形容某种葡萄酒的特征时，也经常会大而化之地用“风格”这个词进行描述。除此之外，我们还说“生活方式”（life style）、“发型”（hair style）和“音乐风格”（musical style）。

在这个章节中，我们要在风格这个词的大标题之下谈一谈写作中的一些实际操作。这些内容之所以要放在这个标题下面，是因为它们都跟你身为学生为了在论文中将某些要点传达给受众而采用的方式有关。在写作中提到“风格”一词，我们要谈的就是你的写作特点，以及这种特点是如何辅助或是妨碍你传达自身观点的。

养成向自己提问的习惯。在写作时，始终问问自己“为何而写”以及“为谁而写”的问题，这能够帮助你确定文字的风格。

成功的写作不仅需要你对写作目的进行深思熟虑，同时也要精准而明确地了解作品针对的受众。如何断句、如何确定呈现自我观点的先后顺序及观点与观点之间的逻辑关系等建构作品的方式与你所使用的词语和短语一样，都是决定作品风格的重要因素。

打造清晰高效的写作风格

尽量朴实简单地进行写作，避免使用行话、浮夸的词语以及冗长的行文。

直截了当，一针见血。不要浪费宝贵的篇幅大肆为自己遗漏的内容或是无力做到的事情而开脱。

虽然对你打算涵盖的内容进行概述是一种介绍主题的有用手段，但通常而言，在论文中开门见山地引入主题是最理想的做法。不要像一些学生那样顾左右而言他，用以下这类句子开篇：

> To begin to answer this question, it is first necessary to consider in detail exactly what is meant by ...
>
> 在回答这个问题之前，首先我们需要具体地考虑一下……是什么意思。

Before attempting to answer this question, we must first define ...

在尝试解答这个问题之前，我们必须先定义一下……

以讨论问题中涉及词语的含义开篇的论文通常会给人一种印象，那就是这个学生在回避，他不想回答这个问题。比如，在撰写一篇关于“残疾学生是否应该与非残疾的同龄人一样在主流课堂中接受教育”的论文时，玛丽（Marie）是这样开头的：

Whether disabled children should be taught in the mainstream depends on a number of things, including what disabilities we are talking about, how severe they are, and also whether being “taught” in a mainstream class means having their lessons with the mainstream children, or in a separate group, or even individually. Before going on to address the question I am therefore going to offer definitions of a number of terms, including “disability” and “mainstream class”, and also consider what might be meant by asking whether disabled children should be taught in the mainstream.

残疾学生是否应当在主流课堂中接受教育，其决定因素众多，比如我们讨论的究竟是哪些残疾类型、残疾程度是否严重等，而同时“接受教育”一词究竟是指与普通孩子一起上课、分开上课，还是对残疾孩子进行一对一授课呢？在回答这一问题之前，我想要先明确一些术语的定义，例如“残疾”与“主流课堂”等，同时也要思考一下询问“残疾孩子是否应该在主流课堂中接受教育”究竟是什么意思。

紧接着，玛丽的论文又花了占文章篇幅一半以上的文字探讨了这个问题的意义。

如果你认为在回答一个问题之前明确词语的含义很重要，那么在撰写论文时对此进行讨论是再合适不过的了。但是，在玛丽的论文中，讨论却成了主要议题登场前的序曲，仿佛在千方百计地拖延时间，就是不想着手回答需要思考的这个问题。

写作中的坚定立场

本书的第一主题是写作者要能够高效地与读者进行交流。本书第二大主题也同等重要，那就是在学术写作中，写作者要能够在论文中坚定地展开自己所持的观点，并给出能证明这些观点正确性的证据与论据。在第七章中，我们探讨了论文可以采用的一些形式，并指出，即使写作的主题似乎只需要你对事件、事态或他人的观点进行描述，你也不应该仅仅进行单纯的描述，因为你还需要挑选出一些材料来展示各种可能性。

身为一名学生，你在进行写作时应当坚定地持有一种特定的观点，然后竭力说服读者，让他们接受你的观点。这一点似乎显而易见，但本书的读者（包括一些教师和许多学生）并不见得都能清醒地认识到这一点。实际上，根据我们的经验，有一些教师甚至反对学生保持坚定的立场，而是要求他们要对各种想法立场都进行均衡而中立（甚至是乏味）的描述。这一点让我们颇为震惊，因为这种现象的出现正是源于一种错误的观念——真正的学者应当超然事外，只需尽力描述现有的各种观点立场，以及支持或反对这些观点立场的论据。

一位竭力说服读者采纳其想法的作者比那种只在描述他人观点与论据方面具有高超水准的作者有趣得多。

虽然引起读者的兴趣很重要，但在写作中保有坚定的立场远不仅是为了取悦读者。坚定的信念将为写作带来张力，能让身为写作者的你更深入地理解你所采纳、反对或描述的观点与立场。在对这些观点立场进行公正的陈述之后，你就可以将你所持观点的优势与你所反对的观点的劣势进行对照，从而拓展并维护自身的观点。这种做法能够赋予你论文基本的结构，而这种结构能够一直吸引读者的兴趣，让他们读下去。

试着通过坚持某个特定立场的方式来制造写作中的张力。这样做能让你更加投入到自己的作品中。

先展现出你对于他人立场观点的理解，然后再选择捍卫这些观点或

通过揭示其中的错误之处来击破这些观点。这种做法能够帮助你形成犀利有力的风格，而你的投入与坚定也将在这个过程中一览无余。

如果你能够坚定地支持某种你认为有理有据的观点，即使批改论文的老师并不认同你的观点，你也很可能会拿到更高的分数。

在实践中，你会形成一种属于具有你自己特征的“声音”，并通过这种“声音”来展示及捍卫自己的观点。

有时候，学生会说，他们无法为一个很难的问题找出确定的参考答案，或者无法对一个复杂的主题形成一种坚定不移的观点立场，这是因为对于他们而言，想要在各种针锋相对的观点看法中选择其一是极其困难的。这话听起来有些荒谬，但却是有道理的。不过，你也可以将你存疑的问题思虑清楚并提出来。例如，因为论文的题目本身存在歧义，所以你所持的观点是该题目不可能得出确定的参考答案，这种观点也是完全可以接受的。当然，如果要这样做，你就必须体现出自身坚定的立场，即要在确定的参考答案并不存在这一点上表现得坚定不移。

如果你认为自己需要分析的题目存在歧义，那么你在构建参考答案的时候就要利用好这一事实。

比如，一位学生的论文主题是“听老师话的学生是否一定比不听老师话的学生更有责任感”，他的开头是这样写的：

> Whether a child who always obeys her teachers is more responsible than one who does not depends on a number of factors including, for example, what is meant by “responsible”.
>
> 听老师话的学生是否比不听老师话的学生更有责任感，这一问题的答案取决于各项因素，例如“责任感”该如何理解。

接下来，这位叫艾力克斯（Alex）的同学就开始围绕着这个问题究竟该如何理解来组织他的参考答案。这种做法比用简单讨论定义的方式来开篇要显得直接、巧妙并有趣得多。在前文中，讨论残疾学生是否应当在主流课堂中接受教育的玛丽就是采用讨论定义的方式为论文开篇的。换言之，艾力克斯并没有在回答问题之前讨论用词，而是在用讨论的形式来组织他的参考答案。这种方式或许对你有帮助，但这取决于你所在的具体学科。

委婉而巧妙地引出主题

除了开门见山，你还可以用出人意料的方式巧妙地引出论文主题，以引起读者的兴趣。比如，多年前，我们有一位学生写了一篇主题为“权威与老师”的论文，他的开头是这样写的：

> Some people seem to possess an ability to get other people to

obey them without using force, and without giving reasons.

有一些人似乎拥有着让别人听从他们号令的能力，而他们既不需要使用武力，也不需要陈述理由就能做到这一点。

这位名叫保罗（Paul）的学生紧接着谈到了老师可能拥有的各种不同类型的权威。另外一种引入主题的好方法（无论是在论文的开头还是中间）则是讲故事或是举例子，用这些故事和例子来体现某些你想要提出的观点。比如，哲学家哈特（Hart）在引入世界上存在着各种不同类型的责任这一观点时就讲了一个故事。故事的内容告诉读者，一位船长在船只遭遇暴风雨时，他的成败与一系列的责任密切相关。哈特是这样写的：

As captain of the ship, X was responsible for the safety of his passengers and crew. But on his last voyage he got drunk every night and was responsible for the loss of the ship with all aboard. It was rumoured that he was insane, but the doctors considered that he was responsible for his actions. Throughout the voyage he behaved quite irresponsibly, and various incidents in his career showed that he was not a responsible person. He always maintained that the exceptional winter storms were responsible for the loss of the ship, but in the legal proceedings brought against him he was found criminally responsible for his negligent conduct, and in separate civil proceedings he was held legally responsible for the loss of life and property. He is still alive and he is morally responsible for the deaths of many women and children.

作为船长，X有责任保障船员与乘客的安全。但是，在最后一次航行时，他每晚都喝得酩酊大醉，因此对船只的失事及船上人们的伤亡负有责任。有传言说他已经疯了，但医生认为他是能为自己的行为负责的。在整趟航程中，他都表现得极其不负责任，而其职业生涯中发生的诸多事件也证明了他不是个尽职尽责的人。他始终强调这场罕见的冬季暴风雨才是船只失事的原因，但在法律诉讼程序中情况对他不利。他因渎职行为被认定负有刑事责任，并同时在独立的民事诉讼程序中被认定对生命与财产的损失负有法律责任。他现在还活着，并在道义上对许多妇女与儿童的死亡负有责任。

虽然正如哈特自己承认的那样，这个故事有些蹩脚，但它却阐明了几种不同类型的责任，接下来，他就对这些责任进行了探讨。哈特耕耘于哲学领域，在这门学科里利用讲故事的方式阐述观点是十分常见的。但是，这个方法也同样适用于许多其他学科。比如，和平研究与国际关系专业的本科生于盖特（Huguette）在其本科毕业论文的开篇就讲了一个自己的童年故事：

In 1994, at the age of eight, my friend and neighbour, Lily, came to my house, wanting to play with me, but I didn't want to because I was reading a new book that my dad had just bought for me. When she grabbed my book, I pushed her and got it back. Later that day, she came back again and cut my book into pieces. After that day I was so hurt and angry that I vowed I would never forgive her, and never be friends with her again. Sadly, a few months later we went our different ways as a result of the genocide in our country—Rwanda, and so I never had the chance to talk to her again, or try to sort things out.

1994年，当时我8岁，我的朋友兼邻居莉莉来到了我家。她想找我一起玩，但我不想跟她一起玩，因为我那时正在读一本爸爸刚给我买的书。当她过来抢走书的时候，我推了她一把，又把书抢了回来。那天晚些时候，她又来了，还把我的书撕成了碎片。那天之后，我难过愤怒极了，发誓永远不会原谅她，再也不跟她做朋友。令人伤心的是，就在几个月之后，我们的国家卢旺达发生了种族大屠杀，我们也因此分道扬镳。我再也没有机会跟她说话，也没有机会解开心结了。

这个故事是以第一人称的形式叙述的，于盖特采用了一种令人震惊的方式让读者思考原谅这一主题。描述完这个故事之后，她紧接着在论文中探讨了20世纪20年代在她的祖国卢旺达所发生的种族大屠杀的背景。这个故事的个人色彩贯穿全篇论文，与主要通过第三人称进行的更为理论化的探讨相互平衡。

第一人称还是第三人称?

在学习研究过程中，你几乎肯定会碰到在学术写作中究竟应该使用第一人称还是第三人称的问题。与很多跟我们打过交道的学生一样，如果有人告诉你要使用第三人称，你可能也会认为这是个问题。但是，正如我们下面要说的，这没有理由成为一个问题，因为无论你有没有意识到，你其实不仅知道该如何使用第一人称与第三人称，还知道第二人称该怎么用。下面的短对话就体现了三种人称的用法特点：

John: The cat's just sicked all over the carpet.

Mary: You'd better clean it up then.

John: I'm not cleaning it up. You clean it up. It's disgusting.

约翰：猫刚才把地毯吐得乱七八糟的。

玛丽：那你最好把地毯清理干净。

约翰：我不清理。你去清理吧。那太恶心了。

约翰在首次说到这件倒霉事时采用的是第三人称，而玛丽则用了第二人称。但约翰在第二次提及的时候三种人称都用到了。

第一人称最突出的特点在于明确作者是从本人的视角出发进行叙述的。作者分享属于他的观点与论据，提出他的看法，描述他自身的行为与经历。作者主要通过使用人称代词“I”（我）来完成叙述［除非作者

不止一人，在多人情况下将使用“we”（我们）]。

- I just love gin and tonic.（我就是喜欢金汤力酒。）
- I went to bed with my favorite book.（我带着最喜欢的书上床睡觉。）
- We had a wonderful holiday at our friend’s house in Treompan.（我们在朋友位于特里莫潘的房子度过了一个美好的假期。）

正如以上的三个例子说明的一样，第一人称通常与私人交流相关，因此许多人认为第一人称不适用于学术写作，倾向于采用第三人称。

第二人称的特点是通过使用人称代词“you”进行叙述。

- You’d better clean it up then.（你最好把它清理干净。）
- You clean it up.（你去清理。）
- If I clean it up, you’re sleeping on the couch tonight.（如果是我清理，你今晚就睡沙发。）

在本书中，我们想要向你提问或是请你思考某些事情或完成任务时会使用第二人称。你明白我们在说什么，对吧？

第三人称似乎是用于谈论与说话人或作者无关的事物的，它能让作者显得更客观、更具权威性，这也就是许多人在学术写作中倾向于使用第三人称的原因。

- The cat's just sicked all over the carpet.（猫刚才把地毯吐得乱七八糟的。）
- It's disgusting.（那太恶心了。）
- Contrary to what many people claim, the first person is common in scientific writing.（与许多人的观点相反，第一人称在科技写作中很常见。）

由于第三人称能够传达出明确的客观性，许多人倾向于在学术写作中采用第三人称进行叙述。虽然我们并不打算在此展开关于客观性的讨论，但值得注意的是，在学术写作中第三人称优于第一人称的观念正是建立在保障客观性这一奇怪的基础之上的。毕竟，一篇论文是否客观并不在于我们如何写，而在于我们的思考与行为方式。尽管如此，与很多学生一样，你也很可能会认为，从学术写作的目的来看，第三人称似乎真的比另外两种更私人化的人称优越，因此你也很可能被要求在撰写论文或进行其他写作任务时采用第三人称。在某些学科中，这种做法的确很有道理。

例如，一位学习化学的学生写道："我喜欢实验中把两种溶液混合在一起，随着混合液开始冒泡，所有反应开始发生这一部分，特别是颜色突然改变的时候。"但是，我们要注意的是，这个句子之所以听着很怪主要是因为这位学生的行文随意草率，读起来更像是儿童电视节目中的解说，而不是因为他采用了第一人称叙述。

在自然科学中，更正式精确地使用第一人称叙述通常也被认为是不能接受的，例如，在学生的实验室手册中，下列句子还是很罕见的：

When the two solutions were mixed, I noted the following colour changes ...

当两种溶液混合，我注意到以下颜色变化……

虽然你想要写“我比较了一系列样本的化学成分”（I compared the chemical composition of a series of samples.）是完全合情合理的，但在科学类的写作中，更惯常的写法是“一系列样本的化学成分得到比较”（The chemical composition of a series of samples was compared.）。

尽管许多学术研究者与教师都认为，在充当以客观公正的方式传递严肃观点与论据的媒介方面，第三人称具有巨大的优越性，但从某种程度上来说，身为学生，你采用第一人称还是第三人称进行写作也不过只是个人偏好问题。可是，正如我们前面所说的一样，课程要求或是导师偏好可能导致你只能采用第三人称叙述。如果是这样，你就应该尽量按照相应的规范进行写作，否则你的文章可能就会被认为行文浮夸混乱。但遗憾的是，当学生被限定只能使用第三人称进行写作，尤其是被强调禁止使用第一人称叙述以及/或者使用第一人称代词“I”（我）时，他们的行文反而会出现混乱浮夸的问题。

伪第三人称：以“作者”或“写作者”替代“我”

建议学生在写作中避免使用“我”的这一提议背后存在着合理的原因，即阻止学生在写作中表现出向对他们的生活故事和所思所想产生些许兴趣的好友或祖母展开讲述的情态。但是，用禁止使用第一人称的方式来消除学生在撰写理论性主题时写出些许个人故事的可能就好比是杀鸡用牛刀，而结果依然糟糕无比。当你告诉学生他们只能使用第三人称进行写作而且要完全避免使用人称代词“我”，很多学生最后就会写出这样的东西：

The author carried out a review of relevant literature ... (I carried out a review of relevant literature ...)

作者对相关文献进行了综述……（我对相关文献进行了综述……）

The writer of this essay would argue that ... (I would argue that ...)

本文作者认为……（我认为……）

这类的表达中透着不可一世的气息，从本质上来说，这无非就是括号中第一人称说法的蹩脚翻版罢了。

写作中将第一人称结构转化为本质上的伪第三人称的做法在学生中十分常见，这些学生为了努力达到论文中不使用“我”的要求只能如此。导师们则通常将此现象归结为学生在使用第三人称方面有困难，而这种观点是毫无道理可言的，因为大多数学生每天都在使用第三人称。

- The bus was late.（公交车来晚了。）
- The Kaiser Chiefs are playing in Manchester this weekend.（凯撒大

帝乐队这周末在曼彻斯特演出。）

- The cat’s just sicked all over the carpet. It’s disgusting.（猫刚才把地毯吐得乱七八糟的。那太恶心了。）
- Women have the right to do what they want with their bodies.（女性有权对她们的身体做任何想做的事。）
- Most students have huge debts by the time they get their degrees.（大多数学生在取得学位时有着沉重的债务负担。）
- Akbar’s do great veggie pizzas.（阿克巴的素食披萨很棒。）

你不应当停用第一人称，而是应当避免让论文显得过度个人化或过分强调个体身份。尽管我们在本书中曾提到，你在论文中应当持有某种坚定的立场，支持某个特定的观点，但光是告诉别人你相信什么无法达到任何学术性或知识性目的。在告诉别人你笃信的观点的同时，你还要清晰而系统地让他们了解你赞成这种观点的原因。

能够引起他人兴趣的并不是你的信仰本身，而是让你怀揣这种信仰的种种原因。

如果按照规定你的论文中不能使用人称代词“我”，那么你就得想办法将用第一人称表述的句子进行改写，具体例子如下：

First person（第一人称）	Third person（第三人称）
I observed the behaviour of the twins in the family home.（我观察了这对双胞胎在家里的行为。）	The behaviour of the twins was observed in the family home.（这对双胞胎在家里的行为受到了观察。）
I think the first person is superior to the third person as a way of engaging the audience.（我认为在吸引读者方面第一人称比第三人称优越。）	The first person is superior to the third person as a way of engaging the audience.（第一人称在吸引读者方面比第三人称优越。）
We found, on average, fifteen species of insect per square metre of the field.（我们发现每平方米内平均有十五种昆虫。）	On average, fifteen species of insect were found per square metre of the field.（平均每平方米内有十五种昆虫。）
I think this argument is mistaken.（我认为这个观点有误。）	This argument is mistaken.（这个观点有误。）
I counted all references to women in the three novels.（我计算了三本小说中提及的所有女性的数量。）	All references to women in the three novels were counted.（三本小书中提及的所有女性的数量得到了计算。）
We split the class into three equal groups.（我们把这个班级分成了三个人数相同的小组。）	The class was split into three equal groups.（这个班级被分成了三个人数相同的小组。）

任务27　第三人称写作

以上述列表中的例句为模板，将下列句子从第一人称转换为第三人称。

We have given examples of deception on the part of MPs.

我们列举了议员们进行欺骗的例子。

On the tombs I observed markings similar to those found in Orkney.

我们在墓中见到了与在奥克兰发现的记号相似的痕迹。

I counted the number of shops that had closed in the last year.

我计算了去年关闭的商店的总数。

We will advance two main claims.

我们将提出两项主张。

I think Broadbent's theory of memory is superseded by later work.

我们认为布罗德本特的记忆理论已经被后人的理论取代了。

We found that earlier films by these directors all contained biographical elements.

我们发现这些导演的早期电影作品都包含传记色彩。

I have presented evidence for greater fluctuations of rainfall during the past ten years.

我已经展示了过去十年间降水量出现更大幅度波动的证据。

We divided the volunteers into four groups, according to their level of general fitness.

我们按照总体健康水平把志愿者分成了四组。

虽然我们颇为不赞成采用诸如“The writer believes...”（作者相信……）的说法，但我们还是认识到，在偶尔为之的情况下，这类说法有时还是有好处的。例如，你在使用第三人称进行写作时想要谈一谈个人经历，但又不愿意让自己的口气听起来像是宣称正是这些经历让你成了当下所探讨话题的权威人士，此时你就可以使用这种方法。比如：

How different is the experience at primary school of girls from boys? In the present writer’s professional experience, there is no obvious difference between boys and girls in achievement except perhaps in favour of the latter.

女生与男生在小学时的经历能有多大差异呢？从本文作者的专业经验而言，在学业上男生与女生并无显著不同，后者可能还更占优势。

This might sound like a crazy idea, but it makes a certain amount of sense, at least to those who write in this kind of way, including one of the present authors, who finds himself disabled if he tries to plan too much, too early.

这听起来非常疯狂，但是还是有一定道理的，至少对于那些以这种方式进行写作的人来说确实如此。本书的作者之一就包括在内，如果他试着在写作前早早地进行详尽的规划，估计就会发现自己犹如残疾了一般。

这两段选文中的第一段的出处是一份基本采用第三人称进行写作的文献。在谈及到作者经历时，作者刻意使用了“本文作者”的说法来避免文体风格上的冲突。第二段选文则源于本书前文。

用第一人称进行学术写作

在文学、神学与哲学之类的学科中，第一人称应用广泛，而在科学领域，它的使用频率也呈现出日益上升的趋势。这一现象十分合理，坎特与费尔贝恩指出：

……我们在思索绝大多数事物时，第一人称的使用与严谨学术的研究方法能够和谐匹配。毕竟，你可以使用人称代词“我”来坦陈自己持有某种观点，同时通过陈述这个观点与他人所持的观点的关联，以及用他人的观点来检验自身观点的正确性的方式将你的立场融入学术大背景中。

用第一人称进行出色的写作且避免陷入仅仅讲述个人故事零星片段的怪圈是完全可能的。例如，在一篇关于“地位、身份与尊重”的文章中，伯德（Bird）仔细梳理了政治理论中某些观点之间的联系：

It seems to me that political theorists have taken the concept of respect far too much for granted and have failed to recognize some of its important limitations. My main goal here is therefore to identify some of these limitations and to begin to explore their implications for contemporary political theory. I will advance two main claims. The first, which is my primary concern in this essay, is that once we understand the way in which the concept of respect characteristically functions, the second reinterpretation mentioned above becomes problematic. I suggest that we can make sense of the idea of respect for “identity” or “difference” only by threatening the sort of egalitarianism to which the first reinterpretation aspires. So here, my aim is to expose a conflict between the first and second reinterpretations, and a more general tension between egalitarianism and identity-based conceptions of respect.

在我看来，政治理论家把尊重的概念看得太过理所当然，没有认识到它的一些重要局限性。因此，在此我的主要目的就是找出其中的一些局限性，并开始探讨它们对当代政治理论的影响。我将提出两点基本主张。第一点，也是我在本文中的主要关注点，即一旦我们理解了尊重这一概念典型的作用形式，上面提到的第二种重新解释就是有问题的。我认为，只有当第一次重新解释所追求的那种平等主义受到威胁时，我们才能理解尊重"同一性"或"差异性"的想法。所以在这里，我的目的是揭示第一次和第二次重新解释之间的冲突，以及平等主义和基于身份的尊重概念之间存在着更普遍的紧张关系。

在这一选段中，第一人称的用法十分正式得体。但是，在某些不那么正式的行文中，我们也可以成功地运用第一人称来探讨重要事宜。比如，下文中的选段就来自一篇名为"心理学家也是人"（Psychologists are human too）的文章。在此文中，梅尔（Mair）使用了第一人称来陈述心理学家将自己与研究对象分离开来的倾向。

When I hear people accuse psychologists of being isolated from the real world, small minded, hidebound by doctrine and method, incapable of learning from experience, I have to laugh. After all, I know, personally, half a dozen (well at least three) psychologists who, after only a few years of dedicated experimentation in their discipline, and despite very expensive and lengthy training to the contrary, have been forced to change some of their fundamental professional beliefs and accept that the subjects they have been herding through their laboratories are human after all.

当我听到人们指责心理学家与现实世界隔绝、心胸狭窄、固执己见、不能从经验中学习时，我不禁哑然失笑。毕竟，就我个人而言，我认识半打（至少三个）心理学家，他们在其学科领域中只进行了几年的忘我的实验，就被迫改变了一些基本的职业信仰，并接受了他们在实验室里所引导的研究对象是人类的事实，尽管他们接受的非常昂贵和漫长的培训教他们的事情与之相反。

在这段篇幅短小的选文中，梅尔用私人而诙谐的风格来吸引读者并让他们对接下来要探讨的内容有了些许了解。心理学家们试图秉持超然物外的态度，与他们的研究对象保持距离，仿佛他们能够以绝对客观、不带任何私人感情的方式展开研究，而梅尔的目的就在于对心理学家的这种做法进行批判，因此他的行文呈现出随意私人的风格是恰到好处的。

以第三人称完成出色写作

正如采用第一人称写作不一定会因为讲述一段人生故事或是个人经历进而显得过于私人和随意一样，第三人称写作也不一定是不带任何个人感情色彩、显得置身事外的。请研读以下选段，第一个选段摘自一本流行科普读物《侏罗纪公园与失落的世界——或是如何制造恐龙》（*The*

Science of Jurassic Park and the Lost World-or-How to Build a Dinosaur），第二个选段则是 A. S. 拜厄特（A. S. Byatt）在《独立杂志》（*Independent Magazine*）发表的文章中选出的关于旅行的一段文字：

The velociraptors of *Jurassic Park* and *The Lost World* are an odd case. They're greedy, selfish, and aggressive — aggressive toward each other and even toward their own infants. On the other hand, they're also skillful pack hunters and appear to put their rivalries aside while chasing their prey: one raptor will maneuver a weak, straying triceratops away from its herd while another waits in hiding to pounce on the prey. But how did orphan raptors acquire the co-operative skills needed for hunting while remaining completely devoid of the similarly cooperative skills needed for living and surviving in a pack?

《侏罗纪公园》和《失落的世界》中的迅猛龙是个奇怪的例子。它们贪婪、自私、好斗——对彼此甚至对自己的孩子都很好斗。而从另一方面来说，它们也是高超的群体猎手，在追逐猎物时似乎会把竞争放在一边：一只迅猛龙会将一只虚弱、迷路的三角龙诱离它的群体，而另一只迅猛龙则躲起来等待突袭猎物。但是，迅猛龙孤儿为什么能获得狩猎所需的合作技能，却完全没有在群体中生活和生存所需的类似合作技能？

在本段中，两位作者运用了第三人称，以轻松随意的风格将读者引入了他们想象中的世界，讲述了迅猛龙的各类捕猎技巧。拜厄特的写作主题虽然没有这样惊心动魄，但同样引人入胜。虽然拜厄特也是用第三人称进行写作的，但她却让我们感到自己仿佛跟随着她的脚步游览了这座宏伟的古城，从她的眼中看到了那个世界。

Nimes is a civilised town. It lies in the sun, its ancient Roman monuments, its beautiful formal garden, the Jardin de la Fontaine, built in the 18th century by a military engineer, its narrow cobbled streets and wide boulevards, its elegant shops and solidly civilised old houses, all part of one harmonious whole. Its name derives from a spring, guarded by a divinity named Nemausus. Augustus Caesar gave this land to the veterans of his victorious Egyptian campaign against Antony and Cleopatra. They must have lived there in a sunny abundance ...

尼姆是一个文明开放的城镇。它沐浴在阳光中，有着古老的罗马遗址，布局匀称的漂亮花园，由一位军事工程师于18世纪修建的带喷泉的庭院，铺着圆石块的窄窄的街道及宽阔的林荫大道，优雅的店铺以及有着文化底蕴的坚固老房子，这一切融合成一个和谐的整体。这个城镇因一股清泉而得名，泉神尼姆修斯守卫着它。一些老兵参与了奥古斯都·恺撒讨伐安东尼和克利奥帕特拉的战役，这片土地正是恺撒赠予那些老兵的。他们一定曾在这里生活于明媚的阳光中……

选择与融合

尽管正如我们列举的一样，不管用第一人称还是第三人称都能够完成出色的写作，但事实上，许多写作者会将这两种人称混在一起使用，而这种用法由来已久。比如，下面选出的是弗洛伦斯·南丁格尔（Florence Nightingale）在《护理札记》（*Notes for Nurses*）中写的一段文字，而该书原版出版于19世纪。

The effect of music upon the sick has been scarcely at all noticed. In fact, its expensiveness, as it is now, makes any general application of it quite out of the question. I will only remark here, that wind instruments, including the human voice, and stringed instruments, capable of continuous sound, have a generally beneficent effect — while the piano-forte, with such instruments as have no continuity of sound, has just the reverse.

音乐对病人的作用几乎无人关注过。事实上，音乐很昂贵，现在亦是如此，这使得对其进行广泛普遍的应用是完全不可能的。我在这里只想说，管乐器（包括人声）和能够发出连续的声音的弦乐器，对人一般都有良好的效果，而钢琴这种没有连续的声音的乐器，其效果则恰恰相反。

在哲学家约翰·罗尔斯（John Rawls）的著作《正义论》（*A Theory of Justice*）的开头，罗尔斯自由地在第一人称与第三人称之间切换。

These propositions seem to express our intuitive conviction of the primacy of justice. No doubt they are expressed too strongly. In any event I wish to inquire whether these contentions or others similar to them are sound, and if so how they can be accounted for. To this end it is necessary to work out a theory of justice in the light of which these assertions can be interpreted and assessed. I shall begin by considering the role of the principles of justice.

这些命题似乎表达了我们对正义至上的直觉信念。毫无疑问，这些命题的表达形式过于强烈了。无论如何，我想问一下这些争论或其他类似的争论是否正确，如果它们是正确的，我们又该如何解释这些争论。为此，我们有必要制定一个正义理论，根据这个理论来解释和评估这些主张。我将先由考虑正义原则的作用开始入手。

而在下一个例子中，斯宾塞（Spencer）书写了人类学家使用语言的不同方式。起初他采用了第三人称，而在第二句话的中间又切换为第一人称。

This article is about recent anthropological questioning of anthropologists' own use of language — the way in which anthropologists use language in representing other cultures, that is the writing of ethnography. It was originally provoked by a recent collection of essays on anthropology as literature entitled *Writing Culture*, but I swiftly found that this was merely the tip of a highly self-conscious and reflexive iceberg, mostly to be found in American anthropology, but with voices intruding from Europe.

这篇文章是关于最近人类学界对人类学家自己使用语言的质疑的，即人类学家使用语言来代表其他文化的方式，也就是民族志的写作。这种质疑最初因最近一本人类学论文集《写作文化》而兴起，但我很快发现，这仅仅是一个高度自我意识和反思性冰山的一角，它主要见于美国人类学界，但其中也伴有欧洲传来的声音。

至此，我们已经列举了许多学科中作家在撰写著作时采用第一人称进行写作的例子，这些学科包括心理学、哲学、政治理论、护理学与人类学。在以上的每个学科中都有学术研究者认为第三人称的使用是绝对不可或缺的，但也有些学者使用更为灵活的研究路径。后者相信真正重要的并不是采用哪一种人称，而是写作者们要用条理分明、论证有力的文体完成清晰细致的写作，以此吸引读者、为读者传递信息并向读者发起挑战。无论从事何种研究，你都会碰到采用第一人称、第二人称或是第三人称进行写作的作者，即使是在自然科学领域也是如此。第一人称正在日益广泛地成为人们写作的主流方式，这与许多学生接收到的信息正好相反。比如，沙钦迈耶、普皮洛和达雷（Schachenmayer, Pupillo and Daley）在《新物理学杂志》（*New Journal of Physics*）上发表的一篇文章中写道：

In this section we introduce the system of bosons moving in 1D in an optical lattice. We first introduce the Hamiltonian describing the system in section 2.1, before discussing the current and general expectations for its stability during time evolution in section 2.2. In order to make stronger connections to quantities that can be measured in an experiment, we introduce the quasicondensate fraction in section 2.3 ...

在这一节中，我们将介绍一维光学晶格中的玻色子运动系统。我们首先介绍在第2.1节中描述该系统的哈密顿量，然后在第2.2节中讨论对其在时间演化过程中稳定性的当前和普遍期望。为了与实验中可以测量的量建立更紧密的联系，我们在第2.3节中引入了准凝聚体分数……

有时候，学术作者们会将第一人称、第二人称与第三人称混起来用，下文就是例子，该段落选自某份权威国际护理期刊中一篇关于语言的文章。

What is the difference between a gammon steak and a slice of pig's buttock? Are they the same thing? Yes, but I'd rather have gammon with my peas and potatoes than a slice of pig's buttock. If I insist on seeing your gammon as a slice of pig's buttock then, surely, I am not just being "more scientific" than you, I am making a point. You are not being "irrational" or “emotional” if you tell me to shut up. I am perhaps trying to disgust you to put you off, to incline you to vegetarianism.

熏腿肉排和猪臀肉有什么区别？它们是一样的吗？是的，但我宁愿就着豌豆和土豆吃熏腿肉排也不愿吃一片猪臀肉。如果我坚持认为你的熏腿肉排是猪臀肉的一部分，那么，我不仅仅是比你“更科学”，我更是在表明一个观点。如果你让我闭嘴，那你就不是“不理智”或“情绪化”了。我也许是想让你厌恶让你扫兴，让你倾向于吃素。

在本段中，作者希望我们能够认真地思考自己使用的语言。为了达到这一目的，他从第三人称切换到第一人称，而同时也使用第二人称来直接与听众对话。在本书中，我们也一直是这样做的，时而通过第一人称展开交谈（这个句子就是如此），时而采用第三人称行文（上个句子就是例子）。同时，当我们想要直接与读者进行对话，让你们进行思考，向你们提出问题或是给出指导时，我们就会采用第二人称。你可以大致浏览一下本页的文字，或是就看看这句话，看你是否能够找到第二人称的用法。

文章结构

为了形成简洁清晰的文风，你不仅要留意自己使用的语言，还要精心组织作品的结构。我们在学生论文中发现的最糟糕的问题就是完全不知道他们说到哪里了，甚至连要点都找不到。作为一名写作者，你的职责就是要帮助读者明确你在写什么，好让她能跟上你的观点思路，从而对你的论据与结论做出评估。

在组织文章结构时，尽量确保读者在阅读过程中能够觉得他能很明确地知道自己马上要读到什么、记得住自己读过了些什么，并且能够明白当前所读的内容与上下文之间的关系。

除非做到这一点，你的读者很容易忽略掉你最想呈现在他们面前的重要观点。

设置路标

在写作时，你使用的路标能够帮助你明确文章几大主要部分的要点是什么。我们说的“路标”是指用以明确论点或讨论部分的导向而采用的语言或是结构上的一些暗示，就像我们在开车时参照的路标一样。在写作时注意路标能够帮助你识别论文的主要框架，以确保你全面地回答了某个问题。除此之外，这样做还可以帮助你杜绝在重点内容中混入无关材料的情况。

或许，我们在学术写作中使用的最重要的路标词就是小标题。当读者在你的思维世界中畅游时，小标题可以通过透露下一站的要点是什么来帮助她明确自己将会读到些什么。比如，在探讨一部戏剧及其与某剧作家其他作品之间的关系时，你或许会使用诸如“情节”“主要角色”“该戏剧与某剧作家其他作品之间的关系”的小标题。如果你在写的是一份科学方面的实验记录，你可能会用到的小标题就是“假设”“方法”“结果”及“结论”等。

在学术写作中会用到的其他几类路标还包括我们称为“先导语”以及“回顾语”的词。身为写作者，你可能会使用这些句子将当前探讨的内容与前文联系起来，同时指明讨论或是论证推进的方向。比如，你可能会写“我将要提出……论点”“正如我前面讨论过的一样……”“我在上文中提出过……”等来提醒读者她们读过些什么，以及如何将这些内容与即将要读到的内容联系起来。这能够帮助她们掌握你的观点，尤其是你的论点较为复杂时。但是，正如我们在前文中指出过的，你一定要确保自己使用的“先导语”与“回顾语”真的能够帮助读者了解文本的框架。经常会有写作者声称自己完成过事实上并没有做过的事情，或是许下一些根本不会兑现的承诺。

先导语与回顾语都应该短小实用，而不应该简单重复说到过的内容。你在写作时常要通过自我提问核查你所使用的先导语与回顾语：

- 我兑现承诺了吗？比如，如果我写下“我将要提出……论点”，我真的提出一个论点了吗？为了证明自己的观点，我给出理由并进行论证了吗？
- 如果我说过会在论文的下文中对某个要点提供更详尽的细节，我真的做到了吗？

- 所有我声称要解决的问题真的都解决了吗？所有声称给出过的论据真的都给出了吗？
- 我声称完成过的事情真的都完成了吗？声称谈到过的事情真的都谈论过吗？
- 如果我使用了诸如“在这一点之后，我们紧接着要说到……”“这一点引导着我展开关于……的讨论”的句子，我声称在前一个要点或论点完成后将要展开的内容真的跟在后面了吗？

字字珠玑

在第八章中，我们曾经建议你养成每日进行五分钟写作的习惯，在这种写作练习中，你无须担心笔下写出的内容是否出彩，是否拼写准确、标点通顺，是否符合一般语法规律或是否能够打动老师等。许多人非常惊讶地发现，当她们在不必担忧以上这些问题时，她们不仅在五分钟内写出了大量的文字，而且写出的文本通常还结构完整、语句通顺。因此，每日五分钟的写作训练是你将脑海中的观点写出来，形成可以进一步改进的文本的好方法，即使是当你觉得自己没有灵感，不确定自己将会写些什么的时候也是如此。如果你想要成为一名出色的写作者，那么这就是你必须培养的能力之一。你需要培养的另外一大能力则是谨慎地打磨文本，以尽可能确保文章字字珠玑，不要出现那些无法充分为文章主旨服务的额外观点。

如果你想要有能力进行理性的取舍，我们现在想为你提供一些帮助，帮助你精进这些技能、养成良好的习惯并赋予你一些必要的勇气。当前一稿中的哪些内容应当在下一稿中继续保留？哪些内容应当拖到回收站中或是留待下一次使用？我们将向你介绍两种对篇幅限定极其严格的文体形式，这意味着其中存在的每一个词都必须有存在的必要：

- 迷你传奇（The mini saga）
- 200词“反思”（The 200-word “reflection”）

篇幅短小但结构精当：50词“迷你传奇”

20世纪80年代，英国的《每日电讯报》举行了一次“迷你传奇”大赛，这种文体由此兴起。出色的迷你传奇都是结构完美的微型故事。当然，“迷你传奇”这个名字听起来就很荒诞，因为我们最熟悉的“传奇”都是流传了很久的长篇故事，是斯堪的纳维亚地区民间传说中十分重要的一部分。成功的迷你传奇通常与解决宏大问题有关。

The Postcard[1]

Friendless, he despatched a letter to the twelfth century. Illuminated

1 我们对于这篇迷你传奇以及后面提到的另外两篇迷你传奇“The Death Touch!”与“Who Dares Wins”的作者深表感激，但我们不知道这几篇作品的作者究竟是谁，因为分享这些故事的人既没有标注这些故事的来源也没有透露其作者姓甚名谁。当然，如果我们在本书推出后续版本之前获知了这些情况，我们将在下一版中进行标注。——原注

scrolls arrived by return post. Jottings to Tutankhamen secured hieroglyphics on papyrus; Hannibal sent a campaign report. But when he addressed the future, hoping for cassettes crammed with wonders, a postcard drifted back with scorched edges. It glowed all night.

明信片

由于没有朋友，他给十二世纪寄了一封信。回信是闪闪发光的卷轴。给图坦卡门的匆匆数笔将象形文字落在纸莎草纸上；汉尼拔发了一份竞选报告。但当他展望未来，希望能收到充满奇迹的磁带时，一张边缘被烧焦的明信片漂了回来。它通宵发着光。

迷你传奇是一种非常特殊的写作形式。同小说与短篇故事一样，它们都旨在讲一个传说，但迷你传奇的有趣之处则在于它高度凝练并且节奏紧凑。一则短篇小说的篇幅可以长达数千个词，但迷你传奇却只能是整整50个词——多一个或少一个都不行。这就赋予了迷你传奇别致的特征，50词的篇幅意味着其中的每一个字眼都是必不可少的，这有些像某些日语诗歌，比如，一首俳句中有17个音节，分为三行，每节的具体音节数分别为5，7，5[1]。

I kill an ant	我杀了蚂蚁，
and realize my three children	才察觉三个孩子，

1　此类俳句的例子可见网址 http://www.toyomasu.com/haiku/#murakami。——原注

have been watching.	围在边上看。
Kato, Shuson	——加藤楸邨
Clouds appear	云朵飘过来，
and bring to men a chance to rest	人们低头歇一歇，
from looking at the moon.	不必再赏月。
Basho, Matsuo	——松尾芭蕉
First autumn morning	初秋的早晨，
the mirror I stare into	我凝视着镜中人，
shows my father's face.	父亲的面容。
Murakami, Kijo	——村上鬼城

像俳句一样，迷你传奇的作者也被迫进行创新性思考，考虑如何将他们要说的内容完美地表达出来，以及如何理想地实现他们所构想的效果。当你只能用50个词来陈述你要表达的内容时，你将完全顾不上卖弄文字或是写些不相干的内容。

The Death Touch!

When a daughter went away to college, she reluctantly left her plants and her goldfish in her mother's care. Once the daughter telephoned and her mother confessed that the plants and the goldfish had died, there was a prolonged silence.

Finally, in a small voice, the daughter asked, “How's Dad?”

死亡之触！

当女儿去上大学时，她不情愿地把自己的花草和金鱼交给了母亲照顾。女儿一打电话，母亲就承认那些花草和金鱼都死了，大家都沉默了很久。最后，女儿小声问道：“爸爸怎么样？”

Who Dares Wins

He was scared. It was his first drop. The transport shuddered violently on its journey through the night. They were over the dropping-zone. Soon it would be knives into unsuspecting bodies. Killing silently. “Ready?” said the Sergeant. “Go.” He said a prayer and jumped into the streets of Troy.

勇者胜

他很害怕。这是他第一次跳下。运输工具在夜间移动时剧烈抖动。他们已经到了下跳位置。刀子很快会刺进毫无戒备的身体，杀人于无声。“准备好了吗？”中士说，“跳。”他祈祷了一下，跳到了特洛伊的大街。

任务28　尝试撰写迷你传奇

试着写一写迷你传奇，其篇幅要求是不多不少正好50个词，但另外还可以起一个字数不超过15词的标题。从体裁上来说，迷你传奇应当使用记叙文体，但千万要注意你的作品要涉及一些“宏大”的问题。

然后试着按书写迷你传奇的规则写一些“迷你论文”——篇幅为50词；标题另起，不超过15词。

200词“反思”

数年以来，利兹都市大学都在推广一种新颖的文体形式——200词“反思”。他们将这些“反思”按照研究与伦理之类的主题整理成系列，发布在学校官网上。这些“反思”在两方面受到限制：篇幅为正好200个词以及只能分为两个段落。什么重要的主题都能够在两个段落中以区区200词表达出来？你或许觉得这很荒谬，而且跟你有同感的人并不在少数。当人们第一次接触到“反思”这种文体形式时，他们几乎都会这样想。但是，大多数尝试过这种文体的人最终都会认为它是有用的，因为它能够迫使我们认真推敲每一个词。以下的三个例子均为利兹都市大学网页上的“伦理反思”。

Saving Life or Saving Death — Who should call it?

Technology has widened the space between dying and death. We are living longer and with higher expectations; as a consequence dying is sometimes prolonged. Consider a patient who was brought into the Emergency Room in cardiac arrest. She had been defibrillated and adrenaline had been administered. The clinician said “This patient’s brain is dead” but continued resuscitation. After a further hour of CPR, he said “This patient’s heart is dead, her brain is dead, does everyone agree?"

The cerebral cortex is redundant after being starved of oxygen for four to six minutes. This woman's brain had not received oxygen for forty minutes prior to resuscitation. In cases like hers, advances in knowledge and technology increase options, but bring with them complexity and dilemmas. Emergency services had correctly followed protocol and using advanced technology had been able to return this woman's heart rhythm to one compatible with life. However, even if she had survived the resuscitative effort, she would have remained in a persistent vegetative state. Her personality and capacity to be who she was, had been lost. Would you want resuscitation in such circumstances? At all costs? Who should decide? How can they ensure that their decisions are ethical ones?

Cara Bailey

(When she wrote this in 2008,

Cara was a PhD Student at the University of Nottingham)

拯救生命还是拯救死亡——谁说了算?

科技拉长了濒死与死亡之间的距离。我们活得更长，期望也更高；因此，濒死的状态有时会被延长。假设一个心脏骤停的病人被带到急诊科。医生对她进行了除颤，并注射了肾上腺素。临床医生说“这个病人的大脑已经死了”，但仍在继续完成心肺复苏。在做了一小时的心肺复苏后，他说：“这个病人的心脏死了，她的大脑也死了，大家都同意吗？”

大脑皮层在缺氧四到六分钟后就已经无法恢复了。这位妇女的大脑在她接受心肺复苏前有40分钟没有接收到氧气。在这种情况下，知识和技术的进步增加了选择，但也带来了复杂性和困境。急救人员正确地遵守了规定，并使用先进的技术使这名妇女的心律恢复到维持生命所需的水平。然而，即使她在接受心肺复苏后幸存下来了，她也会长期处于植物人状态。她的个性和她赖以成为自己的能力已经丧失了。在这种情况下，你需要心肺复苏吗？可以不惜一切代价进行心肺复苏吗？决定应该由谁来做呢？他们如何确保自己的决定是合乎道德的呢？

卡拉·贝利

（在2008年写这篇文章时，卡拉是诺丁汉大学的在读博士生）

The Value of Natural Assets

The Indian Government has recently approved the environmental clearances necessary to allow Vedanta, a UK FTSE–100 company, to proceed with a controversial bauxite mining project in Niyamgiri, Orissa. The proposed site, an area of extraordinary natural beauty, supports a diversity of wildlife within its extensive forests. It is also home to the Dongria Kondh, one of India's remotest tribes, who worship the Niyamgiri Mountain as their "living God". Their unique tribal identity will be destroyed when the mining begins. Anthropologist Felix Padel calls it cultural genocide: "a slow death of everything which makes their lives meaningful". Though several companies have withdrawn their investments from Vedanta over concerns about its environmental and human rights record, they seem intent on proceeding with the project.

Pavan Sukhdev, Head of Deutsche Bank's Global Markets business in India, believes that much of the economic world considers Nature to be an externality. The global economy, he claims, is losing natural capacity at a rate of between two and five trillion dollars every year from the disappearance of forests — a financial loss even greater than that experienced by the current banking crisis. Ironically, Deutsche Bank still has investments in Vedanta, as does the UK's Universities Superannuation Scheme.

Mark Helyar (Writer, theatre director and musician)

自然资产的价值

印度政府最近批准了必要的环境许可，允许被列入英国富时100指数的公司韦丹塔在奥里萨邦的尼亚姆吉里进行一个有争议的铝土矿开采项目。项目拟选址的地区拥有绝美的自然美景，其广阔的森林孕育着多种多样的野生动物。那里也是印度最偏远部落之一——东里亚孔德人的家园。东里亚孔德人将尼亚姆吉里山奉为他们的"活神"。他们独特的部落身份将在采矿开始时被摧毁。人类学家菲利克斯·帕德尔称之为文化灭绝："一切使他们的生活有意义的东西都慢慢死去。"尽管有几家公司因为担心环境和人权问题而撤回了他们对韦丹塔的投资，但他们似乎还是有意继续这个项目。

德意志银行全球市场业务印度区负责人帕万·苏赫德夫认为，许多经济体认为自然是一种外部事物。他声称，全球经济正因森林消失而以每年2至5万亿美元的速度丧失自然承载力，这一损失甚至比当前银行业危机所经历的损失还要大。但讽刺的是，德意志银行仍在韦丹塔投资，英国大学退休金计划也是如此。

马克·赫利亚尔（作家、戏剧导演和音乐家）

Suicide, Ethics and Minding Our Tongues

The words we employ affect the ways we think and the ways we act. That is why, in discussing the morally challenging phenomenon of suicide, it is important to mind our tongues.

For example, since murder is killing from bad intentions, describing suicide as “self murder” begs the question of whether it is morally wrong. And since most acts that are committed are illegal — consider, for example, robbery, arson and fraud, the common practice of referring to suicide as an act“committed” clearly begs the question of whether it is wrong. This problem could be overcome by substituting the neutral expression “he killed himself ” for “he committed suicide”. However, doing so would produce another problem. After all, a person could kill himself without being a suicide. For example, he might drink paraquat, believing it to be gin, in which case his act would not be suicide, even if he died. Another, arguably better, strategy would be to use the verb “to suicide” to indicate no more than that a protagonist acted so as to achieve his death, because he wished to be dead, thus leaving open the question of how his act should be judged, both legally and ethically.

Gavin Fairbairn

自杀、道德与慎言

我们使用的词语影响我们思考和行动的方式。这就是为什么，在讨论具有道德挑战性的自杀现象时，我们需要慎言。

例如，既然谋杀是出于恶意而杀人，那么把自杀描述为“自我谋杀”就预设了这样一个问题：自杀在道德上是否是错误的？由于大多数使用“犯下”一词来形容的行为都是违法的（例如抢劫、纵火和欺诈），那么我们通常在描述自杀行为过程中也使用“犯下”一词其实就预设了自杀是否道德这一问题。这个问题可以通过用“他杀了自己”代替“他犯下了自杀的罪行”来解决。然而，这样做会产生另一个问题。毕竟，一个人可以在不是自杀的情况下杀死自己。例如，他可能把百草枯当作杜松子酒喝下去，在这种情况下，即使他死了，他的行为也不是自杀。另一个可以说更好的策略是直接将“自杀”当做动词来用，表示主人公的行为是为了达到他的死亡目的，他希望自己死。这就留下了一个问题，即在法律和道德上该如何判断他的行为。

加文·费尔贝恩

任务29　写一写200词“反思”

现在，试着写一写200词的“反思”。题目自拟，但要与你的学术研究相关。记住，这篇文本应当是具有严肃性且独立成篇的。它不能是某个篇幅更长的作品的片段或介绍。在撰写初稿时，明确以下三件事情将对你大有帮助：

- 吸引读者，也就是说，让他们对主题感兴趣。
- 给读者带来信息量，也就是说，告诉他们一些他们之前不知道的事情（或是你认为他们不知道的）
- 给读者设置一定的挑战，也就是说，找到一些方式来说服他们，让他们思考或是质疑自己关于主题的设想。

注意，你要做到字字珠玑！

撰写诸如“迷你传奇”和200词“反思”之类篇幅极短的文本看似是一种非常另类的写作训练法，而身为学生需要完成的论文或其他写作任务的篇幅则要长得多。但是，我们希望你至少要在完成任务28和任务29上花些时间，因为这将有效地提高你的写作能力，使你无论篇幅长短的作品都能行文清晰简洁。每位写作者都应当学习的最重要技能之一就是通过删掉无关文章主旨的内容来缩短作品的篇幅。在极致短小的文本中，每个词的去留都需要仔细推敲，因此这种文体也就成了培养取舍技能的良好工具，以便在你撰写篇幅更长的文本时也能自如地应用这种技能。

通过削减篇幅来改进作品

不论一篇文章之前写得多么出色、编辑得多么用心，当篇幅缩短后，几乎所有的文本都能得到改进。因此，如果你想要使书面作品更上一层楼，就试一试削减篇幅吧。

I. 身为学生，你在进行写作时可以将文本稿件打印出来，并带着从中删掉一些词语的目的仔细阅读。

II. 确定你从每页中要删掉多少词，然后果断下手。

III. 如果有必要，假装你的文本其实是别人撰写的。每一页上具体要删掉多少个词其实并不重要，但至少应该在10个以上。我们发现，删掉17个词通常是个不错的选择。

任务30　练习削减篇幅

I. 随意找到一篇文本，但最好是具有较大信息量的，比如学术期刊上登载的文章或是书中的章节。仔细阅读文本并根据上面列举的步骤，通过削减篇幅的方式进一步修改文本。在纸质版上进行练习效果最佳，如果有必要，你可以将文本影印出来，像一名编辑一样在上面“标标写写”的方式再好不过了。

II. 如果你目前正在撰写论文，你可以将稿子打印出来并试着削减篇幅。如果你目前手头上没有正在写的论文，则可以选出一两篇以前的论文进行练习。

清晰度

在1988年美国总统选举中，丹·奎尔（Dan Quayle）成功与总统乔治·H. W. 布什（George H. W. Bush）一同当选，成为美国当时的副总统。当选之际，丹·奎尔发表了一次演说，该演说中的部分内容被一篇文章引用，刊登在了英国的《卫报》上：

> I suppose three important things certainly come to mind that we want to say thank you. The first would be our family. Your family, my family — which is composed of an immediate family of a wife and three children, a larger family with grandparents and aunts and uncles. We all have our family whatever that may be ... time and again I'm often reminded, especially in this presidential campaign, of the importance of a family, and what a family means to this country. And so when you say thanks I suppose the first thing that would come to mind would be to thank the Lord for the family.
>
> 我想，有三件重要的事情会浮现在我们脑海中，让我们想说一声谢谢。首先是我们的家庭。你的家庭，我的家庭——一个由妻子和三个孩子组成的直系亲属小家庭，一个包含祖父母和叔叔阿姨的大家庭。无论家庭的样态如何，我们都有自己的家庭……有人一次又一次地提醒我家庭的重要性以及家庭对这个国家的意义，尤其是在这次总统竞选中。所以当你说谢谢的时候，我想首先想到的是感谢上帝给了我们家庭。

身为学生的你在诸如研讨会或是导师课程中所需要达到的要求不太可能有这位总统候选人需要达到的那么严苛，但是你的导师大概会希望你和你的同学们在论文中呈现出比这段丹·奎尔的演说片段更高的清晰度和更强的指向性。在写作中，因为你拥有了更多思考的时间，导师的期望值是不一样的。但是，有些学生，甚至是专业的学术研究人员有时都会写出在某些方面与丹·奎尔的演说片段很相似的东西。比如，奈杰尔·S. 德·卡梅隆（Nigel S. de Cameron）在探讨人类胚胎的处理问题时，写出了以下令人印象深刻的句子：

> May we not argue that the way in which such conflicts should be met in our society involves (a) a cautious and conservative approach to fundamental change; (b) a recognition that certain courses of action are ruled out, since they are profoundly offensive to many people (majority? substantial minority? — so much depends on how the question is framed); (c) an awareness that there are arguments unconnected with Christian religious and ethical convictions which tend to support them, or (put it another way) to show that they are reasonable (in this case we are working with a concept of human rights and human dignity as co-extensive with Homo sapiens)?
>
> 我们是否可以说，在我们的社会中应对这种冲突的方式包括：（a）对根本变革采取谨慎和保守的态度；（b）认识到某些行动方案是不可行的，因为它们对许多人（多数人？数量可观

的少数人？——这在很大程度上取决于问题是如何构思的）具有极强的冒犯性；（c）意识到有一些与基督教宗教和伦理信仰无关的论点倾向于支持这些论点，或者（换一种说法）表明这些论点是合理的（在这种情况下，我们是在研究与人类的人权和为人尊严范围相当的概念）？

任务31　卡梅隆想要表达什么？

试着写下你认为卡梅隆想要表达的内容。尽管我们很清楚他肯定有所指，但这个段落本身晦涩难懂，里面既列出了三个要点，又包含了旁白与问题，因此读到最后，你很难记得开头说了些什么。

一些作者会营造出一种自己有些十分重要的内容要表达的氛围，即使在他们根本没有话想说，甚至自己都不清楚自己想说些什么的时候也是如此。他们会刻意使用艰深晦涩的词或短语、引用文学典故以及采用大量隐喻来达到这一目的。比如，下面的段落看起来具有严谨的学术形式以及专业的内容，但我们几乎一个词都看不懂。请注意其中以拉丁语与希腊语为词源的单词，以及对从“Akademus”一词衍生出“Academy”一词这一典故的引用。同时，你再留意一下奇怪的词组“an essential resonance of transcendence”，这个词组大概是确有所指的，但我们却猜不透它究竟是何含义。

Education is to do with educing, with releasing, with liberating. It would seem to do with the free and animated play of mind over experienced phenomena. Educating Rita is not training her; it is essentially releasing her into the life of thought and, therefore, existential possibility. It is no accident that the word "school" derives from the Greek word "schole" meaning both leisure (freedom from necessity) and discussion; freedom we might say, for discourse. It is pertinent that the word "academy" derives from Akademus, the man who owned the garden/grove in which Plato and his students discussed philosophy. The metaphor of the garden—a protected place where utile pressure is off, where the mind can struggle to think its own thoughts—gives an essential resonance to this cluster of key words; education, school, academy. Certainly education bears within it the distinct resonance of transcendence.

教育是引导、是释放、是解放。这似乎与精神对经验现象的自由而活跃的作用有关。教育丽塔不是训练她；教育的本质上是把她释放到有思想的生活中，从而释放出存在的可能性。“学校”一词来源于希腊语“schole”，意思是休闲（从需要中解脱出来）和讨论，这绝非偶然；我们可以说，自由是为了话语。与此相关的是，“学院”一词来源于阿卡德摩斯，他是柏拉图和他的学生讨论哲学的花园或小树林的主人。“花园”是一个隐喻，象征着一个被保护的地方。在那里，人们有益的压力可以得到释放，人们的思想可以奋力思考属于头脑自身的想法。这一隐喻为这一组关键词带来了本质的共鸣：教育、学校、学院。当然，教育本身就承载着鲜明的超越性共鸣。

任务32 阿布兹想要说什么？

在第三部分，我们将会提出，在阅读他人撰写的作品时我们要采用一种更为宽容的方式。我们在阅读阿布兹所写的这段文字时也是这样做的。但即使是如此，我们还是几乎什么都看不懂。

试着说一说你认为阿布兹在这段文字中想要表达些什么，并用自己的话写下来。写作时注意抓住他所要表达的重点，而不是逐词逐句地翻译。然后，在你撰写的版本的基础上进行篇幅缩减。

一位名为丹尼尔（Daniel）的师范专业学生，在研究生阶段撰写的一篇关于小孩子是以哪些方式理解世界的论文中写下了这样的文字：

We are aesthetic beings long before we are rational beings, since, from a new-born babe, a person begins to mediate his or her world through the basic senses of sight, sound, smell, touch, and taste, thus bringing together through pain, pleasure or a sense of well-being, intimations of the nature of our world, and with it, a commitment to basic understanding; the development of which demands a particular kind of imaginative attention to things made, performed or learned; and in doing so, become critically reflective in his or her responses to them.

早在我们成为理性的生物之前，我们是具有审美能力的生物，因此，从还是一个呱呱坠地的婴儿时开始，我们就开始通过看、听、闻、触和尝的基本感官来与世界沟通，从而通过痛苦、愉悦或是幸福感将对于我们世界本质的暗示归于心中；通过这些体验，我们得到了基本的理解力，而理解力的发展则需要我们对于被创造、被进行或是被学习的事物赋予一种特定的富有想象力的注意力；这样一来，我们就能够在应对事物的过程中变得具有批判反思精神。

任务33　丹尼尔想表达些什么？

丹尼尔使用的句子很长，尽管它让人认为这个句子连贯性很好，看起来也充满哲理性，但却让人很难顺畅地从头到尾理解整个句子。这个句子分为几个部分，且一直在使用逗号，这种结构意味着作者自己也意识到这一句话中充满了互不相干的观点。试着用三到四个句子来重写这句话，看看能不能让意思表达得更为明确。

请确保你使用的语言能够帮助你有效地传达意义，而不是阻塞意义的传递。

保证连贯性

身为一名学生，你在进行写作时必须确保书写的内容是连贯的，换言之，你写出的内容要密切相关，不仅是在单个句子或段落的层面上相关，而且要形成完整统一的文本。思考以下例子或许对你有帮助。

假设一位历史系的本科生正在写一篇关于第二次世界大战爆发起因的论文，在论文中，她想要表明“从某种意义上来说是欧洲国家导致了战争爆发”的观点。而她证明这一论点所采用的论据就可能包括以下说法：在20世纪20年代至30年代，欧洲国家干预了德国政治，从而造成了德国左翼的分化，这才使得希特勒上位。

现在假设在这篇论文推进过程中，我们的这位小历史学家又提出，德国在1939年入侵波兰，从而招致了欧洲国家的敌视。乍看之下，这种说法似乎证实了她的文章具有前后矛盾的弊病，因为看起来她好像在说“二战”是欧洲国家导致的，而同时“二战”又是德国造成的。

但幸运的是，我们的小历史学家似乎已经预见到了自己的窘境，因为她已经想象到了具有批判精神的读者会怎么评价她的论文。所以，在进行论证时，她就通过区分不同意义上的“起因”规避了不连贯这一弊病。比如，她指出，欧洲国家在20世纪20至30年代间干预德国政治的行为对于希特勒在德国上位一事上具有决定性的意义。从这个角度来说，的确是欧洲国家引发了“二战”，但这种说法与其后面表述的观点——德国入侵波兰的行为导致了两国间敌对情绪的爆发之间并不矛盾。无论她的论证是否具有说服力、是否说得通，她至少都在尝试着维持作品的清晰度和连贯性。

请记住，那些阅读你作品的读者（包括你的导师）无法向你提问，也无法询问你写出笔下的内容究竟有何目的。请你始终记住，作为一名写作者，你可以利用你的记忆、文档、笔记、参考书等各类信息源，但是你的读者们并没有这种资源。因此，既然你的读者无法向你发问以厘清作品的脉络，那么，你就必须保证作品是清晰、连贯的，而且文本中不存在会阻碍他们理解的空白缺失之处。

关注读者需求

身为一名学生，如果你想让读者领会你要传达的信息，那么你在进行写作时就应当关注他们以及他们的需求。请千万确保你的论文中没有缺漏跳跃的问题，因为这些问题都会影响到读者，让他们无法明白你到底想说些什么。

在写作时，试着保持文本的连贯性，请你始终提醒自己，你的读者并不像你那样了解你写作的主题，并且他们也接触不到你所能接触到的资源。

同时，你也要记住，即使你的导师们懂得比你多，他们也不见得读过同样的资料或对某一问题的想法与你一致。

身为一名写作者，你唯一能够预想的是，你的读者只有你的论文这一种信息来源。因此，即使你认为学识尚可的读者应当对你的论文主题了解颇多，你在撰写论文时也必须确保文本囊括了所有重要信息。

在撰写论文过程中，你要把自己当作当前主题的门外汉，不时花上一些时间读一读自己写出来的东西，挑出信息缺失因而可能使读者觉得困惑的地方。然后你要确保这些信息以容易理解的形式出现在你的论文中。

给读者提供充分的背景，让他们能够跟上你的思路或论证过程完全不同于侮辱他们或是在他们面前卖弄。为读者提供重要的信息点并不会辱没他们的智慧，漫不经心的论证、拒绝给出关键信息或是参考资料才是真正的侮辱。我们继续用这个“二战”的例子来进行说明。在论文中，这位小历史学家可能会提到共产国际（Comintern）以及魏玛共和国（Weimar Republic）。如果要提到这些术语，她就需要对它们进行简要的介绍，然后再将其用于展开论证。

牢牢记住读者的需求并多次重读自己的论文，如果读者的需求并没有得到满足，花点时间重写现有的内容，这样做能够改进论文的质量。

精心选词

词是你用于表情达意的工具，你所选取的工具越趁手，成功传递理念的概率就越高。尽量试着用一些短小且日常化的词，这样做并不是因为长一些的英文单词有什么问题，而是因为复杂一些的词经常会被误用甚至是滥用。有些写作者只想着显示自己有多聪明睿智，而忽视了他们的目的是明确地传递意义。给导师留下深刻的印象固然重要，但遗憾的是，许多学生头脑中形成了错误的观念，他们会认为艰深的用词和晦涩的句式能够帮助他们达到目的。但其实并不能。尽管听起来很高端，但艰深和“高端”的词并不一定能够为你的目的服务。

最能打动导师的是论文的清晰度。你应该用简单明了的方式以及恰当的用词将你对材料的理解书写下来，展示在他们面前。同时，如果你可以表现出自己已经形成了自我观点并以一种让人容易理解的方式将其写了出来，你很可能就离成功不远了。

千万别抱着想要打动导师的念头使用一些自己不熟悉的词，你很可能只会展现出自己的无知。

同义词

同义词是指意义相同或是非常接近的词。作为博采各种语言之众长的一门语言，英语中同义词数量众多。这带来的好处是你在使用词语时选择众多，可能用哪个都对。但是，可供选择的词语丰富也会带来问题。有时候，你可能会因为想让作品显得更有趣或听起来更重要，或为了令别人印象更深刻，忍不住想用同义词来替换平时惯用的词语。但问题是，虽然有些词意义非常相近，但却并不是可以互换的。比如，虽然“begin”和“start”表示的意思差不多，但你却不能写“the Judge began the race by firing a gun”，你得用“start”; 而尽管“home”和“residence”是同义词，你也不能写“an Englishman’s residence is his castle”，而只能是“an Englishman’s home is his castle”，因为“residence”并不能传达“home”表达出的温馨感。

当你考虑用同义词替换你原本想用的词语，尤其是当你使用自己并不熟悉的词语时，千万要确保其在上下文语境中的合理性。

一名写作者的职责就是传递意义，因此你使用的词语应当能让你感到舒适，且含义是你能够理解的。千万不要冒险用一些你不熟悉或是含义不明的词语。使用这些词语意味着你将面临出丑的风险。你不仅应该规避自己不熟悉的词语，而且要尽量避开那些你认为读者理解起来有困难的词语。千万不要想当然地认为你的导师对你使用的专业词语了如指掌，除非你能确定这是导师所研究的学科中的通用词语。这一点同时适用于专业术语以及从日常用语中衍生出来、被用于发挥某种特定功能的常规词语，对“新词”（近期才被创造出来的，被用于发挥某种特定功能的词语）来说也是如此。当你想要使用新词或是有了新内涵的旧词，你都应当先考虑一下使用这些词语是否能让你要表达的意义变得更清晰，并在首次使用这些词语时进行简要的介绍。

千万不要使用读者可能看不懂的词，不要把他们搞得稀里糊涂。

每当你想要用一个似乎更能打动人的词来替换自己的惯用词，你都要问问自己，你是否需要那个不那么常用的词所表达的特定含义。在你打算用自己并不太熟悉的那个词之前，千万要确保自己能够用得准确无误。

尽量规避术语与技术性语言

“术语”是指某个特定的职业或研究领域中使用的专业词语，比如社会学、法律、计算机科学或是经济学。在专业领域内使用术语通常是合情合理的，因为它能够帮助我们更加简洁精准地传递意思。但是，我们如果在与相关专业领域外的人沟通时使用术语，问题通常就会产生。这就是为什么我们在术语语言圈之外要避免使用术语。

如果你只是觉得术语听起来不错，或是想让自己显得博学多才，请避免使用术语，而尽量以日常词语替代术语。

只有在为你认为绝对熟悉术语的人群进行写作，或是你愿意对读者讲解术语含义时，使用术语才是恰当的。毕竟，如果你的读者不会说法语，你就不会选择用法语写作，同理，如果读者看不懂，你又何必使用“Computerese”（电脑行话）之类的术语呢？

避免使用术语与艰深的词语，除非它们能让你更为清晰地传达意义。

避免包含冗词的短语

英语中有一些短语中包含着拖沓冗余的词语。比如：

- 有些人使用“quite unique”（相当独特）这个短语来形容人物、事物、地点或事件，但这里的“quite”一词完全是多余的，因为所谓的独特性是无法进行程度划分的。我们不能说有些东西有一些独特、非常独特或是绝对独特。独特就是独特。
- 有些人会说一件物品与另一件之间具有“close proximity”（高度相似性），而这里的“close”一词也是多余的，因为“proximity”一词本身就已经表达了相似性。
- 有时候你会习惯地说自己的观点是建立在“prior experience”（过去的经验）基础之上，说得好像如果你愿意，也可以照样把观点建立在将来的经验之上似的。
- 用于描绘一种情况的“absolutely impossible”（绝对不可能）和“really impossible”（真的不可能）之类的短语也包含冗余词语。

我们还可以思考以下例子（括号中的说法是更为恰当的）：

a total of 35 891 visitors（35 891 visitors）

an added bonus（bonus）

completely eradicated（eradicated）

end result（result）

free gift（gift）

personal opinion（opinion）

prior experience（experience）

repeat again（repeat）

completely exhausted (exhausted)

summarize briefly (summarize)

triangular in shape (triangular)

very widespread (widespread)

adequate enough (adequate)

surrounded on all sides (surrounded)

任务34 搜索冗余词语

阅读一些你曾经写过的论文以及某些报章杂志，找一找里面包含的冗余词语。尽量避免使用这些词语。

不要使用缩略语干扰读者

作为有文化素养的人，你的读者们（其中也包括你的导师）会很熟悉许多的缩略语，比如，用 Prof.（Professor）代表教授，用 Mr（Mister）代表先生；UNESCO（联合国教科文组织）或是 NATO（北大西洋公约组织）之类的首字母缩略词；以及 AA（Automobile Association，汽车协会）和 MA（Master of Arts，文学硕士）之类的首字母连写词。但是，你需要注意的是，你的读者毕竟没有从事你所进行的研究，没有读过你阅读过的文献，因此，他们不一定熟悉某些你认为平常的缩略语，所以你在使用缩略语时务必谨慎。你在第一次使用某个缩略语时可以先写缩略形式，然后在后边用括号标注出其全称，你也可以先直接使用其全称，而在它后面标注出缩略形式。

The United Nations International Children's Emergency Fund (UNICEF) is active in many parts of the world.

联合国儿童基金会（UNICEF）在世界各地活跃。

The School of Applied Global Ethics (SAGE) was created in 2004.

应用全球伦理学院（SAGE）创立于2004年。

SPUC (The Society for the Protection of Unborn Children) is completely opposed to abortion.

SPUC（未出生儿童保护协会）完全反对堕胎。

Over the years the WHO (World Health Organization) has regularly taken issue with Nestlé over their marketing of formula baby milk in developing countries.

多年来WHO（世界卫生组织）经常与雀巢公司就他们的配方奶粉在发展中国家销售的问题进行争论。

在引入缩略语并同时标注好它们所代表的内涵之后，我们通常就可以独立使用该缩略语了。但是，对于一些硕博论文之类篇幅很长的文章，我们经常需要再向读者交代一下已经数页未提及的缩略语的含义。

同时，由于这类文件中会使用到诸多缩略语，如果有必要，我们也可以列一张全面的缩略语清单或表格供读者参考。

当下，各种类型的首字母缩略语层出不穷，所以你在论文中引入这些词语之前务必三思。一般来说，只有在以下两种情况下你才能够使用此类词语：

- 该首字母缩略语所指代的团体或组织名总是或是通常是以首字母缩略语的形式出现的。
- 使用首字母缩略语能够令你的文本更为简洁美观。

文体陷阱

我们已经探讨过了身为学生的你应当注意的一些文体事项。在此过程中，我们也向那些粗枝大叶的学生，尤其是一些急于在导师面前一鸣惊人的学生发出了预警信号。最后，我们想要向大家介绍一些所有写作者都有可能中招的文体陷阱，以此来为第二部分收尾。

“空洞”的词语与短语

英语中存在大量毫无意义却颇有吸引力的短语。或许是因为这些短语被说得过于频繁了，它们仿佛已经成了我们的老朋友。我们在谈话过程中会用到这些短语：

- all things considered

- at the end of the day
- for all intents and purposes
- I mean to say
- in a real sense
- it has to be said that
- on the whole
- very real
- when push comes to shove

在新闻类文字以及政客等在对媒体采访的回应中，你会经常遇到大量此类表述。比如，在1997至1998年，英国前首相托尼·布莱尔（Tony Blair）接受媒体采访时就会习惯性地说“I mean to say ...”（我想说的是……），好像他自己知道他正在说的话并不是自己真正想说的，或者不是他应该说出来的一样。

你应当避免在学术研究中使用此类空洞的词语，因为这些词不仅毫无意义，还占了篇幅，替代了你本应当用于表达一些有价值的观点的词语。与空洞词语的使用相伴而来的问题是以下短语的盛行，而这些短语除了占据篇幅一无是处，因为我们完全可以使用更简洁精当的同类说法（括号中的说法更加简洁）：

- at the present time (now)
- in the event that (if)
- has a tendency to (tends to)

- in many instances (often)
- during the time that I was engaged in a study of ... (while I was studying ...)

当一个词就够用的时候，你就不需要用好几个词。在撰写论文的开篇或是一句话的开头时特别要注意你可能会犯的毛病，因为在这些时候，你会很想就自己要表述的内容侃侃而谈：

In beginning to address this aspect of my topic, I would first like to ...

在开始讨论我的主题的这个方面之前，我首先想……

To make clear the extent of the involvement of the Pied Piper in the exit from the village of Hamelin, not only of the rats, but of the children, it is first necessary to give an overview ...

为了弄清花衣魔笛手在不仅是老鼠还有孩子们从哈梅林村离开这件事中的参与程度，首先有必要概述一下……

我们通常可以对此类句子进行缩减甚至全句删除，文本却不会受到任何影响，这是因为，除了延迟作者将真正想说的话表达出来，这类句子完全没有起到任何其他作用。因此，我们就算将它们删掉也完全不会改变需要陈述的要点。

我们经常会在讨论中听到此类短语，而有时候，人们太过频繁地使用这些说法，以至于我们会觉着这些空话层层叠叠堆在一起，几乎忘了话中究竟是否存在真正有意义的内容。比如，政客们在电视采访中给出了以下回复：

With reference to the claim that I misled the House about the extent of my involvement in this affair, I should just like to say that at no time have I set out intentionally to deceive anyone.

有人说我误导了众议院，使其对我在这件事中的牵连程度产生误解，对此，我只想说，我从来没有故意欺骗任何人。

At this moment in time, given the constraints under which we are operating and the very difficult situation in which we find ourselves, I want just to say that the measures we have put in place are essential if we are to improve things in the long term.

在这个时候，鉴于我们的行动所受到的限制和我们所处的非常困难的情况，我只想说，如果要长期改善情况，我们所采取的措施是必不可少的。

在第一个例句中，从句子的开头直到“at no time have I”都是无关痛痒的内容，除了为说话者赢得一些思考的时间，这些词语几乎没有意义。第二个例句也是一样，从开头到“the measures”都没有实质内容。从某种程度上来说，在现场采访中，通过这种方式进行空间填充是可以理解的。但是，在写作中这种情况就不可原谅了。我们在下笔之前就应当进行过思考，而我们写出来的东西应当是自己确实想要传达的。对我们来说，在读者理解你真正想要传达的要点之前，让他们读一大堆毫无关联或者是关联性微乎其微的冗词套话是一种对读者的不尊重。此外，如果文章中套话过多，读者也很可能完全忽略文章真正的重点。

诸如“it follows from this that”和“this leads me into a discussion of ”的短语的确能发挥一定的功能，可是，它们会带来一种句子极具计划性、结构性、连贯性与逻辑性的表象，但句子的内容本身往往并不具备这些品质。因此，你在使用这些短语时请确保言出必行，确认你已经完成了或是正要着手去做在句子中声称已经完成或是正要去做的事情。

僵化的语言

有时，语言会变得死板僵化。因此，当说话者或写作者在使用这些僵化的词语而非用创造性的说法来表达观点时，他们并没有真正地思考自己想要表述什么，而只是机械性地胡乱拼凑些现成的短语来应付了事。僵化语言中最具代表性的例子就是陈词滥调——我们嘴边常常不自觉地迸出来的常用词语、短语或句子，但由于使用得过于频繁，这些词句已经失去了曾经的效用。

我们要尽量避免在说话时使用陈词滥调。但是，更重要的是，在写作中要绝对避免使用它们。在说话时，说话者与听话者是有直接接触的，这让说话者有机会阐明他们使用的陈词滥调背后隐藏的想法或情绪，但在写作中，这却是不可能的。因此，你应当避免用“at the sharp end”来指代人们实际参与的活动出现了问题、用“in the cold night of day”来表示所有的问题或可能性都已经被冷静思量过了，或是用“at the moment in time”表示一个问题现在正在被处理，而不是以前的什么时候已经被处理过了，因为显而易见的是，这个人此刻就在书写或是讲话，而这些动作并不是发生在过去的某个时刻的。

许多陈词滥调也曾经是出色的隐喻，以极其新颖的方式完成过意义的传递，直到滥用让它们变得苍白平庸，甚至是成了容易遭人戏谑的说法。大多数人都会不时用到陈词滥调，有些人甚至经常使用。有些人说话或写作的方式会暴露出他们其实还没有思考清楚自己正在表达的内容，而暴露的原因是他们会将隐喻和那些与之格格不入的意象并置在一起，形成“混杂隐喻”。比如，我们的同事中就有一位陈词滥调大王，有一回，当他想表示自己身为一名教师是多么勤勉努力时，就说了以下一番词不达意的话：

> Unlike some colleagues I came into teacher education straight from the coal-face with my pockets still full of chalk dust.

你在说话或写作时，请留心倾听自己的话语，避免使用过多的陈词滥调以及僵化的隐喻，否则你就可能让自己变得像我们上个例子中的这位同事一样可笑。

任务35　收集陈词滥调

将你在电视和广播中或酒吧里听到的，或是书籍报刊里看到的陈词滥调记录下来。

大方承认自己使用过的陈词滥调（然后尽量不要再用了）。比如，你上次使用“it goes without saying”“in any shape or form”“last but not least”或是“to all intents and purposes”是什么时候？

歧 义

在英语中，“Every boy loves some girl.”这句话的意义是含混不清的。写出这个句子的人是想说每个男孩都有一位令他们爱慕的女孩，还是有那么一位女孩是令所有男生都倾心的呢？而“All the nice girls love a sailor.”这句话的语义也是模棱两可的，尽管所有的好女孩都认识某一位水手的可能性很低，但我们也不能排除真有一位水手赢得了所有好女孩芳心的情况是确实存在的。

歧义通常是很可笑的。比如，思考以下例子：

- The child who had lost a glove at school and who came home delighted a few days later and told her dad, “I found my glove walking up the corridor”.
- The sign in a restaurant that proclaimed, “Patrons who think our waiters are rude should see the manager”.
- The article in a local newspaper that began, “Brian kept his pigeons down the garden with his brother Sid”.
- The advertisement offering a dog for sale that read, “Dog for sale.

Will eat anything. Loves children".

避免歧义，即在写作时避免写出会产生超过一种意义的内容。

在自己的文字中要挑出歧义是很困难的，因此你应当找别人来为你核查此类问题。

时刻保持警醒，留意自己所写的内容是否存在不同的解读方式。千万不要想当然地认为你懂自己在说什么，读者也就能懂你在说什么。

非规范化的英语表述形式也会导致歧义，这也就是你要在学术写作中避免非规范化说法的一大原因。此外，使用规范化的语言也意味着有更多人能够看得懂你写的内容，并与你互动[1]。比如，在英国约克郡，"while"一词通常用于表示规范英语中的"until"所表达的意思。因此，"I'm waiting while school finishes"的意思是"I'm waiting until school finishes"。在某些语境中，"while"的使用会带来有趣的结果。比如，想象一下这个场景：一个从约克郡来的人开车穿过一片陌生区域，他恰好

1　在口语或是除了学术写作的其他类型的写作中究竟要使用怎样的语言，决定权完全在你。值得注意的是，在某些语境中，使用一些方言甚至是带点地域性的口音能够带来明显的优势，而在另一些语境中，使用规范化的语言效果更佳。——原注

来到了一个铁道路口，有个牌子上写着“Wait here while trains pass.”。

你该如何提高写作水平？

在第二部分中，我们已经说服你相信，身为一位学生，学习如何良好地写作是十分必要的，同时也向你展示过一些增加你进行良好写作机会的方式。最后，让我们简单地回顾一下一些要点吧。

请记住：

写作风格尽量简洁，避免使用长难句，用词也尽量简单。

不要使用术语，除非使用术语能帮你更加清晰地传递意义。

紧扣主题，不要跑题谈论一些与主题相关性不强的话题。

写作时要遵从语法规则，并确认你写出的内容是合乎逻辑的。

确保你使用的标点符号能够帮助读者明白你想表达的意思。

留心作品的结构，确保自己的观点是以最完美的顺序呈现出来的。

使用小标题或其他指示语帮助读者厘清你的各个观点之间的联系。

努力让文本通顺流畅，让读者不用费心多想就能一句句地跟下来。

确保你的段落都是真正意义上的段落，即段落中真的包含某个主题或论点的独立要点。

检查拼写。

在写作过程中，多次核查论文以确保其具有逻辑性，且你一一陈述了能证明其逻辑性存在的内容。

避免篇幅冗长、文风浮夸；不要写官样文章和陈词滥调。

积极寻求并听从他人的看法，但要保证自己才是最严苛（也是最好的）的批评者。

遵循相应的引用与参考惯例。

检查作品

在第七章中，我们对写作过程展开过讨论，强调过编辑与校对的重要性。我们在探讨写作的某些实际操作时（标点、拼写、语法以及引用与参考的惯例）也曾谈及这两点。因此，你可能会想我们提过时时刻刻检查自己的论文的重要性这么多次，那我们总该满意了吧。如果这样想，那你就错了。完成出色的写作完全依赖检查作品这一习惯，所以我们还是感觉到要不断向你重申这一点具有必要性。

经常重读并检查作品

在完成论文及其他写作任务时，你要定期重读写过的内容以确定自己是否充分地阐明了主题，是否尽可能出色地运用了语言。在阅读过程中，对自己提出以下问题：

- 我写的内容是否流畅易懂？
- 它传达出我想要传达的意义了吗？

- 我解答了提出的问题、完成了设定的任务吗?
- 我论证充分吗? 能够说服读者采纳我的观点吗?
- 我的论点论据结构合理吗?
- 我引用的文献是否都得到合理利用了? 我引用它们的理由表述清晰吗?
- 我举的例子和故事都精当有效吗?
- 我是否写了一些与主题无关的内容?
- 某些地方是否存在无谓的重复?
- 如果想让论文显得更简单易懂且更有趣，我该如何修改呢?

除此之外，你还要检查以下自己是否犯了拼写、标点或语法等方面的错误。问问自己:

- 我是否犯了拼写错误?
- 我是否犯了语法错误?
- 我是否犯了标点方面的错误?

最后，你还需要核查文章，以确保自己没有剽窃的嫌疑。你是否给源自他人的观点或词标注了来源，是否在文内进行了引用并对参考文献信息进行了完整的标注? 是否采用了我们列在前文探讨过的引用和参考惯例?

第三部分

思辨：说服的艺术

REASONING

PART 3

在第三部分，我们要着力帮助你提升在写作中说服读者的技巧，告诉你如何通过呈现对你支持的观点有利的证据与理由来展开论证，并说服读者采纳你的观点。我们还想为你分析与评估可能遇到的论点和论证提供一些帮助，让你能够熟练地识别他人在得出其赞成的结论之前是否说明了合理的缘由。想要掌握这方面的能力，你就需要学着区分出色的理由与蹩脚的理由，以及理性与非理性的说服方式。

学会区分不同的说服方式，使用小花招或是诉诸情感的方式进行的说服与通过充分合理的证据进行的说服是完全不同的。

我们建议你采用后一种方式，并希望你变得擅长识破前一种方式。

在第十二章中，我们重点关注理性说服方式与非理性说服方式之间的总体差异。理性说服方式旨在通过合理的论证来说服读者采信某种观点，而非理性的说服方式则可能通过诉诸情感等方法实现其目的。在第十三章中，我们会为你引入一些实践，帮助你掌握不同类型的论证法。第十四章则主要探讨应该如何对论点论证进行评估。

第十二章
影响他人的想法

在本章中，我们将会采用史蒂芬·图尔明（Stephen Toulmin）著作中关于非形式推理的一些简单易懂的观点帮助你学会如何拆解论点以及重塑并评估自己的论点。

当我们在写作中形成或捍卫某一立场，我们都希望自己能够说服读者也相信我们所说的是对的，或至少是可行的。为了达到这一目的，我们要提出一个或一些说法，并通过提供证明依据来捍卫这种说法。

一些术语：

论点（claim）：我们希望读者或听众相信的事。

论据（ground）：用于支持论点的陈述。

论证（argument）：受到论据支撑的论点。

我们要分清两种不同的说服方式，即尊重我们希望说服对象的理性的说服方式以及不尊重其理性的说服方式，这一点十分重要。一些人在论述一个观点时用各种手段营造出严谨的文风，但其论文实际上却并不严谨，这是完全有可能的。比如，你可能会写出下列句子：

> "It follows from what I have just said that ..."，但其实后面什么内容都没跟。
>
> "I have argued that ..."，但其实你此前根本就没提出过任何观点。
>
> "I refute the suggestion that ..."，但其实你仅仅是否定了这条建议，而并没有真的驳倒它。
>
> "It has been shown that ..."，但其实根本没有表明过什么事。

当你使用诸如"It follows from ..." "I have shown that ..."或"I have argued that ..."的短语时，你通常需要自圆其说。但你如果仅仅是字面上用了这些表达方式，这些短语就不能使你的作品真的变得连贯或严谨。换句话来说就是，通过语言表述出你已经提出过什么论点或是呈现过什么内容，或是声称在前文中得出了一条什么结论并不意味着你声称自己完成过的内容就真的已经完成了。这些短语通常只是装饰词，并不意味着你真的在进行论证。

成熟的文体是加分项，它能够帮助你打造更具说服力的篇章，但在

华丽字眼的掩盖之下，实质内容的缺失也会被我们忽略。

试着避免只是营造出论述合乎逻辑性的表象，除非你的确是在进行脚踏实地的论述。

理性的说服方式与非理性的说服方式

如果我光试着让你相信某件事，但却完全不为此提供任何证据，也不说明你应该相信这件事的合理原因，那么我采用的就是非理性的说服方式。比如，假设你的政治才能十分平庸，但却十分渴望成为鲁里坦尼亚[1]的副总统。鉴于你的雄心壮志，多种基于理性的理由驱动你参加副总统竞选，至少从你的视角来看是这样的。比如，在鲁里坦尼亚（以及一些其他国家），如果跟着热门的总统候选人参加竞选，即使是一头驴都有可能当上副总统。但是，如果我通过吹嘘你有多么才华横溢的方式说服你去参与了竞选，而你也欣然接受了我的溜须拍马，那么我则是通过满足你的虚荣心的方式完成了说服任务。我的论点是你应当成为鲁里坦尼亚的副总统，而论据是你是一名杰出的政治家。如果你欣然接受了，那是因为你的虚荣心驱使着你被这一论据说服，而不是因为你认为这个论据能够证明你是一名杰出的政治家。

从另一个方面来说，我还可以通过表面上看似采用了理性论证但实则并没有的手段来说服你相信某事（也有可能我自己都没有意识到这一

1　作家安东尼·霍普（Anthony Hope）在其书中虚构的一个中欧国家。——编注

点）。比如，我可能会说，因为最近的格温内思郡民意测验显示威尔士民族党领先，威尔士民族党会在大选中胜出。然而，这对于预测英国全国层面上的选举结果根本算不上什么有力的论据。你知道为什么吗？我在根本不考虑威尔士民族党在格温内思郡的民意测验中的相对优势与其在英国其他地区内地位的情况下，莽撞地提出了这一论点。这或许是因为我被自己对该党的热情冲昏了头脑。再举一个例子，如果我的脸上长了红点，你可能会笃定地告诉我，我得了水痘，而你的论据是得水痘的人脸上会长出红点。尽管我有可能是得了水痘，但这个论据证明不了这一点。长红点可以作为我得了水痘的证据，但光是这一条证据却无法证明我得了水痘。换个角度来说，长红点可以说明我可能患有包括水痘在内的一系列疾病。

有时候，我们可以通过给出证据理性地说服他人。比如，如果某种疤痕只可能是被某一种特定的蛇咬伤留下的痕迹，而某人身上有这种疤痕，那么我们用这一证据来说服他相信自己被这种蛇咬伤了就是合理的。从另一个方面来说，我们也可能采用非理性的说服方式来试图唤醒他人的情感。比如，无论是约翰用一张在孕期28周时被拿掉的胎儿的照片来试图说服雷切尔堕胎是令人发指的，还是雷切尔用在法律禁止堕胎地区的小巷中为人堕胎者导致女性身亡的情况来说服约翰接受法律应当允许堕胎的观点，二者采用的说服方式都是非理性的。

你在写作时是没有机会直接出示证据的，相反，你需要把对证据的陈述当作论据。因此，你应当通过设定让读者接触证据的方式（见本书第二部分探讨引用的内容），尽力让读者处在能够核实这些陈述真伪的位置上，做到这一点是十分重要的。这再一次向我们证明了引用源文献的重要性，即使是当这些源文献本身仅仅包含着间接证据时也是如此。

有时候，我们或许不能明确地区分合理证据以及不合理证据，或是合理论证与不合理论证（这一点我们将在下一章讨论）。重点是你应当尽力提出合理的有力证据或是合理的有力论证来捍卫或支持你想要支持的立场。当然，有时候，尽管你也在踏踏实实地为自己所支持的观点给出证据或进行论证，情况却并不理想。但是，在这种情况下我们却不能指责你采用了非理性的说服手段。比如，在水痘那个例子中，你认为我得了水痘，为了说服我去看医生，你可能就会以长红点为论据进行论证，但你所采用的论据却是非理性的。我们只能说这条论据是无法支撑你的论点的。

说服他人的不当手法

如果想要说服他人，让他们按照我们期望的方式行事，我们可以采用很多种方式。这些方式中有一些明显是通过折磨人的方式达成目的的，而这在当今的文明社会显然是不被允许的。例如，“We have ways of making you talk.”（我们有的是办法让你开口。）这个表达方式就隐含着用武力强迫的方式让某人做出一些违背自身意愿的事情的含义，这种方式比起让她自己改变主意要容易得多。再比如，尽管通过拿枪指着银行柜员，我很可能可以说服她打开银行保险柜，但如果我想要让她相信我应当尽情地将保险柜中的东西都收入囊中，而且我的举动完全是合情合理的，那就困难多了。

我们现在就要仔细审视一些不同的说服方式，而这些方式都是在无视读者理性的基础上影响他人观点的。

教 化

“教化”一词是诱导他人产生某些观念的做法的统称。我们将关注属于此类做法的书面说服方式。

我们很难笃定地描述什么是教化。如果被教化者接受教化，她对于某种现在正在教授的材料进行独立思考的自由就被极大剥夺了。这种效果可能是通过审查与教化者想要呈现的情况相左的材料，或是通过筛选只留下对教化目的有利的材料这两种方式来达成的。显而易见，教化会发生在诸如军校或是劳动营的机构中。在这些机构中，可能会削弱教化效果的影响因素都会被严格剔除。但是，我们同样要意识到，即使是在自由与开放的背景之下，通过片面地呈现某一事例或是筛除不利材料的方式开展的教化行为也同样可能发生（尽管没有那么彻底）。正如我们所见的，教化者也会采用非理性的说服形式。

有可能被认为具有教化作用的手段同样也会出现在一些我们始料未及的领域。比如，下面的选段就摘自于某大学出版的教材中。它可能会具有教化色彩吗？

> The rise of liberal democracies: the course will show how free societies developed market-oriented parliamentary systems.
>
> 自由民主的崛起：本课程将展示自由社会如何发展市场导向的议会制度。

这从表面上看无伤大雅，因为几乎所有的议会民主制政体实际上在经济组织形式上都是以市场为导向的。但是，这不等于说自由民主政体就是一种以市场为导向的制度，它更不能与“只有以市场为导向的社会才是自由的社会”这种说法画等号。该教材的作者没有指出他们的课程是建立在意识形态基础之上的，反倒是将其形容得像是建立在无可争议的社会事实之上，因此就不免被人诟病有教化之嫌。你要时刻留意，不要被诱导着采纳某种观点而不考虑与这些观点相左的论据（甚至是有利于这些观点的论据），不要仅仅因为这些观点的拥趸把它们当作客观存在的事实一样摆出来就相信它们。

忽略事实与观点间的区别

以教化的形式呈现材料是所有老师与写作者，特别是那些对于某些立场坚定不移的人需要特别留心的陷阱。他们尤其要小心区分的是事实与观点之间的差异。事实就应当以事实的形式呈现出来，而观点也应当以观点的形式呈现出来。虽然一位写作者可以非常放心大胆地认为她的读者都拥有一定的背景知识，因此某些特定的事实是不言自明的，但这位作者却不能想当然地认为她自己的观点也会被读者全盘接受。她应该明确地把自己的观点阐述清楚，并且将它与事实性内容谨慎地区分开来。比如，我们在2010年写作本书时虽然可以放心大胆地认为几乎每一位年纪在25岁以上的英国人都知道托尼·布莱尔曾经担任过英国首相一职，但我们却不能认定所有人都认为这位首相是不称职的。一般来说，你可以通过向自己提问的方式来区分事实与观点，问问自己，对于某种事实性的论点，是否有证据能够证明其真实性？如果没有，那么该项被抛出的信息或观念就应当只是代表了作者的看法，而不是证据确凿的事实。比如，我可能会说：

> All the westbound number 11 buses were late at Lillie Road yesterday.
>
> 所有西行的11路公共汽车昨天都在莉莉路迟到了。

如果我能够出示准确的到站时间记录，并把实际到站时间与时刻表上的时间加以比较，给出确凿的证据，那么即使我没有将这个证据呈现在文本中，我还是可以将以上这句话作为事实提出来。我或许可以用标注参考文献的方式来引用这条证据，让那些心中有疑虑的读者自行查证。的确，对我而言，这是一种非常明智的做法。在引言中，我们曾经指出过，口语交流中通常是有机会发问以进一步澄清未明之处的，但在以写作为形式的交流中，这样的机会就不存在了。这也就是说，如果我没有证据证明11路公交车总是会晚点这一说法，我就不应该将其作为一种事实摆出来，因为这仅仅是我的个人观点、预感或猜测罢了。

通过非理性的方式进行说服

我们现在要探讨一些人在试图说服他人相信自身观点的正确性时经常使用的一些不当技巧。我们要多加警惕，避免使用这类技巧。采用这些技巧说服他人并不能体现你所持的观点是正确的，而只能说明你善于玩文字游戏罢了。了解完这类技巧之后，你很可能会发现自己此前一直在使用同样或类似的方式。这并不意味着你是有意为之。你很可能只是在毫无察觉的情况下这样做了。我们建议你在写作时精神高度集中，尽量避免使用这些技巧。我们援引了奥斯瓦德·汉夫林（Oswald Hanfling）有关论据的使用与误用的杰出著作中的一些表达，例如使用“说辞”（persuader）一词来指代以不当的方式说服他人接受某种观点的词与短语、用“虚假合并”（crafty conflation）来表示混淆词语含义的某种特定方式，以及使用“‘你不会相信’挑战”（“You won’t believe this” challenge）的概念。

以下是我们应当谨慎防范的一些主要不当技巧：

- 使用带感染力的语言
- 使用属于“说辞”范畴的词和短语
- 虚假合并
- 循环论证
- “你不会相信”挑战
- 草率概括
- 将主张作为论证提出

使用带感染力的语言

有时，写作者会使用带有感染力的语言说服读者接受某种她可能并不认同的观点。与中性语言相比，带有感染力的语言所指代的可能也是同样的人、事、物或是物的属性，但不同之处在于，带有感染力的语言会通过它所激发的联想煽动听众或读者做出赞同或憎恶的反应。例如，使用“rabble”（乌合之众）来指代“crowd”（群众），或是用“riot”（暴动）来指代“demonstration”（游行），用“workshy layabout”（不愿工作的懒惰者）来表示“unemployed person”（失业者）都属于此类技巧。有时候，语言是否具有情绪感染力取决于语言使用者或阅读者的视角。因此，若某人支持堕胎，那他使用“baby”（婴儿）而非“foetus”（胎儿）就体现出其用词具有情绪感染力；而对于反对堕胎者而言，情况则正好相反。在探讨公民抗命的议题中，使用具有感染力的语言的情况十分常见，其使用目的就在于败坏这些心存善意却试图通过直接的行动来改变事物的人的名声。但这些人采取直接行动只是因为他们认为通过行使自身投票权所能产生的影响已经不够有效了。我们可以想一想那些通过游行反对在自然风景区修筑公路的人通常如何遭到媒体与政客的攻击，也可以想一想，当权的政客通常如何使用“extremist”（极端主义者）一词来指代那些与政府的观念和政策有强烈冲突的人。

任务36　警惕带有感染力的语言

留意报纸中、电子媒体上、酒吧里那些具有感染力的语言。当人们参与活动，为一些他们深信不疑的东西奔走呼号时，这类语言便可能大量涌现出来。我们建议，每当你发觉自己因为以此类语言来写就的部分内容而被鼓动，决定去支持某项事业或是采信某种观点时，你在全情投入前要思虑清楚。问问你自己：“我是被理性的论证说服的，还是仅仅因为情感受到煽动了才被说服的？”同时，我们建议你在论文中避免采用此类说服方式。

使用“说辞”

我们所说的使用“说辞”的做法不是通过理性的说服方式，而是通过在主张中加入一些不当的词和短语来说服读者采纳其观点。写作者在使用“说辞”时可能是有意的，也可能是无意的。这类词和短语会传达出一种暗示，即当前提出的观点的正确性是一目了然的，因此无须经过论证。使用这类词语的目的在于让听众与读者将一些其实十分可疑的说法当作毋庸置疑的陈述。例如：

Surely all teachers must realize that their job is one of the most important in the country.

所有教师都应当意识到他们的工作是这个国家最重要的工作之一。

We have to remember that Russia is just waiting for an opportunity to expand into Western Europe and so we have to install an anti-missile capability.

我们应该记住，俄罗斯正在等待扩张到西欧的机会，因此我们应该增强反导弹能力。

Only a fool could fail to see that George W. Bush was the best President the USA ever had.

只有蠢人才意识不到乔治 · W. 布什是美国有史以来最好的总统。

It is clear to anyone with any sense that the UK has never had such a lying and shifty Prime Minister as Tony Blair.

任何有理智的人都清楚，英国从未有过像托尼·布莱尔这样善于撒谎且狡诈的首相。

It has to be admitted that whatever the risks that nuclear weapons bring, without them we would not have had peace for over sixty years.

我们应该承认，不论核武器有着怎样的风险，如果没有它们，这六十多年的和平也就不会存在。

We can't go on using up the earth's resources at this rate and expect mankind to survive as a civilized species beyond the twenty-second century; this is obvious.

我们不能继续以这样的速度消耗地球资源，并期望人类能够作为文明物种在22世纪后幸存；这是很明显的。

这些例子中使用了哪些“说辞”呢？这是我们找到的：“this is obvious”“it is clear that”“we have to remember”“it has to be admitted that”“only a fool could fail to see”和“surely”。

任务37 属于“说辞”范畴的词和短语

将属于“说辞”的词和短语列出来，并附上例子。完成之后，在阅读书籍和杂志时留心这类词语，在写作时尽量避免使用这类词语。

当有人故意使用属于“说辞”的词和短语时，他是在试图诓骗他人接受缺乏事实支撑的主张。比如，说话者或写作者试图通过断言某事“plainly”（显而易见地），“obviously”（一目了然地），“clearly”（清晰明显地）或“undeniably”（毋庸置疑地）是什么样的来获得听众或读者的认同。如果这件事的确是“显而易见”“一目了然”“清晰明显”或是“毋庸置疑”的，那么听众或读者看不到这种事实就意味着他们是愚蠢的，而又有谁会愿意承认自己是愚蠢的呢？

但我们同样需要注意的是，在某些语境中被认为是“说辞”的词或短语并不一定就是不实的；换言之，某个词或短语所处的具体语境是判断其是否属于“说辞”的重要标准。例如，我们如果说，“All students at King’s College are expected to attend lectures. This is undeniable.”（国王学院所有的学生都被期望参加讲座。这是不可否认的。），这里的“undeniable”（不可否认）属于“说辞”吗？

其实，如果获得了论证或论据的支撑，许多可以被用作“说辞”的短语是完全可以接受的。例如，“Members of the caring professions face moral decisions every day. This is undeniably true.”（护理专业的成员每天

都要面临道德抉择。这是不可否认的事实。）这句话可以结合体现社会工作、护理等职业从业人员每天面对着道德抉择的确凿证据一起使用。在这种情况下，这里的“这是不可否认的事实”就不能算是“说辞”，而是一种强调的标志。

最后，我们要介绍一种通过诉诸科学来达到目的的十分常见的“说辞”。你要十分留意诸如“modern science had shown...”“according to physics ...”的陈述。这些说法中通常会提到科学界的著名人士，其意图在于表明科学具有客观性（也因此是公正、实在与可靠的），因此，科学是对于与人类知识相关的说法的最佳仲裁者。但是，这种说法是错误的，正如一切接受过相当程度的科学教育的人所知的那样，除非这种诉诸科学的说法获得了关于其结论如何取得的细致描述的支撑，否则这种说法并不比其他类型的说法可靠。以笼统无依据的方式将科学当作真理之源是获得权威性的一种做法，但在这种情况下，这是非理性的。但你要注意的是，有些人采用诉诸权威的方式既是不可避免的，也是合情合理的，我们将在下一章讨论这类情况。

虚假合并

虚假合并的做法包括将许多观点混杂或合并在一起。然而，这些观点虽然存在着相似性与联系，但实际上却是各不相同的，而且通常意味着全然不同的事物。

比如，在撰写论文的过程中，一名学生想要断言的是某事物（我们称其为 A）如何如何，但却没把握自己是不是可以这样说。他在找不到有效的论证支持这一说法时，可能就会滑头地将 A 事物与 B 事物混为一谈，因为他知道针对B事物这样说是没有问题的，于是，他就会写“A, in other words B.”（A，换句话说就是B。）从而暗示A与B其实是一回事。

当有人使用虚假合并时，她是从一个词或短语转向了另一个，仿佛这两个词或短语指代的就是同一个事物。虚假合并有很多具体的形式，例如：

- A, in other words B.（A，换句话说就是B）
- A, that is to say, B.（A，也就是B）
- A or B.（A或B）

甚至就是简单的：

- A, B.（A，即B）

以下是一些虚假合并的例子：

Our aim is to secure equal opportunities for ethnic minorities, in other words, an anti-racist policy.

我们的目标是确保少数民族享有平等机会，换句话说，是建立反种族主义政策。

The best President this country has ever had, that is to say, George W. Bush.

这个国家有史以来最好的总统，也就是说，乔治 · W. 布什。

Ladies and gentlemen, I give you the greatest rock and roll band in the world: the Rolling Stones.

女士们，先生们，我向您献上世上最好的摇滚乐队：滚石乐队。

任务38　你能发现虚假合并吗？

以下例子源自18世纪著名的经济学家亚当 · 斯密（Adam Smith）。你能看出此处用了虚假合并吗？

It is not from the benevolence of the butcher, the brewer, or the baker that we expect our dinner, but from their regard to their own self-interest.

We address ourselves, not to their humanity, but to their self-love, and never talk to them of our own necessities but of their advantages.

我们每天所需的食物和饮料，不是出自屠户、酿酒师或面包师的恩惠，而是出于他们自利的打算。

我们不说唤起他们利他心的话，而说唤起他们利己心的话。我们不说自己有需要，而说对他们有利。

任务39　写出一些虚假合并的例子

试着写出一些虚假合并的例子，并留意与你交谈的人或阅读的文章是否使用了这种不当说服方式。

循环论证

提到循环论证，我们这里指的是其两层意思中的一层。严格来说，“循环论证”是指提出一个论点，但其中本来需要经过论证的说法已经被当作事实陈述出来了。同时，这个短语还可以更为宽泛地用于指代将某些存疑的情况当作理所当然的情况的做法。从这个意义上来说，虚假合并就是循环论证的一种，因为尽管两种说法之间是否能画等号是存疑的，而虚假合并的做法却将二者混为一谈。

作者是否在进行循环论证是有迹可循的。当他开始使用诸如“remember”“point out”“see”和“remind”的词语或短语时，循环论证可能就出现了。如果我们提醒某人某件事情、向她指出某件事或是问她是否记得某件事，这就等于我们认定自己对她进行提醒、指出的内容或是询问她是否记得的事情与我们的描述是完全相符的。例如：

有人会说：“你会记住水比空气轻。”这里就存在着预设：不仅水比空气轻，而且你知道水比空气轻（当然，这两条预设事实上都是不成立的）。除非事实真相的确是如此，否则当别人问你是否记得某事是不是这样时，这种提问方式是不当的。

还有人会说："我向他指出2008年因交通事故死亡的人数比2005年更多。"如果2008年因交通事故死亡的人数比2005年的多，那么她指出这一点就是合乎逻辑的。但是，事实有可能并非如此，而她还是使用了"指出"。在使用这个词时，她其实已经预设了2008年的道路死亡人数超过2005年相应人数这一说法是事实。

还有一个句子老师经常用："你刚才为什么说话，史密斯？"这个句子预设的是史密斯刚才的确说话了。这就与一个非常经典的说法相似——"你还打老婆吗？"

如果有人问你有没有见过"一个人拿着带'swag'标志的包从银行里跑出来"，这里预设的就是的确有个拿着带"swag"标志的包的人从银行里跑出来。同理，"知道"这个词也能达到异曲同工的效果。比如，一个朋友可能会问你："你知道总统和首相在同一家精神诊所就诊吗？"这里预设的就是两人都在接受精神方面的治疗。坚定的素食主义者在你吃牛排的时候则可能会问："你知道食肉的人因心脏疾病去世的概率比素食者高五倍对吧？"

因此，你在写作时要注意避免循环论证，但同样重要的是，你在阅读或倾听他人说话时，要注意他们是否在使用循环论证。

任务40　留心循环论证

在读书、听广播、看电视或与他人交谈时，试着找一找自己遇到的循环论证的例子。

“你不会相信”挑战

“你不会相信”挑战利用的是相对于可能性不太大的事情人们更能够欣然接受完全不可思议的故事的心态。这种挑战可能有数种实现途径，比如“you are never going to believe this ...”（你永远不会相信）、“of course most people find it hard to accept that ...”（很多人难以接受……是理所当然的）、“I know that your intuitive reaction will be to reject what I have to say ...”（我知道你会出于直觉拒绝我要说的话……）等。

当有人使用这类语句时，她通常是在问你这样一个问题：你是接受她的说法，还是做一个无法面对现实的狭隘者或一个无法超越本能认识到她所描述的事实真相的平庸者呢？她的言下之意是，无法接受她观点的人是没有想象力的，这些人仅仅会因为某些事物是难以置信的就无法接受它们。

当然，这并不是说，当有人使用类似“你不会相信”挑战的短语，我们就必须拒绝相信她的说法。许多现在我们认为理所当然的真理在过去的人眼中也曾是不可思议的。我们只是说，当这类短语出现时，你应该保持清醒与警惕。

任务41　你不会相信这个的

在几位朋友身上试着验证“你不会相信”挑战。你能让他们接受什么样的匪夷所思的观点或所谓的真相呢？试着在写作中避免这种做法。

草率概括与普遍陈述

有时候，写作者会使用一些毫无根据的大胆陈述，例如“everyone knows that...”（所有人都知道……）、“it is commonly believed that ...”（人们普遍相信……）或“many people would argue that ...”（很多人认为……）。这类概括方式可能是十分草率的。学生如果使用了这类说法，就可能会得到以下评语：“这我真的不知道”“说实话，我根本就不相信”“我不知道谁会相信这种话”或是“谁会这样想？”。

草率概括尽管从表面上看起来就是陈述事实，但它通常缺乏事实的支撑。因此，你应该至少为你的概括提供些许证据，而且最好不要做过于大胆极端的陈述。比如，如果你想要声称许多人都会认同某事，你就应该举出一些例子，表明其中哪些人就是这样想的。

并不是所有的概括都是草率的。有些概括可能是有充足依据的，或是对已经广泛存在的说法进行了概括或转述归纳。比如，如果我已经知道苏格兰的议会中没有任何托利党的席位这一情况属实，我就可以说“苏格兰议会里没有托利党议员”，而这个概括一点都不草率。

将主张作为论证提出

有时候，写作者会提出一系列的主张，而包裹着这些主张的各类动词的用法却在暗示它们都是有论据支持的。比如，他们可能会写，“I will argue that...”（我会主张……）、“I will employ an argument for the belief that...”（我将用一个论证来支持这个论点……），或是声称某事已经论证过了，但其实根本没有进行过任何论证。在第二部分中我们已经强调过，如果你没有提出论据进行论证就不能声称自己做过这件事。你要记住，持有一种观点与论证过一种观点是不同的。你心里要清楚，你何时只是陈述了一种观点或看法，而何时是在通过给出证据或展开论证来证明你所持的观点的合理性。在下一章中，我们将会探讨论证的性质，届时我们会深入剖析论证与主张之间的具体差别。但现在，我们只想请你反思一下在说服他人采纳你的观点时为相应的观点或想法寻找切实支持依据的必要性。

任务42　我们能用什么来支撑以下说法呢？

设想一下，你需要在一场辩论赛中论证以下四种论点之一的合理性：

论点1：安乐死应当被合法化。

论点2：除了性商品化问题，人口贩卖很可能是当今世界上最不容忽视的道德问题。

论点3：世界变得更加危险了。

论点4：如果新生儿患有严重的先天性缺陷，那么，从伦理角度而言，我们有理由允许他们夭折或是终结他们的生命。

为了帮助你确定选择哪一个论点，我们提供了一些对你或许有所帮助的支撑性陈述。请通过确定以下陈述的有力程度，并思考你判断其有力程度的理由，从四个论点中选出你想要支持的一个论点。

论点1：安乐死应当被合法化。

附加陈述：

I. 任何人都无权告诉别人，即使生活对他们来说是无法忍受的，他们也必须活着。

II. 如果一条狗或一匹马正在遭受严重的痛苦，我们不会记恨那些使它摆脱痛苦的人。

III. 每个人都有权决定自己的人生道路和死亡时间。

IV. 在接受匿名问卷调查的所有医生中，超过一半的人承认，在他们的职业生涯中，有不止一次故意加速病人的死亡。

V. 安乐死，字面意思是“好的死亡”，与所谓的“安乐死计划”没有任何关系，通过这个计划，纳粹着手消除那些“不值得活着的生命”（Lebensunwertes Leben）。

论点2：除了性商品化问题，人口贩卖很可能是当今世界上最不容忽视的道德问题。

附加陈述：

I. 据估计，每年有60万至80万名男子、妇女和儿童被跨国贩卖（一些国际组织和非政府组织认为真实数字远不止如此），而且这种贸易正在增长。

II. 联合国把贩卖人口描述为一种形式的“奴隶制”。据悉，受害者来自127个国家，而对他们的剥削行为则普遍发生在137个国家。

III. 在英国，贩卖人口产业背后的帮派买卖妇女的价格介于2000欧元至8000欧元之间，有些妇女被迫每天工作16小时并与30个男人发生性关系。

IV. 任何国家都可能涉及人口贩卖问题。受害者被迫卖淫，或以家庭佣工、儿童兵和许多的非自愿劳役的形式在采石场、血汗工厂和农场中工作。

V. 据估计，仅在美国每年就有17,500名外籍人员被贩卖。在美国境内被拐卖的美国公民人数更多，估计每年有20多万美国儿童面临被拐卖进入色情行业的风险。

论点3：世界变得更加危险了。

附加陈述：

I. 在“9 · 11”恐怖袭击中死亡的人数超过了其他发生在美国的恐怖袭击中的死亡人数。

II. “9 · 11”恐怖袭击对美国人的心理产生了巨大影响，可能是因为美国公民不习惯在自己的“老巢”受到敌人袭击。

III. 飞机撞上第二世贸大厦时发生的爆炸震惊了那些目击者。

IV. 由贝斯顿大学和平研究系的社会科学家进行的研究表明，

70% 的英国成年人在“9 · 11”与“7 · 7”伦敦地铁爆炸案之后更充分地意识到跨国旅行的潜在风险。

V. 自“9 · 11”事件以来，国际机场的安全警报比那之前整个航空史上记录的都要多。

论点4：如果新生儿患有严重的先天性缺陷，那么，从伦理角度而言，我们有理由允许他们夭折或是终结他们的生命。

附加陈述：

I. 许多在发达国家存活下来的婴儿如果出生在贫穷国家就活不下去。

II. 库瑟和辛格指出，纵观历史，世界上许多地方都放任残疾新生儿死亡。

III. 科学家们的预测非常清楚，如果世界人口继续以过去一百年的速度增长，人类将无法活过二十一世纪。

IV. 如果在50年前，许多现在可以挺过怀孕和分娩过程的严重残疾婴儿早就流产了。

V. 因为婴儿还不具备我们用来定义人的自我意识、语言和记忆能力等特征，以及对未来的希望和期望，因此，新生婴儿还不是人，而只是潜在的人。

任务43 要论证的究竟是什么？如何论证？如何成功地进行论证？

重写以下论证，使提出这些观点的人的目的更清晰。判断以下各个论证是否具有足够的说服力，同时思考采用何种方法能使论证变得更为有力。

I. 穿皮鞋的人，或者喝牛奶、吃奶制品的人，不能以“吃动物是错误的”的说辞来证明他们的素食主义信仰是正确的，因为他们的习惯也涉及残忍行径。毕竟，我们通过杀生来获得皮革，而乳品业也在残酷地待对奶牛和小牛。如果我们要获得牛奶，小牛就和它们的母亲骨肉分离。

II. 我们几乎可以肯定史密斯就是凶手，因为没有人能接近受害者，而且凶器上到处都是他的指纹。

III. 当我听到人们因聪明而被称赞时，我总是很恼火，即使这种称赞是基于事实的也是如此。我们可以夸奖别人工作和学习努力，但不能光是夸奖他聪明。我认为夸奖别人聪明是不对的。毕竟，如果我们听到有人因身高一米八或有一双棕色眼睛而受到表扬，我们会认为这是错误的，因为眼睛的颜色和身高是天然的特征，而不是可以控制的东西。

IV. 母乳喂养是最好的，即使在艾滋病肆虐的发展中国家也是如此。母乳喂养有助于保护婴儿免受许多幼儿疾病的侵害，而这些疾病在短期内更有可能导致婴儿死亡。

第十三章
不同种类的论证

我们非常熟悉论证一词，因为这在人们表达不同观点时经常发生。绝大多数论证是以面对面辩论的形式展开的。从这个意义上来说，论证涵盖的范围很广，上至温文尔雅的观点交流，下至激烈的唇枪舌剑、气急败坏的叫嚷甚至拳脚相向，都可能是论证的形式。常见意义上的论证是指互相冲突的观点间的交锋。

另一种意义上的论证则表示有人试图通过提出论点并补充论据的形式说服他人采纳自己的观点。当我们拿出论据来支撑论点时，论证的基础就打好了。因此，我们要将“论证”一词的含义限定于给出论据来证明论点的行为；如果我们想要表示更普遍意义上的论证时，则会使用“争论”（disagreement）一词。

在本章中，我们将先探讨论证与臆断之间的差别，然后再说说论证的一般属性以及某些常见的论证形式，最后再谈一谈诉诸权威的论证形式。

论证与臆断

论证某一观点与直接下断言是截然不同的。假设你相信某事是真的，并且想要进一步说服他人也相信此事为真。比如，你相信布鲁斯·斯普林斯汀（Bruce Springsteen）是一名出色的吉他手，并且你也想要说服某个人接受你的观点，你会怎么做呢?

直接断言斯普林斯汀是一名出色的吉他手只需要给出与以下句子类似的陈述即可：

> Bruce Springsteen is a brilliant guitarist!
>
> 布鲁斯·斯普林斯汀是优秀的吉他手!

有些人可能会因此相信斯普林斯汀是一名出色的吉他手，但是请注意，在这个说法中，你并没有提供任何论据来证明为什么他们要相信斯普林斯汀是一名出色的吉他手。如果你除了做出这样的臆断还拿出了论据，那么你所展开的就是论证了。比如，你可能会说：

> Bruce Springsteen is a brilliant guitarist because he plays very fast and my friend who plays in a band says so and he's a great guitarist.
>
> 布鲁斯·斯普林斯汀是优秀的吉他手，因为他弹得非常流畅，而且我有一个在乐队演奏的朋友也这样说，因此斯普林斯汀是个优秀的吉他手。

这就是针对“斯普林斯汀是一名出色的吉他手”这一论点展开的论证。但是，你需要注意一下，这属于一种论证并不表示这就是好的论证。（你认为应当如何将它变成一种好的论证呢？）同时，你还要注意的是，虽然这算不上好的论证，但也并不表示里面的陈述就是假的，而是说明该陈述不够有力，无法有效地起到支持作用罢了。

我们之后会谈到好的论证与差的论证究竟有何区别，但现在，我们首先要分清的是论证与臆断究竟有何不同。在论证一个事例的过程中，我们会拿出论据，也就是我们通常讲的“理由”来支持自己的观点。而如果仅是就某事提出主张或进行臆断，我们就不会给出任何论据或理由，而只会说“这件事就是这样”。

通常来说，仅提出论点或主张是不够的。当然，在论证观点的过程中，我们会要求读者接受我们提出的论点，并在这些论点的基础上构建论证。因此，我们并不是说你不能提出论点，而是说只有论点是不够的。一般来说，展开论证要强于仅仅提出论点。

如果你只是提出论点，我大概会说：“嗯，很有趣，但是我凭什么要相信呢？”除非你的论点有理有据，知道你所谈论的内容的所有人都会接受（当然，有很多论点的确是这样），否则如果你不继续向我给出论据，而我很可能会选择将你的观点置之不理。论证的结构应该能够让我们看到论点是如何得到论据支持的。论点有时候会被称为结论（conclusion），而其所依托的论据则被称为前提（premise）。在构建论证的过程中，你会为了说服我相信某事而列出理由，但前提必须是真实的。

论点的基础：通常被称为“前提”；

论点：通常被称为“结论”，特别是当其出现在“因此”（therefore）、“所以”（so）、“由此可知”（it follows that ...）之后时。

有一个非常有名的论证是这样的：

Socrates is a man.（苏格拉底是人。）

Therefore: Socrates is mortal.（因此，苏格拉底是会死的。）

在这个论证中，第一行是论据，而第二行跟在“因此”后面的部分则是在基础上提出的论点。

虽然我们可以这样设置论证，让论点与论据之间的关系显得一目了然，但是，在人们争论过程中展开的论证里，这两者之间的关系通常就不是那么明显了。在正式展开论证之前，我们有理由好好思考这种情况产生的原因。

在争论中，一方试图捍卫的论点通常是率先提出的，当这个论点受到质疑时，他会再给出论据来支撑。与此同时，另一方或多方也会试图捍卫他们各自的观点，而这些观点通常是与第一方针锋相对的。因此，在同一场争论中展开至少两种论证过程是十分常见的现象。争论通常是在无实现计划的基础上展开的，而其中论证的铺陈也是随意的。所以，口头争论中的论证具有动态性与多变性，不会总如书面辩论一般清晰。

但是，你要认为论证是一场争论中来来回回的交锋，这一点是很重要的。这样一来，你就可以记住针对某一论点的反对依据究竟是些什么，以及你该如何回击。

最后，在争论过程中形成的论证通常会出现被对方抓住的漏洞。比如，思考以下论证：

G. F. is a Scottish philosopher.（G. F. 是一位苏格兰哲学家。）

Therefore: G. F. is handsome.（因此，G. F. 是英俊的。）

在听完论证之后，有人就可能会说，“G. F. 是苏格兰哲学家并不意味着他的长相就很英俊”。从表面上看，这一点提得不错。所以，提出 G. F. 长相英俊这一论点的人又会怎么回应呢？除了上面给出的这句陈述，他还可能会再加一句“苏格兰的哲学家都很英俊”，将 G. F. 是一位苏格兰的哲学家这一论据与 G. F. 长相英俊这一论点连接起来。我们现在了解了，在第一次论证中，说话者没有明确陈述“苏格兰的哲学家都很英俊”这一连接信息，是因为他认为大家都知道苏格兰的哲学家长相英俊，希望与对手就此达成默契。在原有的论证中加上这一连接信息之后，以下论证就产生了：

G. F. is a Scottish philosopher.（G. F. 是一位苏格兰哲学家。）

Scottish philosophers are handsome.（苏格兰哲学家都是英俊的。）

Therefore, G. F. is handsome.（因此，G. F. 是英俊的。）

在原有论证的基础上加上这一条连接信息之后，论证变得更加有力了。此类将论据与论点连接在一起的中间环节有时候被称为“依据”（warrant）。

论据：用于支撑论点的陈述。

依据：连接论据与论点的中间环节。

论点：我们希望读者或听众相信的内容。

如果依据是苏格兰哲学家都很英俊，这个陈述一旦出口就很可能会遭到质疑。对这个陈述的质疑可能包括“你是怎么知道的？”“我知道的苏格兰哲学家都很丑”以及“我昨天就碰到一个长相平凡的苏格兰哲学家”等。如果情况照此发展，那位提出 G. F. 长相英俊这一论点的人就可能通过说“所有苏格兰哲学家都长相英俊”来澄清他给出的依据。而问题是他不太可能拿得出足以证明这一点的证据，因此也就没有人会相信他。只有一一审视所有苏格兰哲学家，并且确认他们每个人确实都长得英俊不凡，这个论点才有了有效的证据。这简直就是个不可能完成的任务。即使是将依据修改为“几乎所有苏格兰哲学家都长相英俊”也可能招致他人的不信任。但是，如果我们暂时将这种不信任搁置起来，并且承认的确有证据可以证明“几乎所有苏格兰哲学家都长相英俊”这一依据的合理性，该论证就有可能是合乎情理的，因为论据看起来是可以支撑论点的。

让我们回到之前提到的那个关于苏格拉底的论证中：

Socrates is a man.（苏格拉底是人。）

Therefore: Socrates is mortal.（因此，苏格拉底是会死的。）

在这个论证案例中，虽然“所有人都会死”这一依据没有明确出现，但是这对论证毫无影响，因为大家都知道并且很清楚所有人都终有一死。因此这一依据也就没有明说的必要。当然，如果有人想要质疑这一依据，我们也可以指出，我们审视过在极其宽泛的时期中数量极其庞大的人，而每个人最终都死了，并且强有力的生物学证据也表明在将来这种情况会持续下去。因此，我们倾向于认为“所有人都会死”这一依据中的“所有人”一词指代的是每一个曾经活着、现在活着以及将要活着的人，因为这一证据不可置疑地表明了这一观点的正确性。

演绎论证

正如我们在关于苏格拉底终有一死的论证案例中看到的一样，有时候，论证过程中的依据有可能是潜在或隐藏的，因为它们一目了然、无须赘述。但是，通常来说，你有必要更充分地将论证铺陈出来，将依据明确地写出来，这样一来，这条依据也就成了证明论点的又一条论据了。有时候，你如果这样做，你的论证也会变得难以驳斥，因为明确陈述出来的依据是明显合理并容易被人接受的。因此，你就可以说，因为这种论证是出色的论证（论据可以支撑论点）且论据是真实的，所以，论点得到了证明。

有时候，人们会说“为了论证……假设……”，然后让你考虑，如果你赞同论据是真实的，你是否会接受论点呢？

想一想以下论证：

David White is a Manchester policeman. (ground)

Therefore: David White is racist. (claim)

戴维·怀特是一位曼彻斯特的警察。（论据）

因此，戴维·怀特是一个种族主义者。（论点）

大多数人会说，“戴维·怀特是一位曼彻斯特的警察”这条论据证明不了“他是个种族主义者”的论点，因为“所有的曼彻斯特警察都是种族主义者”这条依据是不足为信的。但是那些相信由于戴维·怀特是曼彻斯特的警察，因此他的确是一名种族主义者的说法的人还可以进一步将论证过程细化为：

All Manchester policemen are racist. (ground 1)

David White is a Manchester policeman. (ground 2)

Therefore: David White is racist. (claim)

所有曼彻斯特的警察都是种族主义者。（论据1）

戴维·怀特是一位曼彻斯特的警察。（论据2）

因此，戴维·怀特是一个种族主义者。（论点）

如果论据1与论据2都是真的，那么，戴维·怀特是一名种族主义者这一论点就一定是真的。你不能说你认为论据是真的，但却否认结论的真实性。

对于此类论证，如果你接受了论据的真实性，就必须接受论点的真实性。这种论证被称为“演绎论证”。在论据真实的前提下，你无法否认论点的真实性时，你完成的就是有效的演绎论证。

逻辑学家们惯常的做法是将“所有的A都是B”这个依据转化为前提或论据之一，使得论证更为清晰明确。这种论证形式如下：

All As are Bs. (ground 1)

X is an A. (ground 2)

Therefore: X is a B. (claim)

所有的A都是B。（论据1）

X是A。（论据2）

所以，X是B。（论点）

并不是所有的演绎论证都是有效的。在无效论证中，尽管论据是真实的，但论点却不是从论据中推导出来的。无效论证可以源于真实的论据，却终于虚假的论点。假设如果你得了水痘就会满脸红斑是真的，接着假设马丁满脸长满了红斑，或许有人就会忍不住开始进行以下论证：

If you have chicken pox you are covered in red spots. (ground)

Martin is covered in red spots. (ground)

Therefore: Martin has chicken pox. (claim)

得了水痘就会满脸红斑。(论据)

马丁满脸红斑。(论据)

因此，马丁得了水痘。(论点)

这个论证是无效的。即使其中的论据都是真实的，但结论却有可能是虚假的，因为论证的形式是无效的。我们会在下文中探讨有效与无效的论证形式。马丁长了红斑，但他还可能是得了麻疹。即使马丁的确是长了水痘，这也不能说明这个论证是有效的，因为这个论点并不是从论据中推导出来的。只要假设马丁是患了麻疹或是痱子之类的疾病，你就可以看穿这类论据真实但论点虚假的无效论证。

案　例

以下是两个无效论证的例子。先想一想为什么它们是无效的，然后再关注下文中的讨论部分。

All whales are mammals. (ground 1)

Some mammals are seagoing. (ground 2)

Therefore: All whales are seagoing. (claim)

所有鲸鱼都是哺乳动物。(论据 1)

一些哺乳动物可以远游。(论据 2)

所有哺乳动物都可以远游。(论点)

All shopkeepers eat sweets. (ground 1)

Some sweets are harmful to the teeth. (ground 2)

Therefore: All shopkeepers eat sweets that are harmful to the teeth. (claim)

所有店主都吃甜食。（论据1）

一些糖对牙齿有害。（论据2）

因此，所有店主都吃对牙齿有害的糖。（论点）

以上两个论证中的第一个属于从两个真实的论据中推导出真实的论点（所有的鲸鱼都可以远游！）。但尽管如此，这个论点却不是从论据中推导出来的，因为论据中只提到了“一些哺乳动物”。如果我们按下列形式重新组织一下，问题就很明显了：

Some mammals are seagoing. (ground)

Therefore: All whales are seagoing. (claim)

一些哺乳动物可以远游。（论据）

因此，所有鲸鱼都可以远游。（论点）

上面的第二个论证则是在一个虚假的论据（并不是所有的店主都吃糖！）和一个真实的论据（有些糖会导致蛀牙）基础上得出一个虚假的论点，而这个论点并不是从以上两个论据中推导出来的。但是，试着思考以下论证：

Some sweets are harmful to the teeth. (ground)

Therefore: All shoppers eat sweets that are harmful to the teeth. (claim)

一些糖对牙齿有害。(论据)

因此，所有店主都吃对牙齿有害的糖。(论点)

这一论证中的依据是：

All shopkeepers eat sweets.

所有店主都吃糖。

这个论证的缺陷是一目了然的，其依据不仅是无效的（并不是所有的店主都吃糖），而且是毫无关联的，因为该依据中根本就没有提到对牙齿有害的糖果。

另一种更为正式的评估此类论证的方式是将依据复原为前提或论据，然后再进行下列操作。在第一个论证中，我们把“鲸鱼”换成“田鼠”，那么得到的就是一个同样由真实论据得出虚假论点的论证。这样，你就能更为明确地知晓该论点是无法从论据中被推导出来的。

想要发现第二个论证是无效的，我们只需要把“店主吃”换成“管弦乐演奏者演奏”，把“糖果”换成“乐器”，以及把“对牙齿有害”换成“小号”。然后，你就得到与店主吃糖的例子同类的论证，但在这个论证中，你是从真实的论据中得出了虚假的论点。

千万记住，一个论证是否有效并不取决于其论据是否真实。有效论证与无效论证都可能从真实论据中推出真实论点、从虚假论据中推出真实论点，或是从虚假论据中推出虚假论点。但是，与无效论证有所不同的是，有效论证绝对不可能从真实论据中推导出虚假论点。逻辑学家会说，有效论证的前提真实就能证明结论的真实性。换言之，有效论证通过陈述支持论点的真实论据，就能证明该论证提出者的论点是真实的。

演绎论证是根据论证形式，而不是根据其论据的真伪来划分其有效还是无效的。认定一个特定的论证是否有效的关键在于它采用的形式是否有效。我们再举一些例子来说明，你就会更加了解论证的形式究竟是什么了。

迄今为止，我们一直探讨的是较为短小简单的论证，但有时候，论证可能是更为复杂的。有时，一个论证由数个小论证构成，而其中的论点则在更大篇幅的论证中作为下一步所需要的论据，那么，这些论点就是我们所称的“中间步骤”（intermediate step）。这些中间步骤通常在争论或讨论中不会被明确地提出来，因为大家都默认另一方是对此心知肚明的（尽管有时候这种想法是错误的）。在一场争论中，听众是能够打断特定的论证并要求对方进一步详尽阐释的，因此，中间步骤就能够得到详细的说明。在书面论证中，中间步骤也经常会被略去不表，但与口头争论不同的是，在书面论证中，读者是没有机会要求展开陈述的。

中间步骤

为了表现出中间步骤是如何在讨论过程中被略去不表的，我们可以思考一下在谈话过程中一个论证是如何逐渐成形的。我们可能会这样论证：

John is an A Islander. (ground)

Therefore: John does not need a visa to visit B. (claim)

约翰居住在 A 岛上。（论据）

因此，约翰去 B 国不需要签证。（论点）

在此处，我们把论据与论点联系在一起，形成了论证的基础。对于熟悉 A 岛的人而言，这样说就行了。但是，不太熟悉这一情况的人可能就会希望我们能表述得更为详尽一些。她可能无法理解为什么论点只需要这个简单的论据支持。因此，我们需要补充一个依据，将论点和论据贯通起来。这个依据可以是：

All A Islanders are B citizens. (warrant)

所有 A 岛上的居民都是 B 国公民。（依据）

对于大多数人而言，这足以让他们明白论点是如何从论据中推导出来的，但是，对于我们的听众而言可能还不够，因此，我们还可以再补上一句情况说明：

No B citizen needs a visa to visit B. (ground)

没有B国公民去B国时需要签证。(论据)

这又为原论点提供了另一个论据。那么，额外的依据和论据都补充完毕之后，论证是不是就足够有力了？大多数人大概会说“是的”，但有些人还是可能会指出论证过程不够完整。这并不是因为该论证缺乏依据和论据，而是因为即使是有了这三条论据或依据，他们还是不能从中推导出结论。我们需要的是能让读者从论据“约翰是B国公民”中推导出论点“约翰去B国时不需要签证”的中间环节，而这个依据则是“没有B国公民去B国时需要签证”。

那么，现在，完整的论证就变成这样了：

约翰是A岛居民。(论据)

所有A岛居民都是B国公民。(依据)

因此，约翰是B国公民。(论点)

没有B国公民去B国时需要签证。(依据)

因此，约翰去B国不需要签证。(论点)

正如同我们之前所说的，你通常会在论证过程中将依据略去不表。在这个例子中，如果你是在上一门公民资格课程的情景下进行论证，那么你只要从论据“约翰是B国公民”中直接推导出“约翰去B国不需要签证”就行了，因为每个上课的人都知道B国公民去B国不需要签证。

那么，上面这个完整版的论证属于演绎论证吗？答案是，只有当“所有A岛居民都是B国公民”所表述的意思是，从定义上来说每位A

岛的居民都是B国公民，并且“没有B国公民去B国时需要签证”的说法从定义上来说也是真实的，这一论证才属于演绎论证。这是因为一些例外情况是存在的，例如，有人从C国出发游上了岸，成了A岛的岛民。这里的重点就是“所有”对于严谨的逻辑学家而言指代的是一切人群或一切事物，但在日常语境中来说，它的意思可以只是“几乎所有人”。因此，我们在将这类例子归为演绎论证之时要十分小心。除非理由非常充分合理，否则不要轻易这样做。

支持性论述

关于依据的说法，还有一点值得一提。上述例子发生在关于B国公民资格的课程的语境下，因此，对于B国公民享有的权利，老师与学生拥有共同的背景知识，所以不会有人质疑依据的合理性。但是，没有这方面知识储备的人就可能会问：“为什么B国公民去B国就不需要签证呢？”这样一来，他们其实就是在质疑这条依据在论证中是否有效。那么在这种情况下，受到质疑的一方就必须阐释这条依据的合理性了：

No B citizen needs a visa to visit B.

没有B国公民去B国时需要签证。

这里就需要给出一条能够让人接受此依据的理由，例如：

By Act of Parliament no B citizen needs a visa to visit B.

根据议会法案，没有B国公民去B国时需要签证。

鉴于B国议会通过的相关法律，这条支持性论述可以用于论证依据的合理性，从而为论点服务：因为约翰是B国公民，他造访B国并不需要签证。

所以，你可能会发现，在讨论过程中，有些人在提出论点之后会被要求给出证明论点的论据。而在给出论据后，对方会继续要求他给出依据。事情到这儿可能就结束了，但是争论中的反方也可能会质疑依据的合理性，从而追问论点提出者为什么认为这条依据是有效的。此时，恰当的做法就是给出支持性论述。这种模式在口头争论中十分常见，但是你在构建自身论证的时候，如果能够意识到这一点也将让你受益匪浅。你可以在脑海中想象出一个与你争论的人，他问你“证明此论点的论据是什么？”，然后是“将论点与论据连接在一起的依据是什么？”，再然后是“你如何证明使用此条依据的合理性？”。

在构建论证过程中展开这几个步骤可以十分有效地核实你构建的论证是否合理有效。

论据：用于支撑论点的陈述。

依据：连接论据与论点的中间环节。

论点：我们希望读者或听众相信的内容。

支持性论述：让他人接受依据的证明性陈述。

任务 44　达伦是禽兽吗？（在此向所有名为达伦的人道歉）

思考以下论证：

Darren is a man.

Therefore: Darren is a beast.

达伦是一个男人。

因此，达伦是一个禽兽。

（a）写下你所认为的论点。

（b）写下你所认为的用于支撑论点的论据。

（c）写下你所认为的依据。

（d）通过论证，我们可以导出结论吗？

（e）你能为题中的依据想出一个支持性论述吗？

任务 45　乔治，苏格兰籍百万富翁

思考以下论证：

George has lots of money. (ground)

Therefore: George is a Scottish millionaire. (claim)

乔治有很多钱。（论据）

因此，乔治是一个苏格兰百万富翁。（论点）

（a）这个论证所需的依据是什么？

（b）此依据真的能够将论点与论据连接起来吗？

（c）如果不能，那么这是因为什么呢？

你不应该纠结于遇到的论证是否属于演绎论证。你遇到的大多数演绎论证可能都出现在逻辑学书籍中，如果你不读逻辑书就不太可能碰到。但是，在现实生活中，演绎论证还是会出现（见第十四章），所以你还是需要留心注意。

逻辑学旨在促进我们发现各种论证之间的共通性，因此，逻辑学课本主要关注论证结构，而非具体的论证案例。当我们需要评估一个论证是否属于有效论证时，观察到各类论证之中的共通性是十分有用的。逻辑学书籍不会说到依据，它们总是将依据作为论据或前提直接放在论证中。如果你想要对演绎论证展开正式的研究，这样做无可指摘。正如我们注意到的一样，在逻辑学书籍中，依据只是论证的形式，而非任何具体的论述。因此，

All A’s are B.（所有的 A 都是 B。）

Darren is an A.（达伦是 A。）

Therefore: Darren is a B.（因此，达伦是 B。）

其实这个就是关于达伦的论证中的依据，如果要将这个论证改写为演绎论证，那么此依据就成了论据中的一项。但是，日常对话和大多数的学术文本中的做法却并非如此，因此你不应当认为你的论证以及你所阅读的论证全都是演绎论证。关键问题在于：

- 这个依据能够将论点和论据关联起来吗？
- 这些论据都真实可信吗？

注意各类论证之中的共通性

我们需要进行大量的练习才能认识到论证的形式其实都是一样的。我们可以通过学习慢慢通晓几种常见的论证形式，而这样做能够帮助你更好地理解着手进行论证需要做些什么。如果你想要更深入地了解演绎论证中有哪些有效与无效形式的具体例子，那么，你可以读一读韦斯利·C. 萨蒙（Wesley C. Salmon）1984年出版的《逻辑》（*Logic*）一书。

让我们再看看有关达伦的论证：

All men are beasts. (warrant)

Darren is a man. (ground)

Therefore: Darren is a beast. (claim)

所有男人都是禽兽。（依据）

达伦是男人。（论据）

因此，达伦是禽兽。（论点）

下面的论证与前者形式一样吗?

All Northamptonians are friendly. (warrant)

Rosina is a Northamptonian. (ground)

Therefore: Rosina is friendly. (claim)

所有北安普敦居民都是友善的。(依据)

罗西娜是北安普敦居民。(论据)

因此，罗西娜是友善的。(论点)

如果我们厘清这则论证的依据部分，我们就能了解到它与关于达伦的论证的形式其实是相同的。只要我们忽略具体的细节，只留下共通之处，就能发现这两个论证的相似之处了。因此，如果我们在关于达伦的论证中忽略依据中的“男人”和“禽兽”，论据中的“达伦”和“男人”，以及论点中的“达伦”和“禽兽”，再以字母 A,B,C 代替，我们就得到了:

所有 A 都是 B。

C 是 A。

所以 C 是 B。

任务46

(a) 试着用 A, B, C 替代关于罗西娜的论证中的具体细节，来看看其与关于达伦的论证是否拥有同样的形式。

（b）如果你认同依据与论据都是真实的，那么论据是否可以支撑论点?

（c）关于罗西娜的论证如何才能成为演绎论证？试着想一想，如果你认同依据，是否有可能论据是正确的，而论点却是错误的?

以下是一些你可能在阅读过程中遇到的论证形式，你自己可能也会用到一些。

各类论证形式

Not B (ground); if A then B (warrant); therefore not A (claim)

非 B（论据）；如果 A 那么 B（依据）；因此非 A（论点）

例子：

You haven't got a high temperature. (ground)

If you have flu, you have a high temperature. (warrant)

Therefore: You haven't got flu. (claim)

你没有发烧。（论据）

如果你得了流感，你就会发烧。（依据）

因此，你没有得流感。（论点）

这里的论据能够支撑论点吗？就像前文关于苏格兰人和百万富翁的例子中一样，请你试着用一用寻找正确依据和论据以及错误的结论的技巧吧。

A (ground); if A then B (warrant); therefore B (claim)

A（论据）；如果 A 那么 B（依据）；因此 B（论点）

例子：

If you are a millionaire you have lots of money.

You are a millionaire.

Therefore: You have lots of money.

如果你是一个百万富翁，那么你有很多钱。

你是一个百万富翁。

因此，你有很多钱。

If A then B (ground); if B then C (warrant); therefore if A then C. (claim)

如果 A 那么 B（论据）；如果 B 那么 C（依据）；因此如果 A 那么 C（论点）

例子：

If you have flu you have a high temperature.

If you have a high temperature you feel unwell.

Therefore: If you have flu you feel unwell.

如果你得了流感就会发烧。

如果你发烧就会感觉难受。

因此，你得了流感就会感觉难受。

在这个例子中，你可以说“你得了流感就会感觉难受”是论点，“如果你得了流感就会发烧”是论据，而“如果你发烧就会感觉难受”则是将论据和论点连接在一起的依据。

All A’s are B; some C’s are not B; therefore some C’s are not A’s.

所有 A 都是 B; 一些 C 不是 B ；因此一些 C 不是 A

例子：

Some mountains are not climbable. (ground)

Therefore: Some mountains are not hills. (claim)

一些高山不能爬。（论据）

因此，一些高山不算山。（论点）

那么，这则论证中的依据又是什么呢？该依据真的可以将论据和论点连接起来吗？答案是，这则论证中的依据是“All hills are climbable.”（所有山都能爬。）。

但是，虽然这条依据是可以接受的，但它似乎无关痛痒，不能将论据与论点连接起来。

归纳论证

比演绎论证显得更为重要的是归纳论证。演绎论证讲究的是有效性与无效性，但归纳论证按属性则分为可靠（sound）或不可靠（unsound）论证。在论据真实的前提下，可靠论证让你有充分的理由相信其论点的真实性，而不可靠论证则不然。请思考以下例子：

Roberta is a traveller.

Nearly all travellers will reach their destination safely.

Therefore, probably: Roberta will reach their her destination safely.

罗伯塔是一个旅行者。

几乎所有旅行者都会安全到达目的地。

因此，也许罗伯塔会安全到达目的地。

从“因此”后面的字眼“也许”可以看出这是一个归纳论证，告诉我们“罗伯塔能到达目的地”这一论点并不是百分之百能成立的，而“几乎所有的旅行者都能够安全地到达目的地”这一依据给了我们接受结论合理性的充分理由。

但是，在归纳论证中，尽管论据在某种程度上能够支撑论点，且论据真实，我们也能接受依据，并因此选择相信论点的真实性，但是，该论点却有可能是错误的。换言之，在归纳论证中，尽管论证是可靠的、论据是真实的，且依据也显得无可辩驳，论点也可能是错误的，也就是说，结论中陈述的有可能并不是事实。

正如我们所看到的那样，归纳论证的论点有时候会在前面加一个“可能”，这表示我们在提出论点时所持有的审慎态度。“可能”一词不属于论证的组成部分，但却明确地表示了该论证属于归纳论证而非演绎论证。使用“可能”能够表明展开论证的人在向听众或读者发出讯息，表示其进行的论证是属于归纳论证的，而不需要听众或读者基于自己的直觉或经验自行认定。

在归纳论证中，论证人提出的论据对于论点的支持度可能程度不一。比如，如果我们将以上论证中的依据改为“大多数旅行者都会安全到达目的地”，我们可能就会倾向于认为现在对于论点的支持度在一定程度上降低了，这是因为“大多数”这个词意味着数量超过一半，而“几乎所有”所表示的比例则更高。因此，对于归纳论证而言，其内容（也就是实际陈述的内容，而非形式）才是重要的。而论据与依据的内容则影响着论证的可靠度。

有时候，归纳论证中的依据也会以论据之一的形式出现，尤其是当它涉及精确的数量时。比如，如果将关于罗伯塔的论证中的第一条论据替换为“99.9% 的旅行者都会安全到达目的地”，那么该论证的可靠度就要比第一条论据是“80% 的旅行者都会安全到达目的地”时更高。

学习过社会科学或正在学习社会科学的人可能已经意识到了，在诸如社会学、政治学的学科中，许多论证其实都属于归纳论证。在归纳论证中，论据的数量和内容会影响论证的可靠程度。比如，大多数人都不会认为以下论证属于可靠的归纳论证：

0.01 per cent of the electorate were asked how they would vote if there were a general election held tomorrow.

90 per cent of those asked said they would vote Conservative.

Therefore: The Conservatives would win an election if it were held tomorrow.

0.01% 的选民被问及如果明日举行大选他们会怎样投票。

被问到的人中90% 表示会投票给保守党。

因此，如果大选在明日举行，保守党将会胜出。

在正式的归纳推理中，依据通常都是以更深层次的论据的形式被提出的，而对于整个论证而言，该依据也就形成了论证展开的形式。但是，依据或论证的形式是否能被人视为合理充分的并获得认可取决于其主题。这一点与演绎论证不同。

任务47　为什么这个论证被认为是不可靠的呢?

你能想出为什么大多数社会科学家认为以上论证中“如果大选在明日举行，保守党将会胜出”的结论是不可靠的吗?

诉诸权威的论证

没有人可以成为一切领域的专家，即使是在那些我们认为自己所具备的学养颇深的学科中，我们也无法永远立于不败之地。但是，也正因为我们面临这种情况，如果想要获得关于我们知之甚少或是完全一无所知的某些学科的可靠信息，那么我们就需要请教专家或是权威人士。如果有些人说情况是“如此这般”的，例如他们断言“明天一定会下雨”，一般而言，我们不会仅因为他们这样说了就将这一论断信以为真，除非他们在气象领域中是公认的权威人士。我们这样做的原因在于“论证”与“断言”之间的差异，这一点我们在第三部分的开头处已经探讨过了。此前，在展示某些具体的演绎论证的形式时，我们已经采用过象征性的说法，这里不妨再用一次：如果彼得说了P（此处的P指代任何说法），我们都不会在毫无根据或缺乏进一步论证的前提下接受P这个说法。在下文中，我们会建议将彼得是该学科领域中的权威作为论证的证据。

如果我们用A来表示任何人，P则代表任意说法，那么，我们不会认为下列论证是可靠的：

A asserts P. (ground)

Therefore, P is true. (claim)

A声称P。（论据）

因此，P是正确的。（论点）　　　　（论证A1）

但是，我们确实需要了解提出该说法的陈述人是否可靠，以此判断论证是否可靠。也就是说，我们需要知道进行陈述的人是不是该领域中可靠的权威人士。那么，我们又该如何着手判断此说法的真伪呢？

没有人是完全无懈可击的，人人都会犯错。因此，在所有情况下，这种诉诸权威的论证都有可能是不可靠的。有些人认为这根本就算不上是论证，因为它只是对A提出的观点做了进一步的陈述，仅仅用陈述来支撑P是真实的这一论点，只是给出了论据而已。但是，如果再加上一个依据就有说服力多了。这个依据可以是“几乎A说的所有话都是真的”。加上这条依据之后，这个论证就成了：

A asserts P. (ground)

Nearly everything A says is true. (warrant)

Therefore, P is very likely to be true. (claim)

A 声称 P。（论据）

几乎 A 说的所有话都是正确的。（依据）

因此，P 很可能是正确的。（论点）　　　　（论证 A2）

请注意，我们现在探讨的是归纳论证；也请注意如果将依据变为“A说的所有话都是真的”并且将其按照字面意思理解，表示A所说的一切（曾经说过的、现在说的以及将来会说的）都是真的，然后将该依据升级为一个论据，那么，这个论证就变成演绎论证了：

Everything A asserts is true. (ground 1)

A asserts P. (ground 2)

Therefore, P is true. (claim)

A 说的所有话都是正确的。（论据 1）

A 声称 P。（论据 2）

因此，P 是正确的。（论点）　　　　（论证 A3）

任务48　为什么这个论证属于演绎论证呢？

你能想出为什么这个论证会成为演绎论证吗？仔细看看它的依据是否与上文中其他论证中的依据相同。同时也请注意，尽管这个论证是有效的，但却基本上什么都证明不了，为什么呢？

我们关于 A 的归纳论证（论证 A2）尽管是可靠的，但在实际用途上而言却与上文中的演绎论证（论证 A3）别无二致。要说一个人说的一切几乎都是正确的，这显然不可能。几乎可以肯定的是，即使一个人并没有随时随地说谎，他不时也会犯错，特别是当他谈论一些自身知之甚少的话题时。我们最多只能说某些人在某些特定的知识领域中算是可靠的权威人士。于是，我们现在就可以这样论证：

P is a statement made by A about subject S. (ground)
Therefore, P is true. (claim)
P 是 A 提出的关于 S 问题的说法。（论据）
因此，P 是正确的。（论点）

那么，依据就可以是：

Nearly everything A says about subject S is true. (warrant)
A 关于 S 问题所说的事几乎都是真的。（依据）（论证 A4）

这是一条诉诸权威的论证，该论证是可靠的，因为在依据合理、论据真实的前提下，它给了我们充分的理由相信 P 是正确的。

但诉诸权威的论证很可能会发生不同情况的误用。其中最突出的一种方式为，A 是 S 领域中公认的权威，但是她却以权威的名义为 S 之外的领域发声。为了保证论证的可靠性，在使用诉诸权威的论证时，我们要对该权威人士的专业领域的范围保持敏感。因此，以下这条诉诸权威的论证就是不可靠的：

> P is a statement made by A (P is about subject T). (ground)
>
> Therefore, P is true. (claim)
>
> P 是 A 提出的说法（P 是关于 T 问题的）。（论据）
>
> 因此，P 是真的。（论点）

此处的依据是：

> Nearly everything A says about subject S is true. (warrant)
>
> A 关于 S 问题所说的事几乎都是真的。（依据）（论证 A5）

权威人士很可能为不属于其专业领域的事项发声，或是被他人说服为不属于其专业领域的事项发声。除了他们在自身特定领域中享有盛名、深受大众的尊敬，权威人士的身上还经常带有某种神秘的光环，让人们倾向于相信他们所说的话，即使是在没有真凭实据的情况下也是如此。当权威人士利用这一点，为一些他们并无权威性可言的领域中的事项发声时，其实他们采用的就是非理性说服方式。这种方式我们在上一章已经进行过介绍了。权威人士仰仗其在某个特定专业领域中的专业技能让人们产生崇拜感、尊敬感或迷恋感，并利用这种优势为一些涉及其他领域、没有真凭实据支撑的说法赢得了赞同和认可。哲学家伯特兰·罗素是数理逻辑和认识论方面的领军人物，同时也就婚姻、战争与教育等主题挥毫写作，因此，我们也将他视为一名作家。他在某一专业领域中的权威身份为其在其他领域中提供了便利，但其实在这些领域中，他并不具备相应的专业技能。你大概会发现，这其实是广告商们经常用到的一种招数，重金聘请名人来为他们想要销售的商品背书。

当在某个特定专业领域中的不同权威人士之间存在分歧时，诉诸权威的论证也可能存在问题。或许，在雨林地区发现的某种蜘蛛的视觉器官这一领域，乔治所说的话大多数甚至是几乎全部都是正确的，但是，格洛丽亚可能也是该种蜘蛛的视觉器官方面的专家，并且她所发表的观点与乔治的观点正好相反。那么，我们在这两者之间该如何做决断呢？在很多情况下，我们可能无法做出理性的判断。但是，如果我们仅仅因为他们当中的某个人声望更高、更受欢迎、表述得更流畅、看起来似乎更可信或是更有个人魅力就选择去相信他，那我们就犯了错误。这种错误跟我们在上文中表述过的一种不可靠的诉诸权威的论证相似，即“如果 A 是 S 领域中的权威人士，她就有理由为 T 领域中的事项发声”，这显然是不合理的。

身为权威与当权

我们在前文中已经探讨过诉诸权威的论证可能存在的一些问题。你还需要区分权威（being an authority）和当权（being in authority）之间的区别。比如，有些人可能在医学领域中业务能力卓著，因此是医学方面的专家，也可能是在例如医院之类的医疗机构中的资深人士。尽管许多专业领域内的权威人士同样在行业内当权，但是他们的权力却不能使其成为专家。甚至，有些当权的人会滥用他们的权力来打造其作为权威人士的声望。比如，某位懒惰的大学教授要求其所有研究生在发表文章时都将她标注为第一作者，以此捞取虚名。

彼此意见相左的权威人士们需要通过论证来支撑自身观点或驳倒看法与他们相悖的人士。这样一来，他人就有机会评估其论证是否合理。通常，对某专业领域中的知识一无所知的人很难对这些论证的合理性做出判断。但是，那些对某些领域具有一定背景知识的人有能力对这些论证进行评估，注意到明确陈述的论据以及潜在的依据和论证形式，并把它们拼凑起来形成清晰的论证。他们同时还可以对论证中使用的论据的真伪进行判断，通过询问的方式要求论证者进一步说明依据的合理性，从而判断依据的有效性。无论一个人通过何种手段学习到一定程度的某行业知识，他都有权利就业界权威的意见纷争做出自己的判断。当某位业界权威采用的论证明显是无效或不可靠的，那么，思维缜密的非专业人士即使对该学科主题知之甚少，也能够做出自己的判断。这里要记住的一点是，我们虽然要对专业人士和具体学科的复杂性保持应有的尊重，却不能在可以接触到证据与论证，并做出自身判断的情况下放弃理性思考的能力。

比如，幽默的作家比尔·布莱森曾经写过一本名为《万物简史》的书，他在书中简要介绍了绝大多数重要的科学发现。布莱森自己第一个承认他并不是那些领域内的科学家，那么我们为什么要相信他所说的话呢？大概因我们有充分的理由相信布莱森。第一，他并不标榜自己具有科学方面的专业技能；第二，他就书中所提出的论点咨询过权威人士；第三，他让专业人士审阅过书中的内容，以确保其精确性。因此，即使布莱森并不是其撰写的内容方面的专家，他也能够作为科普书籍的合格作者通过我们的考验。

如何对待阅读过程中的论证与异议

在阅读过程中，你必须确保自己能够理解写作者支持不同观点时采用的论证与证据。一种有助于你理解的极为有效的方法是给相关的篇章做笔记，以尽量清晰的方式将它们呈现为论证。也就是说，你需要将你所认为的潜在的依据和论据加进去，以达到理解作者写作内容的最佳状态。我们会在第十四章中探讨这一主题的内容。

第十四章

分辨各种论证需要“火眼金睛”

抗辩制（adversarial system）与纠问制（inquisitorial system）这两种刑事司法体系常常形成对照。在以英美的司法实践为典型的抗辩制中，审讯被视为控方与辩方之间的对抗，控方的目的是推翻被告无罪的假设，而辩方的目的则是维系这一假设。从另一个方面来说，对于以法国的刑事司法体系为典型的纠问制而言，审讯的目的则在于确定实际发生的真相是什么，也就是说，在声称的时间和地点，被控罪行是否确实发生过，以及如果该罪行确实发生过，那么被告是不是犯罪人。

与此相似的是，你也可以用抗辩法或纠问法来评价阅读过程中遇到的论证。如果你采用的是抗辩法，那么你就需要明确指出作者论证的不当之处在哪里；而如果你采用的方式更类似于纠问法，那么你就需要通过作者的文字去发现他真正想说的是什么，即使她的意思模棱两可、论证漏洞百出。在评估他们论证的过程中，如果我们想要理解作者到底在论证些什么，总体上采用纠问法比用抗辩法有用得多，因为抗辩法的目的仅仅在于告诉别人作者错在哪里。

让我们试着用宽容大度的眼光，通过细致看待他人论证的方式，尝试去理解一则在对话中形成而非以书面形式呈现的论证中，作者究竟在说明些什么吧！

查尔斯 · M.

以下篇章选自拉波夫（Labov）的著作。这个篇章的内容是查尔斯 · M. 对他自己对于巫术与其他超自然事件的观点的介绍。库珀（Cooper）认为，虽然查尔斯 · M. 的表述有些混乱不清，但如果我们将一些合适的潜在论据清晰化，他的讲述可以被视为一种合乎逻辑的论证。

Well, I even heard my parents say that there is such a thing as something in dreams some things like that, and sometimes dreams do come true. I have personally never had a dream come true. I've never dreamt that somebody was dying and they actually died, or that I was going to have ten dollars the next day and somehow I got ten dollars in my pocket. I don't particularly believe in that, I don't think it's true. I do feel, though that there is such a thing as—ah—witchcraft, or some sort of science of witchcraft; I don't think that it's just a matter of believing hard enough that there is such a thing as witchcraft. I do believe that there is such a thing that a person can put himself in a state of mind, or that—er—something could be given them to intoxicate them in a certain—to—to a certain—to a certain frame of mind—that that could actually be considered witchcraft.

嗯，我甚至听过我的父母说，有些东西很像是梦里出现过的东西，而有时候梦会成真的。我个人从未经历过梦境成真。我从来没梦到过有人快死了，然后他们真的死了；或者梦到第二天就有十块钱，而不知怎的，我口袋里真的有十块钱。我不是特别相信这些，我不认为这是真的。我确实觉得，世界上确实存在这类的东西，像是，呃，巫术，或某种巫术的科学；我不认为像巫术这样的东西，你只是心中足够相信就成了。但我相信这样一件事：一个人可以把自己置于一种精神状态，或者，呃，给他们某些东西，他们就可以在某种特定的，特定的……某种特定的精神状态下陶醉，这实际上可以被认为是巫术。

问　题

在阅读我们对该篇章进行的讨论之前，先花点时间思考并回答以下问题：

I. 查尔斯所持的论点是什么？

II. 这则论证所依仗的论据、依据，无论是明确说明的还是潜在的，分别是什么？

III. 用清晰无歧义的方式将论证梳理出来。

讨　论

乍一看，查尔斯的话语似乎并无逻辑可言，其中存在着许多犹豫不定之处、很多重复，并且在其论证过程中好像还有许多跳跃之处。因为我们无法向查尔斯发问，所以不能确定他是不是意识到自己的话中缺失了论据或依据，或者是不是能将缺失的论据或依据给出来，好让他的论证更具有说服力。但是，如果我们将一些可能存在的潜在论据或依据补充完整，就可以按照以下大纲将查尔斯所说的内容形成一条有效的论证：

（i）论点是：

I don't believe that dreams come true.

我不相信梦境成真。

（ii）该论证中有两条论据，其中一条是未明确说明的：

In all matters of the supernatural, personal experience is the only criterion for belief. (warrant)

Dreams that come true are an example of supernatural matters. (unstated ground)

I have never had personal experience of a dream coming true. (stated ground)

在所有超自然事件中，个人经验是相信与否的唯一标准。（依据）

梦境成真是超自然事件的一个例子。（未明确陈述的论据）

我个人从未经历过梦境成真。（明确陈述的论据）

（iii）将这几条放在一起，我们就得到了以下的有效论证：

Dreams that come true are an example of supernatural matters.

(unstated ground a)

The only criterion for believing that dreams come true is by having personal experience of dreams coming true. (claim b)

In all matters of the supernatural, personal experience is the only criterion for belief. (unstated warrant c to get from ground a to claim b)

I have never had personal experience of a dream coming true. (ground d)

Therefore I don't believe that dreams come true. (claim e)

梦境成真是超自然事件的一个例子。(未明确陈述的论据a)

相信梦境成真的唯一标准是自己曾经历过梦境成真。(论点b)

在所有超自然事件中，个人经验是相信与否的唯一标准。(将以上论据a与论点b连接在一起的未明确陈述的依据c[1])

我个人从未经历过梦境成真。(论据d)

因此我不相信梦境成真。(论点e[2])

基于我们对于查尔斯的想法所知的信息，以及无法进一步获得信息的局限性，以上似乎是我们对其想法的一种设身处地的解读，而这种解读与我们对其观点的理解十分契合。

---

1 这一条之所以可以用作依据是因为它属于相对通用且无争议的原则，大多数人不会对此持有异议，因而通常无须明确陈述。——原注

2 依据c在此处依然作为未明确陈述的依据将论据d和论点e联系起来。——原注

以下是一个篇幅更长的例子：

C.R. 与拉里之间的对话

以下对话选自拉波夫（Labov）的著作，在该示例中，C. R. 与拉里（Larry）两人进行了一场对话，谈论人在死亡之后究竟会发生些什么。

C. R.：你有没有想过人死后会发生什么？我知道你在主日学校时有人告诉过你这类事情，但我想知道你自己的想法。

拉 里：嗯，我确实有自己的看法。

C. R.：什么想法？我很想知道。

拉 里：我想，人死后，尸体就会腐烂。

C. R.：说点新的东西吧。我想你一直在思考这个问题。我想知道的是，你认为人死后灵魂会怎么样。

拉 里：人死后，灵魂会离开身体。

C. R.：那你觉得它去哪儿了？

拉 里；我不是很确定……

C. R.：拜托，我以为你早就对这个问题有想法了。

拉 里：好吧，很多人仍然认为，好人的灵魂上天堂而坏人的灵魂下地狱。坦白地说，我认为这是无稽之谈。从长远来看，我们都会下地狱。

C. R.：现在我开始有点后悔问你了！是什么让你这样想的？

拉 里：听着，没有人真正知道上帝是否存在。你知道，我这一生去过不少地方，我见过的上帝比你吃过的热饭还多。这些上帝不可能都是同时存在的。我认为他们都不存在。所以，当人们说“你是好人，你的灵魂会上天堂”，这绝对是胡说八道，因为根本就没有所谓的天堂可以让灵魂到那里去。不论是好人还是坏人，灵魂都是会下地狱的。

以下两项任务可以帮助你了解拉里的立场。在阅读书末的参考答案之前，请花些时间思考以下每个问题。

任务49　在本对话中，拉里在干什么？

I. 拉里提出了几个论证？

II. 他提出的论点是什么？

III. 拉里用于论证的论据都是些什么？

IV. 拉里的话语中存在模棱两可的说法吗？

任务50　拉里在论证些什么？

I. 找出你认为拉里进行的论证，并按照论据、论点、论证的顺序将它整理出来。如果你认为其中所需的依据是潜在的，请用你自己的语言将它表述出来。

II. 拉里进行的论证成功吗？

如果我们将拉里的论证清晰地整理出来，这些论证看起来就会显得截然不同，和上文中拉里与 C. R. 的对话中呈现出的零星隐晦的形式形成强烈的对比。这告诉我们，在我们着手进行论证之前，试着把它们整理归纳清楚是多么重要。当然，与建构书面论证相比，这一点在对话语境中尤其难以做到，正如我们在拉里与 C. R. 的对话中看到的那样。我们不能埋怨拉里，说他没能把论证清晰无歧义地表述出来，因为这场对话的走向不是他一个人说了算的。恰恰相反，他其实处在一场智慧的对抗赛中。但从另一个角度来说，作为写作者，虽然你会受到其他方面的限制，但却不会在这个方面束手束脚。

努力将论证表述得清晰且没有歧义。

没有作者能够将涉及论点的所有可能的论据与依据都罗列出来，也无法就所有论据的正确性都展开论证，因此，她必须要考虑到并估计听众拥有合理程度的知识，而这个合理程度取决于这些知识是通用性的还是专业性的、听众的受教育程度，以及听众对其观点的共情程度等。当这一切完成之后，她必须要确定其论证是否没有歧义，例如，她是否将所有关键性的中间步骤都涵盖在论证中了。

作为写作者（身为学生的你也是写作者），你必须最大限度地保证行文清晰。为此，在着手铺设论点或是支持论点的论据之前，你最好将想要支持的论点清晰地陈述出来。现在，让我们最后再看一看拉里的论证。他如果曾经接受过清晰呈现论证方面的训练，可能就会按照以下示例来推进论证：

> 我将论证“当人们死后，好人的灵魂上天堂而坏人的灵魂下地狱”这个观点是错误的。

这个表述能让读者清晰地知道接下来的论证目的是什么。

> 为了便于论证，我们先假设一个好人的灵魂会上天堂而坏人的灵魂会下地狱。

此处，拉里通过假设他所反对的观点是正确的，给出了其论证所需要的论据。

> 现在，好人的灵魂会上天堂这个观点是错误的，因为没有所谓的天堂，灵魂无法去一个不存在的地方。

此处，拉里通过一个一个小论证来证明“好人的灵魂会上天堂”这个论点，这个小论证所需的论据出现在“因为”后面，也就是“没有所谓的天堂”。这里的依据是“灵魂无法去一个不存在的地方”。

至此，为了进行论证，拉里提出了一个论据，并支持了与之恰好相反的观点：

- 好人的灵魂会上天堂，坏人的灵魂会下地狱。
- 好人的灵魂会上天堂这个观点是错误的。

但是，由于这两个论据是互斥的，他就要把矛盾点说出来了。

如果我早先的那个假设是对的，那么好人的灵魂会上天堂。然而，我刚刚论证了，好人的灵魂会上天堂这个观点是错的。

由于这两个陈述不可能都是对的，因此，可以得出结论，“好人的灵魂会上天堂，坏人的灵魂会下地狱”这个论述是错误的。

此时，拉里基本上就清晰地把论证阐释清楚了。

当你评估他人给出的论证时（无论是口头的还是书面的），在你提出反对意见或是批评意见之前，你首先需要试着站在对方的角度厘清他们的意思。

成为自己最严苛的评论者

我们认为，作为读者的你需要始终保持宽宏大量，因为这样一来，你才可能最大限度地了解你所阅读的内容并从中获益。虽然如此，但说到阅读和评估自己的作品时，我们的意见就不再如此了。此时，我们希望你能够采用抗辩式的阅读方式。

在评估自身作品时，你最好成为自己最严苛的评论者。

为什么在阅读自身作品和他人作品的时候要采用不同的标准呢？当你阅读他人作品时，即使你并不认同对方的观点，你也应当竭尽全力去理解她在说些什么。这是因为你在批评他人的观点之前，首先必须弄清楚她的言中之意。

当你针对特定听众或读者进行写作时，如果你希望他们能够明白你在说什么，你必须尽可能清晰地将你要写的内容表述清楚。

现在，试着回忆一下我们在第一部分中写的有关写作与口头交流不同的一些特殊要求。你是在为不在场的，甚至是未知的听众写作，他们是无法向你提问或与你互动的。

你在写作时要试着从读者的角度考虑问题。

在你将作品推向大众之前，你需要检测自身作品的可读性、关联度、公允性和连贯性。我们相信，如果你能够养成用抗辩式的批评方式评价自身作品的习惯，你就可以最大限度地保证作品的品质。

评价自身作品

风　格

你的写作风格清晰易懂，行文毫无歧义吗？是否尽可能消除了术语与陈词滥调？

呈现他人观点

如果你在汇报或评价他人的言语或行文，你明白他们在说什么，并且在写作时把他们的意思清晰地呈现出来了吗？

如果他人的说法模棱两可，你是否至少已经提醒你的读者其中存在歧义？

对于他人的说法，你是否已经进行了公正详尽的陈述？你是否可以肯定自己没有歪曲他们的本意？

引用他人说法

在引用他人说法时，你选择的段落是否的确能够反映你打算阐述的观点，而它是否能够体现出作者的真实想法？

你对相关段落的引用是否得当，是否能够确保没有因缺失词语而改变作者想要传达的意义？

引 用

你是否能够确保读者可以通过你给出的完整参考文献列表找到所有相关资料，从而核实你提到的作者的论点与论证？

论 证

你的论证出彩吗？换言之，你的论证是否清晰易懂、言之有理？

你的行文前后一致吗？是否注意避免了自我矛盾？

你成功抵制住了诱惑，没有使用我们在第十二章中描述过的那些非理性的说服方式吗？

评估他人的论证

我们将要给你提供一些练习，帮你学习如何在短小文本中提炼论证，并以此来结束第三部分的内容。任务51邀你阅读四篇小短文，并对其中涉及的论证进行识别与评价。在完成此项任务时，在你着手梳理作者究竟想要说服你采纳何种观点之前，试着将每个篇章中的所有陈述（文章当中包含的论点、论据或依据）先定位并摘抄出来，这不失为一种十分有效的策略。在完成任务过程中，你还需要反思一下，这些论证中是否存在一些潜在或未言明的因素。任务52则给出了两篇援引自两位著名学者（一位是语言学家，另一位是哲学家）的短文，以期给你更多练习的机会。

任务51　文中要论证的观点是什么？

阅读以下篇章，分别判断作者想要说服我们相信的观点是什么、她如何支撑自身论点，以及文中是否存在一些与论证无直接关系的信息。

保罗·麦卡特尼爵士写过一些有史以来最杰出的流行和摇滚歌曲。尽管有人认为他的一些作品“花里胡哨”，但他不仅是一个伟大的摇滚歌手，还是一个非常成功的作曲家，因为他来自利物浦，利物浦的作曲家总是非常成功。

鉴于学校将学生课程关注的重心放在真正重要的问题上，利兹都市大学应用全球伦理学院（SAGE）的大多数学生都产生了强烈的对错意识，并承诺尽最大努力以道德上无缺陷的方式生活。因此，所有SAGE的学生都知道是非曲直，在生活的各个方面都会努力做正确的事情，包括为自己强烈关注的问题奔走呼号。

英国许多商业街商店的服装都是从发展中国家的制造商那里采购的，这些制造商付给他们的工人微薄的工资。如果你想讲道德，你必须非常小心地决定从谁那里买衣服。一些零售商设法把衣服卖得很便宜。有时候这些衣服真的很值，即使它们在道德上有点问题。报纸上有很多关于这类零售商如何与供应商合作的文章，供应商每小时只付给工人极低的工资，这意味着工人没有足够的生活费。

伊恩·麦克莱恩爵士和目前从事电影工作的大多数主要演艺人才一样，也曾在剧院和电视台中工作过。他不仅是一位伟大的演员，也是一位伟大的人物。在漫长的职业生涯中，他因在电影《指环王》中扮演甘道夫以及在现场戏剧中扮演莎士比亚戏剧中的许多主要角色而声名鹊起。在几年前的某个时刻，他甚至花了几个星期扮演了《加冕街》中的一角。然而，他很可能会因其在20世纪80年代为提高人们对艾滋病毒和艾滋病问题的认识所做的工作而被载入史册。

任务52 提炼论证

阅读以下两篇短文，试着写出这两位作者竭力说服我们相信的观点是什么，以及他们是如何进行论证的。同时，分别判断两位作者的论证是否成功。

本短文选自《英语》(*The English Language*)，作者为克里斯特尔（Crystal）

如果一个很快就学会阅读的孩子在拼写上一塌糊涂，老师们通常会感到很惊讶。他们认为，孩子一旦学会了阅读，那就意味着他的拼写就“行了”。但其实阅读能力和拼写能力并不相关，它们涉及完全不同的技能。拼写涉及一系列积极的、有成效的、有意识的过程，而阅读并不需要这些过程。我们只需要做一个对比：有选择性地进行阅读是可能的，我们只需找出一篇文章中的一些字母或单词，然后“猜测”剩余的单词（就像我们“浏览”一篇报纸报道时所做的那样）。但是，你不能这样进行拼写。拼写者必须一个字母一个字母地把它全写好。

本短文选自《增强进化论：成为更好人类的伦理方案》（*Enhancing Evolution: The Ethical Case for Making Better People*），作者为哈里斯（Harris）

假设一所学校有意提高学生的身心能力。假设其既定目标是确保学生离开学校时不仅比他们入学时更聪明、更健康、更强壮，而且比他们去了其他学校的情况下更聪明、更健康、更强壮。假设他们进一步声称，他们不仅能够做到这一点，而且他们的学生将比历史上任何一个孩子都更聪明、更健康、更长寿，而且在身体和精神上都更机敏。假设有一群杰出的教育家，他们比我们迄今所知的任何一位都要聪明，而且实际上已经想出了实现这一目标的方法（也许是以教育和体育课程的形式）。我们的反应该是什么？

当然，我们的反应该是惊奇。这肯定是一个史无前例的事件，是教育上的突破。但我们应该高兴吗？我们应该欢迎这样的突破吗？当然，我们可能会产生疑问，我们可能会怀疑这种夸夸其谈的说法，但如果这些说法能兑现，我们会希望自己的孩子去上这样的学校吗？如果我们自己的孩子就读的学校没有按照新的教育标准进行管理，我们会希望这些标准尽快实行吗？

参考答案

任务1　写作与交谈有何区别?

在写作与交谈的众多不同之处当中，有一点重要的差异性在于，当我们在写作时，如果有人读到了难以理解的内容，我们通常没有解释澄清的机会；或者，如果他对我们的立场提出了异议，我们也无法在文字中进行说明。(你能想到写作者遭遇的情况与我所说的不一样的时候吗？)所以，相较于写作，交谈的优势在于它是一种双向的交流。但从另一个角度来说，相较于交谈，写作的优势在于，在写作中，在向他人展示你的内容之前，你可以彻彻底底、仔仔细细地思考你的观点或论点。

任务2　面对面交谈与通过电话交流有何不同?

我们在面对面交谈时可以通过观察面部表情、肢体语言以及一些特定姿势（例如用手指着某处）的方式理解某个人在说什么。但在打电话时，除非我们使用的是视频通话，否则这些要素都是缺失的。所以，在电话交谈中，你在说话时需要把自己的意思表达更加精确，而当你在听话时，注意力需要更为集中。

任务3　告诉大家如何找到你的新住处

从某种程度上来说，这取决于这些方位信息的复杂性。假如你通过书面的方式传递信息，那么对方就无须记住你给出的信息。并且，除了书面的指南，你还可以给出路线方位的直观展示（地图）。如果你通过面对面交谈的方式传递信息，你当然也可以这样做。但是面对面沟通还有一个额外的优势（相对于电话交谈也是如此），那就是在必要的情况下，被交谈的一方有机会提出要求，让你进行阐释或重申。

任务4　避免注意力涣散

要将在你阅读过程中走神的时候究竟发生了些什么说清楚需要占用很大的篇幅，并且这由一位专门从事人类注意力研究的心理学家来讲解会更为合适。但是，猜测为什么我们会走神要容易得多，这大约与我们所阅读的文本有关（例如文本过于枯燥或是行文晦涩难懂）。但与此同时，走神还很可能与你的阅读方式有关。我们在第一部分中提出的关于如何最大限度地提高阅读效率的建议将能够帮助你避免走神。其中尤为重要的是我们曾给出的建议——你在阅读时脑海中一定要时刻带有明确的问题，这样你就能够主动地搜索特定的信息或是理解你所阅读的内容。

任务5　阅读以下篇章并回答问题

答　案

1. Toby was new years old.

2. Toby had a holl of oun ret.

3. Toby lev Fred each week.

4. Toby gave him holls of welt to pock.

5. He was able to pell in the gelt of Toby's fing, because he was mump enough.

6. Fred remp his juges.

任务6　作为学生，激发你进行阅读的是什么？

略

任务7　作为一名学生，你会在何时何地进行阅读？

略

任务8　你属于哪一种学术型读者？

略

任务9　阅读循环训练法

略

任务10　尝试SQ3R法

浏　览

在浏览本书的过程中，你大约已经看过了目录，发现了第三部分是关于“在写作中展开论证”的，且其中有一个章节名为“影响他人的想法”，而这个子目录下面还包括“理性的说服方式与非理性的说服方式”以及“通过非理性的方式进行说服”等内容。这些章节中可能蕴藏了大量比你预期中更为翔实的资料。“说服他人的不当手法”这一节同样也很重要，因为在大多数情况下，通过非理性的方式来说服他人的做法就是不当的。通过略读这些部分的文本，你可以为进行下一步仔细阅读打下基础，这能够帮助你回答脑海中设定好的问题。

提　问

准备好阅读你需要进一步仔细阅读的部分文本，并确定你打算从中获取些什么，这一步包括设定好你希望能找到答案的具体问题。这些问题可能包括“非理性的说服方式是什么意思？”以及“什么样的说服方式是非理性的？”等。

阅 读

在仔细阅读你所标记的部分文本的过程中，你将会发现描述非理性的说服有几种不同的方式，其中就包括非理性说服中“不含有具说服力的论证”以及“可能含有诉诸情感的做法”等相关理念。你将会意识到被描述为非理性的说服技巧的范畴是极其宽泛的，而你已经读到并了解了其中的一些技巧是如何起效的。

复 述

当你完成了对第三部分某些内容的仔细阅读，你对于非理性说服的性质应该已经有了相当程度的认识，并已经能够通过复述或是记录某些可采用的技巧案例（例如诡辩、灌输、循环论证、虚假合并以及“说辞”的使用等）的方式来总结你所学过的内容。

回 顾

在重温阶段，你可能会发现，为了从真正意义上理解非理性说服的性质，你必须首先稍稍了解一下它的对立面——理性说服。这样一来，你可能就进入了第二轮的 SQ3R 训练，在这一轮训练中，你或许就会发觉自己了解了归纳论证和演绎论证、有效论证和强有力论证所需条件之类的内容。

任务11　不同的写作类型之间的差别是什么？

如果我们想要把各种写作类型的差别进行详尽论述，那么需要花费的篇幅将是巨大的。但是，我们还是希望你能够了解一些常识，例如，诗歌通常会采用暗喻、头韵之类的修辞手法，而科学报告则很可能使用平实明确的语言，行文上更为正式，而且或许会使用一些图表之类的视觉手段来有效地分享信息。你可能会注意到，关于英国鸟类的野外工作指南和关于某位著名画家的带插图自传可能都会通过使用恰当的图片来支撑事实性信息。但是，几乎任何一部小说在创作时都不会想着要提供这些信息，其中也几乎不会含有图片。我们也希望你能知道，为了获取硕士学位而撰写的论文很可能比房屋中介描述的房屋销售细节更细致。当然，在你大致浏览一下许多学生的论文后，你可能会怀疑以上论断的真实性，而且有不少房屋中介其实对于自己撰写的材料也是十分严谨认真的。最后，你可能会将博客和给同事们发的邮件与社交网址上的信息混为一谈，因为它们都属于需要在线阅读的交流形式，而报纸——无论是严肃报纸还是花边小报——则通常是以纸质版的形式来被人阅读的（当然，这一点也在改变，现在越来越多的报纸已经有了电子版，而有一些已经完全是以线上的形式来呈现的了）。

任务12　将论文题目转化为问题形式

从哪些方面来说，苏格兰的音乐与爱尔兰的音乐有相似之处呢？从哪些方面来说，它们是不同的？苏格兰的传统音乐与爱尔兰的传统音乐一样出色吗？

对政党政策和媒体报告的解读能让我们了解到你所选择的政党领袖的心理健康状态方面的哪些信息呢？

我们该如何用普通的学生冰箱中能找到的原材料造出合成生物体？

（你的答案需要包括对于制造过程和所需器材的详细描述。）

任务13 描述、讨论、评价或比较？

从某种意义上来说，这是一个“有陷阱的问题”，因为如果没有一一使用过上述所有方式，那么我们将无法为这七个问题想象出一个像样的答案。如果你觉得对于以上所有的问题都需要描述、讨论、评价和比较，你很可能已经就这些问题进行了深思熟虑。如果你觉得很难下决断，你也很可能对于这些问题进行了深思熟虑，或许是进行了更为严谨细致的考虑。但是，如果你已经说服了自己，认为这些问题中有一些只需要使用以上方法中的一至两种，那么，你的思考则不够严谨。我们建议你再考虑一下，试着构思一下自己会如何着手回答这些特定的问题。你会使用什么样的论证方式？你会如何让读者信服？

任务14 避免写作的借口

略

任务15 5分钟写作

略

任务16　每天写作5分钟

略

任务17　茱莉亚在下一稿中打算做些什么？

她已经发现自己有必要引用一下西尔弗曼可能是在2005年提出的观点来支撑自己的案例研究。她会意识到对于“全面而有意义的特质”的引用会被人认为是表意不清的，因此她已经得出结论认为自己应当进行相应的解释。她注意到，引用摩尔所说的话将会大有帮助。最后，她注意到自己也需要提一提对于这个案例研究的一些批评反对的意见，而引用尹的观点则是很不错的选择。

任务18　校对与文字编辑方面的错误

I. 原文中的“they”到底是指这些登山器械还是使用它们的人呢？

II. 该学生在写第二句话时脑子里大概正想着吃晚餐的事，又或许他只是敲错了键盘上的键，然后又没有对文本进行认真的校对。

III. 虽然带浴室的套房是很常见的，但是，对于一家酒店来说，还为每间卧室配备了独立的早餐间和可以提供零食饮料的欧式风格的女士内衣就很诡异了。

任务19 “it's”还是“its”？

正确答案以粗体标记，错误答案以斜体标记。

The mechanic who examined my car told me that **its** radiator needed to be replaced.

It's important to get punctuation right, otherwise **it's** likely that those who read your essay will get *it's* meaning wrong.

The comma should be used carefully, because *it's* overuse can lead to a lack of clarity.

The Royal Bank, which was rescued by the government after coming near to financial ruin, has awarded all of *it's* senior staff large bonuses.

It's only rice pudding, but I like it.

Its not right that we have to wait so long for the train.

It's a shame that so many people find problems with the use of the apostrophe.

In writing the possessive pronoun *it's, its* important never to use an apostrophe.

任务20 哪些同音异形异义词你中招了呢?

略

任务21　制作问题单词列表

略

任务22　发现拼写错误

正确答案均为每组词中的第一个

I. poll/pole; principal/principle; taxes/taxis; far/fair; too/two high

II. broach/brooch; in/inn

III. descent/decent; begged/bagged; to/too; great/grate care

IV. off/of; seesaw/sea saw; right/write; write/right; for/four; two/too.

任务23　练习校对

对错误之处的修改以斜体标出。

How much time *do* students spend using mobiles? Researchers at the University of Billericay conducted *an* experiment about mobile *use* among students. Nocci and Ohtou *reported* that on average students *use* cameras on mobiles ten times a week. They also find that mobile use *increases* with the age *of* students, until a final year student *spends* up to two hours day speaking to friends, texting and *accessing* the internet.

Writing *is* difficult. It *involves* more mental and physical effort than speaking, which probably explains why people *are* often reluctant to rewrite what they *have* written.

This year was the 200th anniversary of *the* birth of the Polish composer Chopin. He has been *credited* with the production of many essentially romantic masterpieces. His compositional style *portrays a* miniature approach to piano playing, which many commentators think has done little to further appreciation of the instrument. Nevertheless many people in *his* homeland *regard* him as a national hero.

The use of citation to indicate the relationship of one's work to what others *have written*, is one of *the* characteristics that *distinguishes* academic writing from other species of writing, including fiction and intelligent journalism. It is *expected* of all academic authors, whether they *are* first year undergraduate students, lecturers, or professors.

任务24　哪种引用形式更好呢？

在例一中，第一个段落所使用的引用更有力，因为它可以告诉我们马耶夫斯基做了些什么，暗示他的发现结果，而第二段中则需要我们自己进行猜测。

在例二中，第二个段落所使用的引用比第一个更有力，因为它能给出史密斯所做研究的相关信息，还有汤普森对于史密斯观点的批评，以及卡伦对于汤普森观点的批驳。

任务25 引用的目的是什么?

第一个例子向我们介绍了戴维斯研究出了一种全球变暖的模型，而第二个例子则告诉我们有许多不同的小组对引用分析感兴趣。

第三个例子告诉我们，尽管不少研究者都认为詹姆森在其研究中使用的方法是有缺陷的，但他们却认为詹姆森其对施虐者的同情心的研究很有趣。

第四个例子只告诉我们韦恩对于英格兰东北部的韭菜种植比赛史进行了研究，而第五个例子则揭示出了更多细节，比如在托马斯进行的比较中有哪些研究者采用了同样的技巧。此外，第五个例子还告诉我们，托马斯认为这些研究者全都犯了同类的错误。

第六个例子告诉我们史密斯相信猿猴应当享有与人一样的权利（假设你并不是一只猿猴），并且解释了为什么他会这样想。

第七个例子呈现了麦考马克对于沙鼠进食习惯的研究结论，同时也让我们知道他的这个结论是建立在有误论据的基础之上的。第八个例子则告诉我们斯迈尔对于心理疗法能够得到科学的验证这一观点持怀疑态度，以及他认为从某种意义上来说，心理疗法与卖淫十分相似。

在第九个例子中，我们了解到伊格纳季耶夫聚焦的两种真相的类型——为自身的利益而说出的真相，以及为了实现和解说出的真相。

最后一个例子则将我们的注意力引向楚丁对同情的定义。

任务26　练习标注完整的参考文献注释格式

略

任务27　第三人称写作

Examples of deception on the part of MPs have been given.

议员们进行欺骗的例子被列举出来。

Markings similar to those found in Orkney were observed.

与在奥克兰发现的记号相似的痕迹被发现了。

The number of shops that had closed in the last year was counted.

去年关闭的商店的总数得到了计算。

Two main claims will be advanced.

两项主张将被提出。

Broadbent's theory of memory is superseded by later work. (Broadbent's theory of memory is thought to be superseded by later work.)

布罗德本特的记忆理论已经被后人的理论取代了。（布罗德本特的记忆理论被认为已经被后人的理论取代了。）

Earlier films by these directors were all found to contain biographical elements. (Earlier films by these directors all contained biographical elements.)

这些导演的早期电影作品被发现都包含传记色彩。（这些导演的早期电影作品都包含传记色彩。）

Evidence has been presented for greater fluctuations of rainfall during the past ten years.

过去十年间降水量出现更大幅度波动的证据被展示出来了。

Volunteers were divided into four groups, according to their level of general fitness.

根据总体健康水平，志愿者被分成了四组。

任务28　尝试撰写迷你传奇

略

任务29　写一写200词“反思”

略

任务30 练习削减篇幅

略

任务31 卡梅隆想要表达什么?

尽管我们很努力，但是可能也不能参透这句令人印象深刻的话究竟想要表达些什么。但是，至少我们知道卡梅隆希望他所提到的分歧能够通过审慎与保守的方式来得到解决，且尽量要避免可能会得罪许多人的解决方式。同时，他也希望我们注意到某些基督教的宗教和伦理观念可以得到其他论证方式的支撑。最后，他似乎也想让我们知道，他已经意识到了人性与智人种群之间的关系，尽管我们无法断定他所说的“我们是在研究与人类的人权和为人尊严范围相当的概念”究竟是何意。

任务32 阿布兹想要说什么?

公平地说，阿布兹的这段话是有意义的，只不过他使用的语言将意义遮蔽了。他似乎相信学校和教育的目的是让学生有能力自己进行思考，从而在某种程度上给他们选定生活方式的自由。如果他在下笔之前能够更清晰地理出思路，了解自己究竟想要表达什么，他大概就会使用更简单一些的语言来抒发心中所想，而不会使用诸如“utile”（有益的）的生僻词语（这个词究竟是什么意思？去查查字典吧），以及“an essential resonance”（本质的共鸣）与“the distinct resonance of transcendence”（鲜明的超越性共鸣）之类模棱两可的短语了吧。

任务33 丹尼尔想表达些什么?

We are aesthetic beings long before we are rational beings. From a new-born babe, a person begins to mediate his or her world through the basic senses of sight, sound, smell, touch and taste and thus brings together through pain, pleasure or a sense of well-being, intimations of the nature of our world. Through these experiences comes a commitment to basic understanding, the development of which demands a particular kind of imaginative attention to things made, performed or learned. In so doing, the person becomes critically reflective in his or her responses to them.

早在我们成为理性的生物之前，我们就是具有审美能力的生物。从还是一个呱呱坠地的婴儿开始，我们就开始通过看、听、闻、触和尝的基本感官与世界沟通，从而通过痛苦、愉悦或是幸福感将对于我们世界本质的暗示归于心中。通过这些体验，我们得到了基本的理解力，而理解力的发展则需要我们给被创造、被使用或者被学习的事物赋予一种特定的富有想象力的注意力。这样一来，我们就能够在应对事物的过程中变得具有批判性的反思精神。

行文还是有些华而不实，有欠优美，但至少不那么晦涩难懂了。

任务34 搜索冗余词语

略

任务35 收集陈词滥调

这里是一些陈词滥调的例子：

- let sleeping dogs lie
- it takes two to tango
- the thing is ...
- too much information
- like chalk and cheese
- take it with a pinch of salt
- in at the deep end
- too much of a good thing
- it isn’t all it’s cracked up to be
- the writing’s on the wall
- it isn’t rocket science
- too much of a good thing

任务36　警惕带有感染力的语言

略

任务37　属于“说辞”范畴的词和短语

一些例子：

- surely
- plainly
- obviously
- clearly
- self-evidently
- undeniably
- naturally
- it has to be admitted that
- it is clear/obvious that
- everyone must agree
- we must remember
- I need hardly remind you
- everyone knows that
- as you will no doubt agree
- it is true that

- the fact is that
- everyone has had the experience of
- no-one would deny the fact that
- only a fool could fail to realize

任务38　你能发现虚假合并吗？

注意一下斯密是如何在两句话的篇幅之内就把话题从“自利”（self-interest）转移到了“利己心”（self-love）上的。这两件事可并不完全一样。如果说的是“自利”，那么我就能把各种各样我所关心的人与事都放在这个类别中，比如朋友、家人，甚至是国家。但是，主题是“利己心”就意味着我所关心的是我自己这一个体。当然，情况也可以是我所关心感兴趣的就只有我自己，在这种设定下，我大概就会被当作自私的人，但事实并不一定就是如此。斯密似乎是在暗示，后一种说法总是充满争议的。

任务39　写出一些虚假合并的例子

略

任务40　留心循环论证

略

任务41　你不会相信这个的

略

任务42　我们能用什么来支撑以下说法呢？

论点1：安乐死应当被合法化。

I. 这个论据是有用的，因为反对安乐死的法律就是为了限制辅助他人死亡的行为而存在的。因此我们可以将这条论据解释为，告诉这些想要结束生命的人，无论他们的生活有多么的悲惨，他们都必须活下去。

II. 这一论据虽然很煽情，但是并没有击中反对将安乐死合法化的法律要害，而主要观点仅仅集中在安乐死合法化之后病人（很可能是老人）可能因为被别人说服而提出安乐死的请求，而狗和马之类的动物则不可能听从他人劝告提出死亡要求。

III. 这种公开的许可基本不会有人接受，如果你倾向于同意这种观点，不妨想象一下，一个四岁大的孩子仅仅因为朋友偷了他的泰迪熊就提出安乐死的要求，你会做何感想？

IV. 他们是否认为自己的行为恰如其分，我们不得而知，但是，想一想，如果这是一份实名问卷，他们是否还会给出一样的答案呢？

V. 这一点倒是不假，但是否对我们有所帮助呢？例如，这并不能保证，在安乐死被合法化之后，我们不会更乐意选择这种方式对待老弱病残，不是吗？

论点2：除了性商品化问题，人口贩卖很可能是当今世界上最不容忽视的道德问题。

这里援引的所有论据似乎都十分有力地支撑了人口贩卖是一个极其严峻且普遍的道德问题这一观点。但是相较于其他问题而言，我们不好判断究竟孰轻孰重。例如，我们生活的世界每天都有许多婴儿因为食物匮乏与缺少基本的医疗保障而死去。这一论点中引用到的数字包括：每年被贩卖的人口的数量、被贩卖人口的每日工作时长、每次长达16小时的“值守”、被贩卖女孩被迫接客的数量、一条人命的标价，以及每年美国境内的被贩卖人口的数量（尤其是美国境内每年可能因被贩卖而从事性工作的儿童数量，我们可以根据这一数值推测其他国家发生该事件的相应数量情况），所有数字都可以有力地支撑我们所支持的观点，即这个世界上到处都是坏人。

论点3：世界变得更加危险了。

从某种程度上来说，这些说法是否能够支撑论点取决于我们如何理解世界成为“更加危险的地方”。尽管死亡数字令人震惊，但数字本身并不会让世界变得更危险（虽然有些人会这样觉得）。从另一个方面来说，“恐怖战争”的发生从一定程度上源于美国不习惯在“老巢”中被袭击这一事实可能正是世界变得更危险的原因。而这是“9·11”和其死亡人数造成的结果吗？谁知道呢？假设研究方法是合理且研究过程是审慎的，那么贝斯顿大学进行的研究就能完美地支撑这一说法——英国70%的成年人在“9·11”和“7·7”伦敦地铁爆炸案之后会更充分地意识到跨国旅行潜在的风险。但这并不能证明现在世界变得更加危险了这一观点。上述观点不过是某些英国居民的主观想法罢了。最后一种说法以国际舞台为背景，但观点与前者十分相似。

论点4：如果新生儿患有严重的先天性缺陷，那么，从伦理角度而言，我们有理由允许他们夭折或是终结他们的生命。

“许多在发达国家存活下来的婴儿如果出生在贫穷国家就活不下去”这一观点其实与本论点毫无关联。同理，在历史上，世界上的许多国家会放任有残疾的新生儿或许多残疾程度严重、但在当代能幸运地熬过孕期并降生的婴儿自生自灭。“如果在50年前，他们可能早就被流产了”之类的说法与我们的论点也毫无关联，因为发展中国家的许多人死于饥荒虽然是一个既定事实，但它并不意味着英国人死于饥荒就无伤大雅。是否相信新生儿已经具备了我们将其“定义”其为人的特征，这完全由你来决定。但重要的是，我们要知道，即使新生儿并不具备我们用于衡量“为人资格”的诸多特质，这一点也并不能支撑可以任由婴儿自生自灭的观点。

对于世界人口会不断增加的预测固然能够支撑以下观点——人类作为一种生物必须对自身的生活方式深思熟虑，其中就包括我们应当如何共享或是不共享全球资源等，但这种预测与残障新生儿的命运并无关联。

任务43 要论证的究竟是什么？如何论证？如何成功地进行论证？

I. 使用皮革制鞋有血腥残暴的一面，因为这使得对于动物的杀戮成为必然。

奶制品的生产是残酷的，因为其中涉及让奶牛母子骨肉分离的心碎场面。

穿皮鞋和消费奶制品的人士因此被牵涉进残忍对待动物的行径中。

因此，对于穿皮鞋和消费奶制品的人而言，将对待动物的残暴行径列为其素食信仰的原因是毫无意义的。

这看起来是个成功的论证。

II. 史密斯肯定拿过凶器，因为上面全是他的指纹。

其他任何人那时都不可能接触到被害人。

因此，结论就是，史密斯是凶手。

要使这个论证成立，重要的是我们要对只有史密斯曾经接触过死者这一事实给出论据。或许他们俩被锁在了同一个房间，然后门禁系统失灵了，而一大群诚实可靠的人直至大门重新开启都守在门外。

III. 我们不应该因为一个人个子高或是眼睛颜色出众就

夸奖他，因为这并不是他们努力的结果，而他们无法控制这一切。

那么，我们也不应该夸奖一个人聪明，因为就像是身高和眼睛的颜色一样，他们也无法掌控自己是否聪明。

从另一个方面来说，我们认为去夸奖他人工作努力、学习勤奋则是没有问题的。

在进行这一论证时，重要的是要拿出论据证明，知识与技能是可以通过勤奋刻苦来精进的，但智商却不能。

IV. 母乳喂养婴儿能够帮助婴儿在免于一些幼年疾病的困扰，而这些疾病是可能在短期内导致婴儿死亡的。

即使发展中国家的婴儿在食用母乳的过程中感染了 HIV 病毒，他们也更有可能在短期内死于幼年疾病，而非艾滋病。

因此，即使是在 HIV 病毒和艾滋病肆虐的国家中，母乳喂养也仍然是最佳的婴儿喂养方式。

这看起来像是个很有说服力的论证。

任务 44　达伦是禽兽吗？（在此向所有名为达伦的人道歉）

（a）论点是“达伦是禽兽”。

（b）论据是“达伦是个男人”。

（c）依据是“所有男人都是禽兽”。

（d）除非你真的认为从定义上来说，所有的男人都是禽兽，或是从古到今存在过的每个男人都是禽兽，否则就无法推导出结论。这两条中的任意一条都可以作为证明依据的支撑性说法。

（e）其中的一种支撑性说法可以是“世上存在过的所有男人都是禽兽”。

完整的论证过程可以是这样的：

达伦是个男人。（论据）

所有男人都是禽兽。（依据）

世上存在过的所有男人都是禽兽。（依据的支撑性说法）

因此，达伦是禽兽。（论点）

任务45　乔治，苏格兰籍百万富翁

（a）依据是“如果你是一个富有的苏格兰人，那么你是一个苏格兰百万富翁”或是“所有富有的苏格兰人都是百万富翁”。

（b）不能。

（c）所有或是几乎所有富有的苏格兰人都是百万富翁的可能性极小。

值得我们注意的是，如果从定义上来说所有的苏格兰富翁都是百万富翁，那么这一论证就属于演绎论证。但是这一说法完全没有可信度。只要我们试着进行陈述，表达出“经过仔细验证，每位富有的苏格兰人都是百万富翁”，这个支撑性的说法一下子就能让我们意识到这个观点显然是靠不住的。

任务46

（a）当你用A来替代“北安普敦居民”，B来替代“友善的”，C来替代“罗西娜”，你就会得到：

All A’s are B.（所有A都是B。）

C is an A.（C是A。）

Therefore: C is a B.（因此，C是B。）

（b）我们大多数人都会回答“是的”，就像我们在遇到其他形式相同的论证时一样。

（c）我们会将“所有北安普敦居民都是友善的”这一依据转化为一个前提。哲学家们将其称为大前提。

“罗西娜是北安普敦居民”则是一个小前提，因此，这则论证的依据就具有了以下形式：

All A’s are B.（所有A都是B。）

C is an A.（C 是 A。）

Therefore: C is a B.（因此，C 是 B。）

由于这个论证中的“所有”意味着“没有例外”，那么，我们就根本不可能找到一个不友好的北安普敦居民，因此也就不可能找到一个例子来证明小前提是正确的（这个小前提就是原论证中的论据），而结论（原论证中的论点）却是错误的。

任务 47 为什么这个论证被认为是不可靠的呢？

该论证不可靠的原因在于没有任何证据显示受访的选民样本是具有代表性的。从另一个方面来说，如果这个论证给出了抽样如何进行的具体细节，那么大多数科学家就可能会因此改变自身的看法。例如，如果我们再加入以下的额外论据：

Those asked constituted a random stratified sample of the electrorate.

这些被调查的选民是分层随机抽样选择出来的。

理解分层随机抽样的人知道这是一种能够达到最佳预测效果的统计学方法，那么即使此论证的其他部分都没有变化，我们也会欣然接受这个修正过的论证比前一版更为可靠的事实。但是，如果附带的论据成了：

The names of those asked were drawn from a register of Conservative Party members.

被调查选民是从保守党注册成员中抽取出来的。

那么，大部分有头脑的人士就会意识到，在添加了这个论据之后，此论证的可靠度下降了。

在抽样理论中，样本选取的方式以及数量大小与样本所代表的人口比例一样重要，都会影响我们是否愿意将其当作合理论证。这个例子也表明，在归纳论证中添加额外的论据可能会提高也可能会降低论证的可靠度。这一点与演绎论证有显著不同。在演绎论证中，即使我们在对一个论证进行评估时依据已经明确公开，添加论据也不会影响到论证的形式。

任务48　为什么这个论证属于演绎论证呢？

这个论证成了演绎论证，因为第一条论据已经成了放之四海而皆准的说法。虽然这是有效论证，但却很可能什么都证明不了，因为A说的一切都是真的这一点可能性极低。

任务49　在本对话中，拉里在干什么？

I.　拉里在进行两项论证。

II.　这里有两个论点。第一，好人的灵魂会升入天堂，而坏人的灵魂会下地狱，这完全就是无稽之谈。第二，无论好人还是坏人，灵魂都会下地狱。

III. 第一项论证的论据是：

（a）天堂并不存在，灵魂无法到天堂去。

（b）好人的灵魂会上天堂完全是无稽之谈。[这是从（a）中推导出来的，严格来说，这是一个中间步骤。]

（c）好人的灵魂会上天堂而坏人的灵魂会下地狱。（这是一个在论证过程中预设的但未明确给出的前提。）

IV. 我们并不这样认为，但有一些人会这样想。他们会认为拉里所谓的“很多人仍然认为，好人的灵魂上天堂而坏人的灵魂下地狱。坦白地说，我认为这是无稽之谈”的说法是模棱两可的。他们会这样想是因为拉里表意不清晰，他究竟是想说“好人的灵魂上天堂”和“坏人的灵魂下地狱”这两种说法都是无稽之谈呢，还是说“好人的灵魂上天堂而坏人的灵魂下地狱”的说法是无稽之谈呢？一位共情能力强的读者可能会理解为第二种意思。如果不是这样，拉里就犯了自相矛盾的错误了，因为他还说过我们都会下地狱。

任务50　拉里在论证些什么？

这里有两个论证：

I. 第一个论证：

（a）天堂并不存在，灵魂无法到天堂去。（论据）

（b）好人的灵魂会上天堂完全是无稽之谈。（中间步骤）

（c）好人的灵魂上天堂而坏人的灵魂下地狱。（第二个未明确陈述的论据，此论据是因论证需要而进行的假设，但并非断言）

（d）好人的灵魂上天堂。[从（c）中推导出的中间步骤]

（e）如果你是好人，那么你的灵魂上天堂，且好人的灵魂会上天堂完全是无稽之谈。[将（b）和（d）结合在一起之后得出的中间论点]

（f）因此，好人的灵魂上天堂而坏人的灵魂下地狱完全是无稽之谈。（最终论点）

这个论证的结论是通过否定因论证需要而假设的论据（c）得到的。我们可以这样做，因为假设（c）可以得出（e），而（e）不可能为真，因为它本身就是自相矛盾的。

第二个论证：

第二个论证有一个论据，即“长期来看，我们都会下地狱”。

而论点是“因此，不论是好人还是坏人，灵魂都是会下地狱的”。

II. 我们认为这两个论证都是出色的。但是，一些人认为拉里的说法模棱两可（我们在任务49的讨论题Ⅳ中已经描述过了）的人则会认为他的第一个论证是失败的，因为拉里的思路糊涂。作为思考者，他一点都不敏锐。如果你想知道他们是如何得出这一结论的，你可以去读一读拉波夫和库珀都是怎么看这个例子的。

任务51　文中要论证的观点是什么？

保罗·麦卡特尼爵士的例子

一旦我们确认好论点与依据，并且去掉一些对此论证没有直接影响的题外论点，这个论证就显得十分直接了。在删除这些题外论点并重新组织之后，我们就得到了：

作曲家保罗·麦卡特尼来自利物浦。（论据）

来自利物浦的作曲家总是非常成功。（依据）

因此，保罗·麦卡特尼是一个非常成功的作曲家。（论点）

这是一个有效的演绎论证，其论点毫无疑问是真实的。但是，尽管许多利物浦的作曲家都取得了巨大的成功，但显然这个依据是假的。

题外论点：

（a）保罗·麦卡特尼是一个伟大的摇滚歌手。

（b）一些人认为保罗·麦卡特尼的作品是“花里胡哨”的。

SAGE（全球应用伦理学院）的例子

此处有两个论证，第一个论证得出的结论是作为第二个论证中的新论据存在的。

论证1

利兹都市大学应用全球伦理学院（SAGE）的学生都在上关于真正重要的问题的课。（论据）

因此，应用全球伦理学院的大多数学生都：

产生了强烈的对错意识。（论点1）

承诺尽最大努力以道德上无缺憾的方式生活。（论点2）

要从本论证的论据推导出论点1和论点2，我们需要一个依据，但这个依据并没有被明确陈述出来。我们或许可以这样说：

上关于真正重要问题的课的学生都发展成为具有强烈的对错意识，且承诺尽最大努力以道德上无缺憾的方式来生活的人。（未明确陈述的依据）

论证2

因为上了这种课，所有SAGE的学生都有很强的对错意识，且承诺尽最大努力以道德上无缺憾的方式来生活。（论据）

因此，所有SAGE的学生都知道是非曲直，在生活的各个方面都会努力做正确的事情，包括为自己强烈关注的问题奔走呼号。（论点）

要从本论证的论据推导出这个论点，我们也需要添加一个未被明确陈述的依据，那就是：

> 具有强烈对错意识且承诺尽最大努力以道德上无缺憾的方式来生活的人们都知道是非曲直，在生活的各个方面都会努力做正确的事情，包括为自己强烈关注的问题奔走呼号。(依据)

这两个论证是否能够让我们心悦诚服取决于它们各自是否有证据来支撑其依据。换言之，在论证1中，是否在SAGE进行学习真的会对学生产生上述影响吗？而在第二个论证中，有是非观以及致力于以伦理上无缺憾的方式生活是否真的能够以论证声称的方式改变人们的行为呢？

商业街商店例子

这个论证中存在一些与主题无直接关联的材料，如果打算弄清楚这个论证究竟要证明什么观点，我们就得把这些无关的材料放到一边。删除这些材料之后（具体材料见下文），整个论证就简明多了。为了弄懂论证的意义，我们还需要添加两条缺失的依据。其一与支付给工人不够维持基本生活的薪酬这一情况存在的道德问题相关，而另一条依据涉及的问题是如果你从存在道德瑕疵的店铺购买衣物，该购买行为本身是否也是不道德的。

> 英国许多商业街商店的服装都是从发展中国家的制造商那里采购的，这些制造商每小时付给他们的工人极低的工资。这

意味着工人没有足够的生活费。（论据）

付给工人不足以让他们维持生活的工资是不道德的。（未明确陈述的依据）

在从不道德的供应商那里进货的商店购买服装是不道德的。（未明确陈述的依据）

因此，如果你希望自己在道德方面没有问题，你应该对从哪里购买服装特别小心。（论点）

与论证无直接关联的材料：

一些零售商设法把衣服卖得很便宜。

有时候这些衣服真的很值，即使它们在道德上有点问题。

伊恩·麦克莱恩爵士的例子

伊恩·麦克莱恩爵士是一位伟大的演员。（论据）

他和目前从事电影工作的大多数主要演艺人才一样，也曾在剧院和电视台中工作过。（论据）

他因在电影《指环王》中扮演甘道夫以及在现场戏剧中扮演莎士比亚戏剧中的许多主要角色而声名鹊起。（论据）

他在20世纪80年代为提高人们对艾滋病毒和艾滋病问题的认识做了些工作。（论据）

因此，他不仅是一位伟大的演员，也是一位伟大的人物。（论点）

为了从这些论据推导出论点，我们也需要添加一条未明确陈述的依据：

为人道主义事业工作，比如致力于提高人们对艾滋病毒和艾滋病问题的认识的人，是伟大的人物。（依据）

与论证无直接关联的材料：

在漫长的职业生涯中，他因在电影《指环王》中扮演甘道夫以及在现场戏剧中扮演莎士比亚戏剧中的许多主要角色而声名鹊起。

伊恩爵士曾扮演了《加冕街》中的一角。

任务52　提炼论证

选自《英语》的短文

我们可以将克里斯特尔的论证提炼为如下形式：

阅读能力和拼写能力并不相关，它们涉及不同的技能。（论据）

找出一篇文章中的一些字母或单词，然后“猜测”剩余的单词是可能的。（依据）

但是，拼写涉及一系列积极的、有成效的、有意识的过

程。（依据）

与阅读者不同，拼写者必须一个字母、一个字母地把单词全写好。（依据）

因此，如果一个很快就学会阅读的孩子在拼写上一塌糊涂，老师们不应感到惊讶。（论点）

选自《增强进化论：成为更好人类的伦理方案》的短文

如果陈述得更为直截了当，哈里斯的论证如下：

一所学校声称，当学生毕业离校之时，他们会变得比来到学校时更聪明、更健康、更强壮；比去其他学校的情况下更聪明、更健康、更强壮；比历史上任何一个孩子都更聪明、更健康、更长寿，而且在身体和精神上都更机敏。（这是本论证的论据）

尽管这个论点受到怀疑，这所学校的教育和体育课程都无一例外地达到了目标。（依据）

因此，任何希望孩子得到良好教育的家长都可能会希望孩子上这所学校。（论点1）

如果希望进入该校的学生过多，导致他们的孩子无法进入这所学校，这些家长会希望其他学校采取同样的教学技巧。（论点2）

讨 论

哈里斯没有采用直抒胸臆法，而是引导着我们跟随着他的推理一步步深入，靠我们自己去发现他所要证明的论点是什么。这种手段很高明，因为这样一来，他的论证其实就成了我们的论证了。乍看之下，这似乎是一个很出彩的论证，但是，我们还是要在脑海中牢牢记住一点，那就是哈里斯没有告诉我们在这些学生变得更健康更聪明的同时可能伴随而来的任何消极改变，例如，学校采用的“奇迹方法”所伴随的其中一个未被明确陈述的副作用就是学生们可能会成为恐怖的人。

哈里斯的故事里还存在着其他问题。究竟孩子们在这所学校中会变得有多么聪明、健康与强壮呢？他们离校的时候每个人的水平都如出一辙吗？如果他们的确变得比历年来的其他孩子更聪明、健康和强壮，是不是意味着每一代学生都将超越他们的前辈呢？当然，哈里斯讲这个故事的初衷是让我们思考究竟对我们而言什么才是重要的，而这个故事其实起到的也是一个中转站的作用，间接证明一个更为宏大的论证，而这个论证是关于通过基因修改让孩子们变得比史上的其他孩子更聪明、更健康以及更强壮的。

致 谢

在此，我们诚挚地向过去及现在对本书提供过各类帮助的人们表示感谢，其中包括为本书的第一版发表过真知灼见的凯西·温奇（Cathy Winch）与 鲍伯·所罗门（Bob Solomon）；为第一版终稿提出过翔实建议的马丁·斯塔福（Martin Stafford）；为本书第二版提出过改进意见的格林汉姆·海顿（Graham Haydon）与基思·夏普（Keith Sharp）。苏珊·费尔贝恩（Susan Fairbairn）在我们撰写第一版书稿期间对其进行过反复的推敲，并承担起了第一版终稿的阅读与检查工作。此外，她还无偿投入一天的时间，完成了对第二版的校对工作，并且还大度地同意我们从比本书出版更早的姊妹篇《大学中的阅读：学生指南手册》（*Reading at University: A Guide for Students*）中借鉴一些概念与想法。我们对第三版的撰写工作同样极大地受惠于开放大学出版社（Open University Press）聘请的书评人提出的细节建议。同时在此我们也要向在开放大学出版社工作的同仁们表示深切的感激之情。正是由于他们对本书的充分信任，力邀我们推出第二版以及现在的第三版，并且在整个筹备过程中给予我们无私的帮助，本书才有了今天。莎尔娜·缪仁（Shona Mullen）、梅勒妮·哈弗洛克（Melanie Havelock）以及凯瑟琳·哈特尔（Katherine Hartle），她们的细心与耐心都是无价的财富。最后，我们要感谢所有人——同事、学生与书评家们——他们通过不同的方式与我们分享了他们对于第一版与第二版的看法和意见。能够感受到自己的作品被别人重视，尤其是被别人喜爱简直棒极了。

本书中引用的四首俳句引自“Haiku for People”网站（http://www.toyomasu.com/haiku/#murakami）。我们对其作者凯·格里格·丰增（Kei Grieg Toyomasu）无私授予该俳句的转载权的善举也表示诚挚的谢意。

加文·费尔贝恩

克里斯托弗·温奇

参考文献

Abbs, P. (1987) 'Training spells the death of education', *Guardian*, 5 January.

Alidu, S., Fairbairn, G. and Webb, D. (2011) 'TRC and Transitional Justice: The Ghanaian Experience', under consideration by the editors of the *International Journal of Transitional Justice*.

Barnes, R. (1995) *Successful Study for Degrees*, 2nd edn, London, Routledge.

Beard, R. (1990) *Developing Reading 3–13*, 2nd edn, London, Methuen.

Bird, C. (2004) 'Status, identity, and respect', *Political Theory*, 32 (2) 207–232.

Bryson, B. (2004) *A Short History of Nearly Everything*, New York, Doubleday.

Byatt, A. S. (1990) 'Nimes', *Independent Magazine*, 3 March, p. 41.

Candlish, G. N. (2010) 'On the smoothness of the multi-BMPV black hole Spacetime', *Classical and Quantum Gravity*, 27, 1–17.

Canter, D. and Fairbairn, G. (2006) *Becoming an Author: Advice for Academics and Other Professionals*, Buckingham, Open University Press.

Clark, D. (2006) *The Rough Guide to Ethical Living*, London, Rough Guides Ltd.

Concise Oxford Dictionary (2006) Eleventh Revised Edition, Oxford, Oxford University Press.

Cooper, D. (1984) 'Labov, Larry and Charles', *Oxford Review of Education*, 10 (2) 177–192.

Crystal, D. (2002) *The English Language*, 2nd edn, London, Penguin Books.

Crystal, D. (2004) *Rediscover Grammar*, 3rd edn, London, Pearson Longman.

de Cameron, N. S. (1989) 'Embryos again', *Ethics and Medicine*, 5 (2) 17.

DeSalle, R. and Lindley, D. (1997) *The Science of Jurassic Park and the Lost World – or – How to Build a Dinosaur*, London, Harper Collins.

Dworkin, R. (1975) *Taking Rights Seriously*, London, Duckworth.

Dykes, B. and Thomas, C. (1989) *Spelling Made Easy*, Sydney, NSW, Hale and Iremonger Pty Ltd.

Etherington, K. (2002) 'Working together: editing a book as narrative research methodology', *Counselling and Psychotherapy Research* (internet) 2:3, 167–176. Available at: http://dx.doi.org/10.1080/14733140212331384795 (Accessed 12 December 2007).

Fairbairn, F. (2005) Personal communication.

Fairbairn, G. J. (1995) *Contemplating Suicide: The Language and Ethics of Self Harm*, London, Routledge.

Fairbairn, G. (2008) *Citation and Referencing: A Simple Guide for SAGE Students*, Leeds, School of Applied Global Ethics, Leeds Metropolitan University.

Fairbairn, G. and Fairbairn, S. (2001) *Reading at University: A Guide for Students*, Buckingham, Open University Press.

Fairbairn, G. and Fairbairn, S. (2005) *Writing Your Abstract: A Guide for Would-be Conference Presenters*, Tollard Royal, Wiltshire, APS Publishers.

Fairbairn, G. and Winch, C. (1996) *Reading, Writing and Reasoning: A Guide for Students*, 2nd edn, Buckingham, Open University Press.

Fairbairn, G. and Winch, C. (2011) *Reading, Writing and Reasoning: A Guide for Students*, 3rd edn, Buckingham, Open University Press.

Flew, A. (1998) *How to Think Straight*, Amherst, NY, Prometheus Books.

Gaita, R. (1998) *A Common Humanity: Thinking About Love and Truth and Justice*, London and New York, Routledge.

Gee, R. and Watson, C. (1990) *The Usborne Book of Better English*, London, Usborne.

Hanfling, O. (1978) 'The Uses and Abuses of Argument', Arts Foundation Course A101, Milton Keynes, Open University.

Harris, J. (2008) *Enhancing Evolution: The Ethical Case for Making Better People*, Princeton, NJ, Princeton University Press.

Hart, H.L.A. (1966) *Punishment and Responsibility: Essays in the Philosophy of Law*, Oxford, Clarendon Press.

Harwood, N. (2009) 'An interview-based study of the functions of citations in academic writing across two disciplines', *Journal of Pragmatics*, 41, 497–518.

Holloway, R. (2001) *Doubts and Loves*, Edinburgh, Canongate Books.

Hunt, G. (1999) 'Abortion: why bioethics can have no answer – a personal perspective', *Nursing Ethics*, 6 (1) 47–57.

Iga, M. and Tatai, K. (1975) 'Characteristics of suicides and attitudes toward suicide in Japan', in Farberow, N. L. (ed) *Suicide in Different Cultures*, Baltimore, MD, University Park Press.

Kalitzkus, V., Büssing, A. and Matthiessen, P. F. (2007) 'Severe illness episodes and inner development: a biographical-narrative approach', *The Narrative Practitioner*, an international conference at the North East Wales Institute of Higher Education in June 2007.

Kearney, R. (2002) *On Stories: Thinking in Action*, London, Routledge.

Kennicutt, R. C., Jr. et al (2003) 'SINGS: The SIRTF Nearby Galaxies Survey', *Publications of the Astronomical Society of the Pacific*, 115, 928–952.

Koch, T. (1998) 'Story telling: is it really research?', *Journal of Advanced Nursing*, 28 (6) 1182–1190.

Labov, W. (1969) The logic of non-standard English, in Giglioli, P.-P. (ed) *Language and Social Context*, London, Penguin, pp. 179–216.

Lakoff, G. and Johnson, M. (1980) *Metaphors We Live By*, Chicago, IL, and London, University of Chicago Press.

Lederach, J. P. (1997) *Building Peace: Sustainable Reconciliation in Divided Societies*, Washington, DC, United States Institute of Peace Press.

Luling, V. (1982) *Aborigines*, London, MacDonald.

Maclean, A. (1993) *The Elimination of Morality: Reflections on Utilitarianism and Bioethics*, Routledge, London.

MacSwain, R. (2006) 'Above, beside, within: the Anglican theology of Austin Farrer', *Journal of Anglican Studies*, 4 (1) 33–58.

Mair, J. M. M. (1970) 'Psychologists are human too', in Bannister, D. (ed)

Perspectives in Personal Construct Theory, London, Academic Press, pp. 157–184.

March, K. S. (1983) 'Weaving, writing and gender', *Man* (NS), 18 (4) 729–744.

Markevitch, M. et al (2000) 'Chandra observations of ABELL 2142: survival of dense subcluster cores in a merger', *The Astrophysical Journal*, 541 (2) 542–549.

McGuire, B. (2008) *Seven Years to Save the Planet: The Questions ... and Answers*, London, Weidenfeld and Nicolson.

Mithen, S. (1996) *The Prehistory of the Mind: A Search for the Origins of Art, Religion and Science*, London, Thames and Hudson.

Nightingale, F. (1859) *Notes on Nursing*, London, Harrison.

Nocci and Ohtou (2003) [AUTHORS TO COMPLETE]

Parody, A. (2004) *Eats, Shites & Leaves: Crap English and How to Use It*, London, Michael O'Mara Books.

Postman, N. and Weingartner, C. (1977) *Teaching as a Subversive Activity*, London, Penguin.

Pratley, R. (1998) *Spelling it Out*, London, BBC Publications.

Raban, B. (1982) *Guides to Assessment in Education: Reading*, London and Basingstoke, Macmillan Education.

Radcliffe, A. (2000) Personal communication.

Rawls, J. (1971) *A Theory of Justice*, Oxford, Oxford University Press.

Rezaee, Z. (2009) *Corporate Governance and Ethics*, Hoboken, NJ, John Wiley and Sons Inc.

'Rules for writing good' (1979) Originally printed in *The Leaflet: The Journal of the New England Association of Teachers of English*. Available at http://www.9types.com/ type4board/messages/6280.html (Accessed 25 February 2010).

Salmon, W. (1984) *Logic*, 3rd edn, Englewood Cliffs, NJ, Prentice-Hall.

Schachenmayer, J., Pupillo, G. and Daley, A. J. (2010) 'Time-dependent currents of one-dimensional bosons in an optical lattice', *New Journal of Physics*, 12, 1–17.

Shoosmith, H. (1928) *Spelling and Punctuation*, London, University Tutorial Press.

Shorter Oxford English Dictionary (2007) Sixth Edition, Oxford, Oxford University Press.

Smith, A. (1981) *The Wealth of Nations*, Indianapolis, IN, Liberty Fund Press.

Solomon, R. and Winch, C. (1994) *Computing and Calculating for Arts and Social Science Students*, Buckingham, Open University Press.

Spencer, J. (1989) 'Anthropology as a kind of writing', *Man*, 24 (1) 145–164.

Thomson, A. (1996) *Critical Reasoning: A Practical Introduction*, London, Routledge.

Toulmin, S. (2003) *The Uses of Argument*, Cambridge, Cambridge University Press.

Truss, L. (2003) *Eats, Shoots & Leaves*, London, Profile.

Umotoni, H. (2010) *What is the place of forgiveness in Gacaca?* Dissertation submitted as part of the dissertation module for BA (Hons) Peace Studies and

International Relations, Leeds, Leeds Metropolitan University.

Warburton, N. (1996) *Thinking – A to Z*, London, Routledge.

Ward, K. (2008) *Why there Almost Certainly is a God: Doubting Dawkins*, Oxford, Lion Hudson plc.

Williams, K. (1989) *Study Skills*, Basingstoke, Macmillan.

Williams, M. (1990) 'It's only words', *Labour and Trade Union Review*, p. 4.

Winch, C. (1985) 'Women, reason and education', *Journal of Philosophy of Education*, 19 (1), 91–98.

Wynne, P. (1985) Personal communication.

York, D. J. et al (2000) 'The Sloan Digital Sky Survey', *The Astronomical Journal*, 120, 1579–1587.

Zucker, D. B., Kniazev, A. Y., Bell, E. F., Delgado, D. M., Grebel, E. K., Rix, H. W., Rockosi, C. M., Holtzman, J. A., Walterbos, R. A. N., Ivezic, Z., Brinkmann, J., Brewington, H., Harvanek, M., Kleinman, S. J., Krzesinski, J., Lamb, D. Q., Long, D., Newman, P. R., Nitta, A. and Snedden, S. A. (2004) 'A new giant stellar structure in the outer halo of M31', *The Astrophysical Journal*, 612, L117–L120.

Gavin Fairbairn and Christopher Winch
Reading, Writing and Reasoning: A guide for students, 3e
ISBN: 978-0335238873

This authorized Chinese translation edition is published by World Publishing Corporation Beijing Branch in arrangement with McGraw-Hill Education (Singapore) Pte. Ltd. and East Babel (Beijing) Culture Media Co., Ltd. This edition is authorized for sale in the People's Republic of China only, excluding Hong Kong, Macao SAR and Taiwan.

本授权中文简体字翻译版由麦格劳－希尔教育出版公司和世界图书出版公司北京公司合作出版。此版本经授权仅限在中华人民共和国境内（不包括香港特别行政区、澳门特别行政区和台湾）销售。